Josef Schreiner · Jeremia

Josef Schreiner

Jeremia

1–25,14

Echter Verlag

Die Deutsche Bibliothek – CIP-Einheitsaufnahme

Die *Neue Echter Bibel*. – Würzburg : Echter Verlag
Kommentar zum Alten Testament mit der Einheitsübersetzung / hrsg. von:
Josef G. Plöger ; Josef Schreiner. Unter Mitarb. von: Georg Braulik ...
Lfg. 3. Schreiner Josef: Jeremia.
1–25,14. – 1981
NE: Plöger, Josef G. [Hrsg.]; Braulik, Georg [Mitverf.]; Abt.

Schreiner, Josef:
Jeremia / Josef Schreiner. – 3. Aufl. – Würzburg: Echter Verlag 1993
(Die Neue Echter Bibel : Kommentar zum Alten Testament mit der Einheitsübersetzung ; Lfg. 3)
ISBN 3-429-00729-1

3., unveränderte Auflage 1993

Gesamtherstellung: Fränkische Gesellschaftsdruckerei Würzburg
Umschlag: Walter Thierfelder
ISBN 3-429-00729-1

EINLEITUNG

Es ist sinnvoll, sich Jeremia anzuvertrauen, wenn man den Propheten begegnen will. Wie kein anderer vermag er den Zugang zur prophetischen Verkündigung und Botschaft zu eröffnen. Das muß schon damals so gewesen sein, als man seine Worte aufschrieb, sie interpretierte, den Eindruck seiner Persönlichkeit festhielt und über sein Leben berichtete. Im Zeugnis des Buches, das nach ihm benannt ist, werden uns seine Gestalt und sein Wort vor allem in ihrem engen, durch den Auftrag bedingten und deshalb notwendigen Zusammenspiel greifbar. Es gibt keine schonende oder abwehrende Distanz zwischen dem Boten Gottes und seiner Rede. Es ist nicht so, daß der Sprecher Jahwes auf der einen Seite und das, was er zu sagen hat, weit entfernt auf der anderen steht. Propheten waren nicht so, daß sie hingingen und redeten, dann aber den Ausspruch abschüttelten, wie man lästigen Staub aus den Kleidern entfernt. Sie waren selbst betroffen, gepackt, überwältigt, erhoben oder niedergeschmettert von dem Gotteswort, das sie zu sagen hatten. Es galt Menschen, die ihnen lieb waren und nahestanden, und auch ihnen selber. Zudem war ihr persönliches Leben existentiell in die Verkündigung einbezogen. Bei Jeremia kann man lernen, was es bedeutet, Prophet, Bote des Herrn zu sein.

Das Buch, in dem Jeremia spricht, über ihn gesprochen, seine Verkündigung festgehalten, weitergeführt und interpretiert wird, hat eine verwickelte Entstehungsgeschichte durchlaufen. Dem Leser präsentiert es sich in vier ungleiche Teile gegliedert: 1–25 enthalten überwiegend Worte an das eigene Volk, 26–45 meist Erzählungen (ab 37 über Jeremia vor, während und nach der Eroberung Jerusalems 586), in die eine Sammlung von Verheißungen 30.31 eingefügt ist; 46–51 sind Aussprüche gegen fremde Völker und 52 bildet einen geschichtlichen Anhang (aus 2 Kön 24^{18}–$25^{21.27-30}$). Schelte, Drohung, Mahnung und Verheißung, Weisheits- und Diskussionsworte, Gebete und Klagen, ein Brief, Predigten sowie Erzählungen über symbolische Handlungen und über Ereignisse im Leben des Propheten werden nicht in klarer Ordnung nacheinander gebracht, sondern anscheinend, besonders im ersten, weniger im zweiten Teil, in bunter Folge. Zwar wird das Ganze nach der Überschrift (1^{1-3}) mit dem Berufungsbericht (1^{4-19}) eröffnet, aber eine fortlaufende chronologische Anordnung des Stoffes wird nicht eingehalten. Eine sachlich-inhaltliche Disposition ist sicherlich erkennbar. Doch auch hier steht Zusammengehörendes nicht immer beieinander. So bringt, um nur auf das Auffallendste hinzuweisen, der Abschnitt 25^{15-38} die Einleitung zu den Völkersprüchen, die aber erst 46–51 folgen. G hat hier die erwartete Reihenfolge; sie bietet die Aussprüche gegen die fremden Völker im Anschluß an 25. Ihr Text ist im Vergleich zum M um ⅛ kürzer, weniger durch bewußte Kürzung oder versehentliche Auslassung, eher aufgrund des ihr vorliegenden hebräischen Textes, der anscheinend manche Sätze oder Abschnitte noch nicht enthielt. Am Jeremiabuch wurde demnach lange Zeit gearbeitet, bis es seine endgültige Gestalt fand – ein Zeugnis auch für die Lebendigkeit des Wortes, das dieser Prophet sprach, und für den Eindruck, den sein Leben und Wirken machte.

Jeremia selbst war es, der im Auftrag Jahwes dafür sorgte, daß seine Worte aufgeschrieben wurden: Baruch, sein Diener und Freund, »schrieb nach dem Diktat Jeremias alle Worte, die der Herr zu ihm« über Israel und Juda und über alle Völker »gesprochen hatte, auf eine Buchrolle« ($36^{4.2}$). Und als der König Jojakim diese Rolle stückweise verbrannte, wurde sie neu geschrieben, und es »wurden noch viele ähnliche Worte hinzugefügt«^{32}. Diese frühe Verkündigung dürfte in 2–6 enthalten sein. Weitere kleine Sammlungen lassen sich feststellen, so die Worte über die Könige und Propheten in 21–23 und über falsche Prophetie 27–29, die Heilsworte 32–35 neben dem »Trostbüchlein für Israel« 30.31. Im übrigen ist vorhandenes Material von der Redaktion oft einfach unter einer besonderen Form der Wortereignisformel »das Wort, das vom Herrn an Jeremia erging« (s. 7^{1}) zusammengestellt worden.

Schwierigkeiten aber bereitet der Forschung am Jeremiabuch ein anderes Problem. Der Prophet spricht in einer recht unterschiedlichen Weise, für die die Stichworte Poesie und Prosa nur äußerliche Kennzeichen sind: in rhythmischen (kurzen) Sprüchen und in (längeren) predigtartigen Reden. Ausgehend von dieser sich aufdrängenden Beobachtung hat man (besonders Mowinckel) versucht, das Buch in verschiedene Quellenschichten aufzugliedern: A Sprüche Jeremias; B Erzählungen über Jeremia (in: 19f. 26. 28f. 34. 36–45. 51); C Reden Jeremias, in Stil, Sprache und Inhalt der dtn und dtr Ausdrucksweise und Theologie teilweise verwandt (nach Rudolph 7^{1}–8^{3} $11^{1-14(17)}$ $16^{1-13(18)}$ 17^{19-27} 18^{1-12} 21^{1-10} 22^{1-5} 25^{1-14} 34^{8-22} 35). Die Frage, ob in C Jeremia selbst oder eine spätere Weiterführung seiner Verkündigung spricht, wird intensiv diskutiert. Allem Anschein nach liegt diesen Predigten zumindest meist ein Jeremiawort zugrunde, das dann nach einer bestimmten Zielrichtung hin entfaltet ist. Zum guten Teil nimmt hier eine Auslegung das Wort, die von dtn-dtr Vorstellungen bestimmt oder beeinflußt ist. Sie schaut auf die Katastrophe Jerusalems zurück und sieht die Zerstörung und das Exil darin begründet, daß Jahwes Volk nicht auf die Botschaft Jeremias, vor allem auf seinen Ruf zur Umkehr gehört hat. Sicherlich äußert sich in dieser Ausgestaltung jeremianischer Verkündigung auch eine später (exilisch-nachexilisch) anzusetzende Stimme, die von Hoffnung auf Heimkehr und Wiederaufbau spricht. Für B vermutet man als Verfasser Baruch, der dem Propheten nahestand und sein Schicksal in der Verfolgung und der erzwungenen Auswanderung nach Ägypten teilte. Was wegen der poetischen Struktur zu A gerechnet wird, ist am ehesten Jeremias eigenes Wort; das gilt auch für 30.31, die bisweilen einer eigenen Schicht zugerechnet werden. Doch auch hier hat die Nachinterpretation Aussprüche beigesteuert. Sie wollte das Prophetenwort unterstreichen und verdeutlichen, auch Verbindungslinien ziehen, wie die Dubletten (z. B. 6^{12-15} = 8^{10-12} 10^{12-16} = 51^{15-19} 15^{13f} = 17^{3f} 23^{19f} = 30^{23f}) zeigen, und Themen, die anderwärts auftauchen, auch am passenden Ort unterbringen. Besonders zu nennen sind aus A unter den Klagen Jeremias die sogenannten Konfessionen (11^{18-23} 12^{1-6} 15^{10-21} 17^{12-18} 18^{18-23} 20^{7-18}), die ein erschütterndes Bild des von seinem Auftrag überwältigten Propheten zeichnen. Angefangen und angestoßen vom Propheten selber ist ein Buch entstanden mit einer sehr reichhaltigen und vielfältigen jeremianischen Verkündigung. Ohne Zweifel macht auch die Nachinterpretation einen großen Teil seines Reichtums aus. Alles ist für den Gläubigen Gottes Wort, in eine bestimmte Epoche gesprochen, aber auch allen später Lebenden als Anrede und Anruf überliefert.

Die Zeit, in der Jahwes Wort durch Jeremia erging, ist in 1^{1-3}, wie es auch bei anderen Prophetenbüchern geschieht, mit den Namen der Könige bezeichnet, natürlich nur der judäischen Herrscher; denn der Staat Israel existierte schon ein Jahrhundert lang nicht mehr. Die Assyrer hatten ihn 722 vernichtet und seine Bevölkerung an den entgegengesetzten äußersten Rand ihres Reiches verschleppt. Juda hatte sich widerstrebend gefügt und unter Manasse (699—643) eine Zeit der Ruhe, aber auch starken fremden Einflusses, der in der Religion verderblich war, erlebt. Mit dem Niedergang des assyrischenReiches, der unter Assurbanipal (669—627) vor sich ging und nach seinem Tode offenkundig wurde, schien für Juda die Gelegenheit gekommen, nach größerer oder voller Selbständigkeit zu streben. Joschija (641—609), unterstützt von dem Fund des Gesetzbuches Jahwes im jerusalemischen Tempel (623/22), begann sich politisch und in engem Zusammenhang damit auch kultisch von Assur zu lösen. Kultreform und Ausdehnung des Staatsgebiets nach Norden in ehemaliges Territorium Israels erfolgten gleichzeitig. Eine Rückbesinnung auf die alten Traditionen im Sinne dtn Vorstellungen setzte ein. Eine Verpflichtung auf den Dienst Jahwes (dtr *b^erīt* »Bund« genannt) wurde vollzogen (2 Kön 22f). Doch die Träume von Selbständigkeit vergingen schnell, und auch die Kultreform war nicht von Dauer. Babylon begann zu erstarken; es wurde dem Staat Juda zum Schicksal. Als der Pharao Necho II. nach dem Fall Ninives (612) dem untergehenden Assyrerreich gegen die Babylonier zu Hilfe eilte, wurde er 605 von Nebukadnezzar bei Karkemisch am Eufrat geschlagen. Joschija, der den Pharao aufhalten wollte, wurde 609 bei Megiddo besiegt und getötet. Necho setzte Joahas, der inzwischen in Jerusalem zum König gewählt worden war, ab und bestimmte Jojakim (609—598) zum neuen Herrscher. Dieser stand zunächst unter ägyptischer, ab 605 unter babylonischer Oberhoheit, nahm letztere aber nicht ernst genug, empörte sich und zog sich eine Strafaktion Nebukadnezzars zu. Während der Belagerung Jerusalems starb er. Sein Sohn Jojachin ergab sich dem Feind (597); die Stadt wurde erobert, ein großer Teil der Bevölkerung verschleppt. Zum Nachfolger wurde Zidkija (597–586) eingesetzt, ein schwacher und unentschlossener Herrscher, der die Dinge so weit treiben ließ, daß die antibabylonische Partei unter den führenden Leuten die Oberhand gewann und den Aufstand riskierte. Jerusalem wurde (586) zerstört, viele verloren ihr Leben. Der König wurde gefangengenommen. Eine erneute Deportation erfolgte. Juda wurde babylonische Provinz.

In diese bewegte Epoche fällt das Wirken Jeremias. Er stand nicht am Rande des Geschehens; er lebte in *Jerusalem.* Die Stadt war nicht seine Heimat, und sie wurde es nie. Aber Jahwe wollte, daß er dort sein Wort verkünde. Er galt als einer ihrer Bürger und wurde nach dem Ende mit denen weggeführt, die nach der Verschleppung der Zehntausend (2 Kön 24[14]) und nach den Kämpfen noch übrig waren. Stadt und Umgebung waren ihm vertraut. Sie hatte sich, wohl erst in der langen Zeit des Friedens unter Manasse, westlich vom Tempelplatz über das flache Stadttal hinweg ausgedehnt. Die Erweiterung nannte man *mišnaeh* (Zweit- bzw. Neustadt). Dort wohnte die Prophetin Hulda (2 Kön 22[14]). Jeremias Wirken spielte sich in der Altstadt, wie sie vor allem durch die Bautätigkeit Salomos entstanden war, ab. In ihrem Nordteil lag der Tempel, zu dem der Prophet 7[1f] gesandt wurde, um seine gefährliche Rede gegen das Heiligtum und die Stadt zu halten. In der nördlichen Mauer befand sich das Benjamintor; dort mußte er Haft und Folter ertragen 20[2]. Südlich schloß sich an den Tempel der Königspalast an, den der nur auf seinen Vorteil bedachte, rücksichtslose Jojakim prächtig ausbauen ließ 22[13f]. Zu ihm gehörte »die Zisterne des Prinzen Malkija« 38[6], in deren Schlamm hinabgestoßen Jeremia umgekommen wäre, hätte ihn nicht »der Kuschiter Ebed-Melech« 38[7–13] gerettet. Sie befand sich im Wachhof, in dem der Prophet bis zum Fall Jerusalems festgehalten wurde. Ganz am Südende der Stadt, wo sich unweit von der Südspitze der schmalen, steil aufragenden Jebusitersiedlung das Hinnom- und das Kidrontal vereinigen, ist wohl das Scherbentor zu suchen, an dem Jeremia auf Jahwes Geheiß den Tonkrug zerschmetterte 19[1–13], um mit dieser symbolischen Handlung die Zerstörung der Stadt anzusagen. Nicht weit davon entfernt, etwa im südlichen Stadttal, dürfte das Haus des Töpfers gelegen haben, dessen Tun ihn zu einem Unheilswort anregte 18[1–17]. Mit Jerusalem verbunden, war Jeremia doch in Distanz zur Stadt getreten, nicht weil sie ihm übel mitspielte, sondern weil er ihr, die die Zeichen der Zeit trotz Jahwes Wort nicht erkannte, das Gericht ansagen mußte.

Jeremia, der Prophet, wurde nach 1[2] im dreizehnten Jahr Joschijas, also etwa 628 berufen. Demnach müßte er die Kultreform schon als beauftragter Sprecher des Gottes Israels miterlebt haben. Doch nirgends nimmt er ausdrücklich darauf Bezug, weder zustimmend noch kritisch. Nicht er, sondern die Prophetin Hulda wird bei der Auffindung des Gesetzbuches im Tempel durch eine offizielle königliche Abordnung befragt. Ist dieses eigenartige Schweigen als Zustimmung zu erklären? Das Problem löst sich, wenn man (mit R. Albertz) annehmen darf, Jeremia habe in jenen Jahren noch nicht in Jerusalem gelebt, sondern in seiner Heimat Anatot während der Zeit joschijanischer Expansionspolitik seinen Blick voll Hoffnung auf Israel gerichtet und die Bewohner des ehemaligen Nordreichs mit Mahnung und Drohung (s. 2^{4}–4^{2}, auch 30f) zur Umkehr und Rückkehr zu Jahwe eingeladen. Nach dem Schicksalsjahr 609 hätte er sich dann Juda zugewandt (s. 4^{3}–6^{30}), wäre nach Jerusalem auf Befehl des Herrn umgezogen und hätte wohl auch seine Israel-Worte auf das Südreich und seine Hauptstadt bezogen.

Sicherlich seit 609 konnte Jeremia ahnen, wer der Feind aus dem Norden war, der die Zerstörung über das ganze Land und seine Hauptstadt bringen sollte, ab 605 war es offenkundig. Von da an wird auch die Verkündigung des Propheten im Zeitbezug greifbar. Unter Jojakim, den er scharf verurteilte 22^{13-19}, warnt er vor einem falschen Vertrauen auf die Gegenwart des Herrn im Tempel 7^{1-15} und spricht immer wieder Jahwes Gerichtswort aus. Man hört nicht auf ihn, empfindet seine Auftritte als lästig, bedroht und verfolgt ihn. In diese Zeit setzt das Buch auch seine Konfessionen. Sie zeigen die tiefe Not, in die er angesichts der Erfolglosigkeit seines Wirkens, der Ablehnung und des Widerstandes, die ihm entgegenschlagen, gerät. Unter der Last dieses Auftrags droht er zu zerbrechen. Tiefe Tragik überschattet sein Leben. Einsam geworden, auf Anordnung Jahwes ohne Familie, sieht er sich von Freunden verlassen, vom Volk gemieden und von den Gegnern verspottet. Der Berufungsbericht wird recht haben, wenn er ihn als einen zurückhaltenden, empfindsamen Menschen vorstellt. Das verschärfte die Belastung, der er unterworfen war.

Die Eroberung Jerusalems 597 gab seiner Prophetie recht, brachte aber nur eine vorübergehende Entlastung. Zidkija, wohl guten Willens und nicht ganz uneinsichtig, war zu schwach, um die gegen Babel Aufbegehrenden im Zaum zu halten. Vergebens fordert Jeremia unermüdlich die Unterwerfung unter die Oberhoheit des babylonischen Königs. Nach Auskunft des Jeremiabuchs traten ihm vor allem damals falsche Propheten entgegen, die Heil verkündeten, wo es kein Heil mehr gab; mit Hananja hatte er deshalb eine öffentliche Auseinandersetzung. Noch während der Belagerung der Stadt blieb er bei seiner Forderung. Aus Liebe zu seinem Volk gab er den Rat, zum Feind überzugehen und so wenigstens das Leben zu retten. Dafür mußte er Haft, Mißhandlung und Todesgefahr auf sich nehmen. Das Unheil aber, das er hatte androhen müssen, nahm seinen Lauf! Jerusalem wurde erobert und zerstört (586), für den Propheten kein

Triumph des Rechtbehaltens, sondern die bittere Bestätigung, mit all den Warnungen und Mahnungen erfolglos geblieben zu sein.
Damit aber nicht genug. Zunächst unter die Gefangenen eingereiht, dann von Nebukadnezzar selbst mit der Freiheit beschenkt, schlug Jeremia das Angebot, in Babel ein sorgenfreies Leben zu führen, aus und blieb im zerstörten Land 40[1–6]. Nach der Ermordung des Statthalters Gedalja zog eine starke Gruppe der Zurückgebliebenen gegen seinen Rat nach Ägypten und zwang ihn mitzugehen. Dort ist er verschollen, anscheinend nach erneuten schweren Auseinandersetzungen 43f mit denen, die sich anderen Gottheiten zuwandten. Die jüdische Legende berichtet, er sei von seinen Landsleuten gesteinigt worden.
Die Botschaft Jeremias aber blieb lebendig. Er war aufs Ganze gesehen ein Unheilsprophet, der jedoch das Strafgericht des Herrn verkündete, um beim Volk Umkehr, Hinwendung zu Jahwe und Erfüllung seines Willens zu bewirken. Er hat auch Heil verkündet, anfänglich und für Israel (s. 30f), das er letztlich auch Juda nicht verweigert wissen wollte, wenn es auch erst nach der Katastrophe realisierbar war (s. 24 29 32).
Natürlich betrachtet er Jahwe als den Schöpfer und Herrn der Welt, der ihre Ordnung gegeben hat und garantiert. Dieser mächtige Gott, dem gegenüber andere Gottheiten »Nichts« sind, Täuschung und Trug, wie sich an Baal erweist, lenkt die Geschichte nicht nur seines Volkes, sondern auch aller anderen Völker, die seinem Gericht unterworfen, vom Heil aber nicht ausgeschlossen sind. Er kann die Weltherrschaft, einschließlich der Gewalt über das ihm gehörende Volk, verleihen, wem er will.
Das Gesamtvolk Israel steht in einer besonderen Beziehung zu Jahwe, vergleichbar mit der ehelichen Gemeinschaft. Sie wurde dem Volk in der erwählenden Liebe des Herrn gewährt, die sich als Rettung in der Befreiung aus ägyptischer Knechtschaft und als Freisetzung in der Gabe des Landes vorzüglich geäußert hat. Dem muß das Volk in steter Hinwendung zu seinem Gott und durch Erfüllung seiner Forderungen entsprechen, brüderliches Verhalten und Rechttun gegenüber den Mitmenschen eingeschlossen. Jahwe reagiert auf die Mißachtung dieser Grundforderungen mit Strafe.
Eine besondere Note erhält die Botschaft Jeremias durch seine recht persönlich geprägte Beziehung zu Gott. Hingabe in Gebet und Dienst werden als Möglichkeit zum Gelingen des menschlichen Lebens erfahren. Sünde wird als ein Schuldigbleiben des Geforderten, Verfehlung nicht nur als Einzeltat, sondern als Haltung begriffen, die sich mit jedem erneuten Sichversagen verfestigt. Drängend ist jederzeit der Ruf zur Umkehr, lebensnotwendig der Gehorsam gegenüber ihm. Gott ist kein starrer Vergelter und Rächer, sondern auch und mit Vorzug Liebe und Erbarmen. Das allein ermöglicht die Chance des Heils, denn der Mensch allein ist aus sich heraus, wie die persönliche Erfahrung lehrt und eine sorgsame Überprüfung der Vorgänge

in der Menschenwelt zeigt, nicht imstande, den Weg Gottes zu gehen und ihm treu zu bleiben. Dennoch besteht kein Grund, inHoffnungslosigkeit zu verfallen, da der Herr aus göttlichem Erbarmen bereit ist, Gemeinschaft zu gewähren und in seiner Kraft sie auch zu ermöglichen. Sein Wort ist also zu beachten, seine Weisung zu befolgen.
So steht in dem Prophetenbuch, das die Worte Jeremias überliefert und seine Verkündigung weiterführt, nicht nur das harte Urteil über die Verweigerung des Gehorsams aus menschlicher Unfähigkeit zum Guten und die ernste Mahnung zur Erfüllung der Gebote (des Dekalogs 7^{1ff}), sondern auch das leuchtende Verheißungswort vom Neuen Bund (31^{31-34}). Es eröffnet den Weg zum Leben dadurch, daß Gott seine Weisung auf das menschliche Herz schreibt, seinen Willen also mit dem des Menschen verschmilzt. Für die kommende Heilszeit wird die Heimkehr Israels verheißen. Ein königlicher Heilsträger wird erwartet, der den Namen »der Herr ist unsere Gerechtigkeit«, unser Heil, zu Recht hat und ihn in seinem Handeln verwirklicht. Gottes Herrschaft setzt sich durch. Er wird verwirklichen, was 29^{11} zu lesen ist: »Denn ich, ich kenne meine Pläne, die ich für euch habe – Spruch des Herrn –, Pläne des Heils und nicht des Unheils, denn ich will euch eine Zukunft und eine Hoffnung geben.«
Wer dem Propheten beim Lesen seines Buches begegnet ist, wird verstehen, warum ihn das frühe Judentum so sehr schätzte (s.2 Makk 15^{13f}). Er wird auch ermessen können, was seine Gestalt dem christlichen Altertum im Blick auf Jesus Christus bedeutete, konnte man in Jeremia doch den leidenden Gottesknecht vorgebildet sehen, der in der Auseinandersetzung mit seinen Gegnern das Gotteswort verkündete und für die Erfüllung des göttlichen Willens eintrat wie kein anderer: Jesus, unser Herr.

LITERATURHINWEISE

Kommentare: J. Bright, Jeremiah (Anchor Bible 21), Garden City/New York 1965; B. Duhm, Jeremia (Kurzer Hand-Commentar zum AT XI), Tübingen 1901; F. Giesebrecht, Das Buch Jeremia (Handkommentar zum AT III/2), Göttingen ^{2}1907; F. Nötscher, Das Buch Jeremia (Echter-Bibel III 211–393), Würzburg 1958; W. Rudolph, Jeremia (Handbuch zum AT I/12), Tübingen ^{3}1968; P. Volz, Der Prophet Jeremia (Kommentar zum AT X), Leipzig ^{2}1928; A. Weiser, Das Buch des Propheten Jeremia (Das Alte Testament Deutsch 20/21), Göttingen $^{5.6}$1969.

Abhandlungen: R. Albertz, Jer 2–6 und die Frühzeitverkündigung Jeremias: ZAW 94 (1982) 20–47; P.-M. Bogaert (ed.), Le livre de Jérémie. Le prophète et son milieu, les oracles et leur transmission (BEThL 54), Leuven 1981; S. Böhmer, Heimkehr und Neuer Bund. Studien zu Jeremia 30–31 (Göttinger Theol. Arbeiten 5), Göttingen 1976; H.-J. Hermisson, Jeremias Wort über Jojachin, in: Werden und Wirken des Alten Testaments, Festschrift für C. Westermann, Göttingen/Neukirchen 1980, 252–280; W. L. Holladay, A Fresh Look at »Source B« and »Source C« in Jeremiah: VT 25 (1975) 394–412; F. L. Hossfeld – I. Meyer, Prophet gegen Prophet. Eine Analyse der atl. Texte zum Thema: Wahre und falsche Propheten, Fribourg 1973; F. D. Hubmann, Untersuchungen zu den Konfessionen Jer 11,18–12, 6 und Jer 15,10–21 (Forschung zur Bibel 30), Würzburg 1978; W. Mc Kane, *mś'* in Jeremiah 23,33–40, in: Prophecy. Essays presented to G. Fohrer (BZAW 150), Berlin 1980, 35–54; I. Meyer, Jeremia und die falschen Propheten (OBO 13), Freiburg/Göttingen 1977; H. Migsch, Gottes Wort über das Ende Jerusalems ... Jeremia 34,1–7; 32,2–5; 37,3 – 38,28 (ÖBS 2), 1981; S. Mowinckel, Zur Komposition des Buches Jeremia, Kristiania 1914; E. W. Nicholson, Preaching to the Exiles. A Study of the Prose Tradition in the Book of Jeremiah, Oxford 1970; J. G. Plöger, Der Aufruf zum Hören. Bemerkungen zur Verkündigung im Buch des Propheten Jeremia, in: Der Diakon ..., hrsg. von J. G. Plöger – H. J. Weber, Freiburg 1980, 194–214; K. F. Pohlmann, Studien zum Jeremiabuch. Ein Beitrag zur Frage nach der Entstehung des Jeremiabuches (FRLANT 118), Göttingen 1978; T. Polk, The Prophetic Persona. Jeremiah and the Language of the Self (JSOT Suppl. Ser. 32), Sheffield 1984; H. Graf Reventlow, Liturgie und prophetisches Ich bei Jeremia, Gütersloh 1963; C. Rietzschel, Das Problem der Urrolle. Ein Beitrag zur Redaktionsgeschichte des Jeremiabuches, Gütersloh 1966; Th. Seidl, Texte und Einheiten in Jeremia 27–29, St. Ottilien 1977; ders., Formen und Formeln in Jeremia 27–29, St. Ottilien 1978; W. Thiel, Die deuteronomistische Redaktion von Jeremia 1–25 (WMANT 41), Neukirchen 1973; W. Thiel, Die deuteronomistische Redaktion von Jeremia 26–45. Mit einer Gesamtbeurteilung der deuteronomistischen Redaktion des Buches Jeremia (WMANT 52), Neukirchen 1981; G. Wanke, Untersuchungen zur sogenannten Baruchschrift (BZAW 122), Berlin 1971; H. Weippert, Die Prosareden des Jeremiabuches (BZAW 132), Berlin 1973; ders., Schöpfer des Himmels und der Erde. Ein Beitrag zur Theologie des Jeremiabuches (SBS 102), Stuttgart 1981.

DIE GERICHTSWORTE ÜBER JERUSALEM UND JUDA: 1^{1}–25^{14}

Überschrift: 1^{1-3}

1^{1} Die Worte Jeremias, des Sohnes Hilkijas, aus der Priesterschaft zu
Anatot im Land Benjamin. ^{2} An ihn erging das Wort des Herrn zur
Zeit des Königs Joschija von Juda, des Sohnes Amons, im dreizehn-
ten Jahr seiner Regierung, ^{3} ebenso zur Zeit des Königs Jojakim von

1^{3} Wörtlich: »bis zur Wegführung Jerusalems«.

1^{1-3} Mit knappen Angaben werden der Prophet und die Zeit seines Wirkens zu Beginn des Buches vorgestellt: Familie und Geburtsort, die Epoche des zu Ende gehenden Königtums in Juda. Der Text ist nicht aus einem Guß; verschiedene Arten von Überschriften über Prophetenworte und deren Sammlungen sind miteinander verbunden: »Worte Jeremias, des Sohnes Hilkijas«, stand vielleicht schon über der ältesten Zusammenstellung jeremianischer Aussprüche, der sogenannten Urrolle (s. 36^{2}). Die daran angeschlossene ^{2} Wortereignisformel, die in ihrer ursprünglichen Form ^{4} steht, weist auf einen bestimmten Offenbarungsempfang, ein Hörerlebnis (Audition), hin, mit angefügter Datierung möglicherweise auf die Berufung $^{4-19}$. Die Fortführung ^{3} bringt dann den Überblick über die Wirkungszeit bis zum Ende des Staates Juda, schweigt allerdings von der Tätigkeit Jeremias nach der Zerstörung Jerusalems und deckt so Jer 1–39 ab oder gar, wenn nur an die Verkündigung des Propheten (»Worte« ^{1}) gedacht ist, lediglich 1–25. Schließlich wurden ^{1b} die Hinweise auf die Herkunft eingebracht. Die wichtige theologische Aussage aber, die $^{1-3}$ machen, liegt in der Verbindung von ^{1} und ^{2}: Die Worte Jeremias sind Jahwes Wort. Dieses ergeht in eine bestimmte geschichtliche Situation durch den Boten Gottes, der es empfängt. Durch ihn, nicht durch den falschen Propheten (s. 23^{9-32} 28) wird es verkündet.

^{1} Jeremia (vielleicht: »Jahwe erhöht« oder »Jahwe gründet«) stammt aus Anatot, das nahe beim heutigen, 4½ km nördlich von Jerusalem befindlichen Anata, lag. Dorthin war der Priester Ebjatar durch Salomo verbannt worden 1 Kön 2^{26}; von ihm könnte die dortige Priesterfamilie abstammen. Jeremias Vater war wohl nicht jener Priester Hilkija, der im Tempel Jahwes das Gesetzbuch fand 2 Kön 22^{8}. Das Priesteramt hat Jeremia wohl nicht ausgeübt. Nichts in seinen Worten deutet darauf hin, daß der Prophet oder seine Familie mit der Reform Joschijas in Verbindung standen.

$^{2.3}$ Die Tätigkeit des Propheten begann (s. auch 25^{3}) im 13. Jahr Joschijas (627/6 v. Chr.), was sich jedoch aus den Texten nicht nachweisen, freilich auch nicht widerlegen läßt. In der Reihe der Könige, unter denen er das Wort des Herrn verkündete, fehlen Joahas und Jojachin; sie haben beide nur wenige Monate regiert. Jerusalem wurde im Monat Ab (Juli/August) 586 erobert 52^{12}. Demnach erstreckt sich das Wirken Jeremias über vier Jahrzehnte; es beginnt schon vor der Kultreform Joschijas. Aber es dauert auch nach der Wegführung unter den zurückgebliebenen Judäern noch an 40–44.

Juda, des Sohnes Joschijas, bis das elfte Jahr des Königs Zidkija von Juda, des Sohnes Joschijas, zu Ende ging, als im fünften Monat Jerusalem in die Verbannung ziehen mußte.

Die Berufung Jeremias zum Propheten: 1^{4-10}

Jes $49^{1.5}$ $44^{1.2.24}$ 4 Das Wort des Herrn erging an mich: 5 Noch ehe ich dich im Mutter-
Gal 1^{15} Am 3^{2} leib formte, habe ich dich ausersehen, noch ehe du aus dem Mutter-
schoß hervorkamst, habe ich dich geheiligt, zum Propheten für die
Ex 4^{10} Völker habe ich dich bestimmt. 6 Da sagte ich: Ach, mein Gott und

1^{6} Mein Gott und Herr, wörtlich: »Herr Jahwe« (*'ᵃdonāj jhwh*).

1^{4-19} berichten von Jeremias Berufung und zeichnen ein Bild des Propheten. Der große Abschnitt ist nicht einheitlich. Darauf weist schon die Wortereignisformel, die nicht nur am Anfang ^{4}, sondern auch in $^{11.13}$ steht, hin. ^{17} schließt an ^{9} an. Nach ^{5} wird Jeremia zum Völkerpropheten bestimmt wie sonst keiner der Propheten, nach $^{17.18}$ aber nur zu den Judäern gesandt. $^{11.12}$ und $^{13-15a}$ ($^{15b-16}$) sind als Visionsberichte in sich geschlossene Textstücke. Auch ^{10} paßt inhaltlich nicht in die Aussagereihe $^{5-9.17-19}$. »Vor ihnen« ^{8} setzt $^{18.19}$ voraus. Demgemäß liegt der Grundbestand von $^{4-19}$ in $^{4-9.17-19}$. Er dürfte gelautet haben: »^{4} Das Wort des Herrn erging an mich: ^{5a} Noch ehe ich dich im Mutterleib formte, habe ich dich ausersehen, noch ehe du aus dem Mutterschoß hervorkamst, habe ich dich geheiligt. ^{7b} Wohin ich dich auch sende, dahin sollst du gehen, und was ich dir auftrage, das sollst du verkünden. ^{9} Dann streckte der Herr seine Hand aus, berührte meinen Mund und sagte zu mir: Hiermit lege ich meine Worte in deinen Mund. ^{17} Du aber gürte dich, tritt hin und verkünde alles, was ich dir auftrage. Erschrick nicht; ^{19} denn ich bin mit dir, um dich zu retten – Spruch des Herrn«. Dieser Text wurde in der Nachinterpretation, vielleicht von verschiedenen Händen, interpretierend ergänzt und durch Einfügung von Textstükken ausgestaltet, damit schon in der Stunde der Berufung, der Auftrag, die Tätigkeit und das Geschick Jeremias deutlich würden.

Der Grundtext (s. o.) ist ein Selbstbericht, in dessen Stil auch die Nachinterpretation verbleibt. Er sagt in drei »Szenen« aus, daß Jeremia der beauftragte Bote und Sprecher Jahwes ist. Seine Berufung steht ganz unter dem Wort Gottes ^{4}: nur in ^{9} wird mit der sichtbaren und spürbaren Hand etwas von der Erscheinung Gottes angedeutet – anders Jes 6 Ez 1–3. Jeremia ist $^{5a.7b}$ dazu geschaffen, gesendet zu werden und Jahwes Wort zu sagen. Das ist der Inhalt und Sinn seiner Existenz. »Noch ehe« und »formte« spielen auf Schöpfungsaussagen an (vgl. Gen $2^{5.7}$). »Ausersehen«, wörtlich »erkannt«, und damit erwählt, in Gottes Plan seine Aufgabe zu erfüllen, war Jeremia schon vor seiner Geburt. »Heiligen« meint hier nicht von Sünde befreien oder vor der Erbsünde bewahren, sondern aus der Gemeinschaft mit den Menschen herausnehmen und Gott zur besonderen Verwendung überstellen, vgl. 15^{17}. Konkret besagt dies ^{7b} für Jeremia, allen und ganz so, wie Jahwe

Herr, ich kann doch nicht reden, ich bin ja noch so jung. [7] Aber der
Herr erwiderte mir: Sag nicht: Ich bin noch so jung. Wohin ich dich
auch sende, dahin sollst zu gehen, und was ich dir auftrage, das sollst Ex 7^{1f} Dtn 1^{3}
du verkünden. [8] Fürchte dich nicht vor ihnen; denn ich bin mit dir,
um dich zu retten – Spruch des Herrn. [9] Dann streckte der Herr seine V. 19; 30^{11}
Hand aus, berührte meinen Mund und sagte zu mir: Hiermit lege ich Dtn 18^{18} Ez 2^{8-10}
meine Worte in deinen Mund. [10] Sieh her! Am heutigen Tag setze ich 3^{1-3}
dich über Völker und Reiche; du sollst ausreißen und niederreißen, $40^{5.7.11.}$ $41^{2.18}$
vernichten und einreißen, aufbauen und einpflanzen. 24^{6} 42^{10} 45^{4}

befiehlt, die aufgetragene Botschaft zu verkünden. »Gesendet sein, gehen, reden« wird von jetzt an die wesentliche Bestimmung seines Lebens sein. Nun erfolgt [9] mit einer göttlichen Zeichenhandlung und deutendem Wort Jahwes die »Weihe« des Propheten; sie ist ganz auf die Verkündigung ausgerichtet: Gottes Wort ist in den Mund dieses Propheten gelegt. Jeremia fungiert als Mund Jahwes. Vielleicht gab es einen entsprechenden Ritus bei der Beauftragung eines Boten im profanen Bereich, auf den hier angespielt wird, vgl. 15^{19}. In [17] folgt der Auftrag zu handeln: »Sich gürten« bedeutet, sich bereit machen. Man schürzt das Gewand, um für die Arbeit, einen längeren Weg, den Kampf beweglicher zu sein. »Steh auf« leitet oft den Befehl ein, der auszuführen ist, so im Wort des Herrn Jos 1^{2} Jon 1^{2} 3^{2} Num 22^{20}. Ohne Zaudern muß der Beauftragte seine Aufgabe anpacken. Aber er hat auch [19b] den Schutz Gottes, der an seiner Seite steht. Jahwe wird ihn nicht vor Schwierigkeiten bewahren, aber ihn aus der Gefahr herausreißen.

Jeremia war auch Prophet für die Völker, wie seine Worte (25^{15-38} 46–51) beweisen. Jahwe hatte ihn also auch dazu bestimmt. Die Nachinterpretation bringt dies in den Berufungsbericht [5b.6.7a.8] ein, dem sie als kleine Texteinheit eingefügt ist, und dem sie ihren Abschluß [8] (s. [19]) entlehnt. Sie enthält keine Handlung, sondern nur Rede. Jahwe hat bereits beschlossen; er teilt seinen Beschluß dem Betroffenen mit [5b]. Dieser aber darf wie Mose Ex 3^{10-13} 4^{1-17} Stellung nehmen und einen Einwand vorbringen. Es ist, wie die Anrede »ach, Herr Jahwe« zeigt, die Klage des Beauftragten, des Retters Jos 7^{7} Ri 6^{22} und des Propheten Jer 14^{13} 32^{17} angesichts der Konfrontation mit Gottes verfügendem Willen, der menschlichen Plänen und Erwartungen widerspricht. Jeremia ist [6] noch ein *na-ᶜar* »ein junger Mann«, noch nicht berechtigt und auch nicht erfahren genug, um öffentlich aufzutreten, seinem Volk den göttlichen Willen zu verkünden, geschweige denn über andere Völker Gottes wirksames, richtendes Wort auszurufen. Jahwe weist den Einwand zurück; sein Entschluß steht fest und bleibt [7a]. Aber er sichert seinen ebenso festen Beistand zu. »Fürchte dich nicht« leitet eine Heils- und Erhörungszusage ein, auf die sich der Empfänger verlassen kann und soll.

Mit dieser Bestimmung zum Völkerpropheten hat Jeremia [10] Vollmacht über die Völker erhalten, wie sie ein Statthalter über eine Provinz, etwa Gedalja, besitzt. In drei Wortpaaren wird sie umschrieben, wobei das zerstörende Tun das Übergewicht hat, das aufbauende aber nicht ausgeschlossen ist. Der Prophet kann somit verwalten und richten, durch sein verurteilendes Wort ein Reich zerstören, durch ein Heilswort es

Zwei Visionen: 1[11–19]

Am 7[7–9] 8[1–3] [11] Das Wort des Herrn erging an mich: Was siehst du, Jeremia? Ich
antwortete: Einen Mandelzweig sehe ich. [12] Da sprach der Herr zu
mir: Du hast richtig gesehen; denn ich wache über mein Wort und
führe es aus. [13] Abermals erging an mich das Wort des Herrn: Was
siehst du? Ich antwortete: Einen dampfenden Kessel sehe ich; sein
Rand neigt sich von Norden her. [14] Da sprach der Herr zu mir: Von
4[6] 6[1.22] Norden her ergießt sich das Unheil über alle Bewohner des Landes.
10[22] 50[41] [15] Ja, ich rufe alle Stämme der Nordreiche – Spruch des Herrn –, damit sie kommen und ihre Richterstühle an den Toreingängen Jerusalems aufstellen, gegen all seine Mauern ringsum und gegen alle
Städte von Juda. [16] Dann werde ich mein Urteil über sie sprechen und
sie strafen für alles Böse, das sie getan haben, weil sie mich verlassen,

1[15] Alle Stämme: fehlt in G und ist wohl aus 25[9] übernommen.

wieder zur Blüte bringen. Hier äußert sich die dtr Theologie von der Mächtigkeit des Gotteswortes, ebenso auch die Hoffnung, daß es sich, wie es in der Verkündigung Jeremias seine Kraft im Gericht über Jerusalem und Juda erwiesen hat, auch zum künftigen Aufbau des Jahwevolkes auswirken werde.

[11.12] Aber sind die Aussprüche Jeremias wirklich Gottes Wort, und wer bürgt dafür? Auf diese Fragen antwortet eine dem Erleben des Amos nachempfundene Visionsschilderung. Sie enthält im Kern ein Wortspiel zwischen »Mandelzweig« (*šāqed*) und »(ich) wache« (*šoqed*). Der Mandelbaum blüht als erster der Obstbäume, ist also zuerst »wach« oder »wachsam«, »ruht« vielleicht gar nicht, und hat daher seinen Namen. Jahwe sorgt wachsam dafür, daß sein Wort sich erfüllt. Ein zweites enthält der Abschnitt: Jeremia schaut, empfängt tatsächlich das Wort des Herrn.

[13–15a(15b–16)] In der zweiten, gleichgebauten Visionschilderung geht es um den Hauptinhalt der Botschaft Jeremias. Auch er kommt von Jahwe, ist dem Propheten offenbart. Ein Kessel steht (vgl. 2 Kön 4[38–41]) auf der Feuerstelle, kochend, nach Süden geneigt, so daß sein Inhalt in dieser Richtung überzufließen droht. Jeremia erfaßt die Situation richtig: Von Norden her Unheil [13], und Jahwe bestätigt [14] diese Sicht. Der »Feind aus dem Norden« samt seinen Hilfsvölkern [15a] fällt über Juda her. Jahwe selbst ruft ihn herbei. Noch ist nicht zu sehen, wer es sein wird; später wird klar, daß es Nebukadnezzar von Babel ist. Mit Recht hat Jeremia den »Feind aus dem Norden« zum Thema seiner Verkündigung von Anfang an gemacht. Er hat die Katastrophe vorhergesehen und gedeutet, wie es ihm Gott offenbart hatte. So ist es in der Belagerung und dem Gericht über Jerusalem [15b] eingetroffen 52[9]; Jahwe hat sein Volk gerichtet [16]. Er strafte es für die Sünde, den Abfall von ihm, der hier mit dtr Ausdrücken näher umschrieben wird: Jahwe verlassen, anderen Göttern opfern, das Werk ihrer Hände anbeten. Wovor das im Tempel gefundene Gesetzbuch warnt und was es androht, wird zum Unheil für Jerusalem und Juda geschehen. Nun war es eingetreten.

anderen Göttern geopfert und das Werk ihrer eigenen Hände ange- 2 Kön 22[16f]
betet haben. 17 Du aber gürte dich, tritt vor sie hin, und verkünde ih-
nen alles, was ich dir auftrage. Erschrick nicht vor ihnen, sonst setze Dtn 31[8] Jos 1[9] 8[1]
ich dich vor ihren Augen in Schrecken. 18 Ich selbst mache dich heute 15[20]
zur befestigten Stadt, zur eisernen Säule und zur ehernen Mauer ge-
gen das ganze Land, gegen die Könige, Beamten und Priester von
Juda und gegen die Bürger des Landes. 19 Mögen sie dich bekämpfen,
sie werden dich nicht bezwingen; denn ich bin mit dir, um dich zu
retten – Spruch des Herrn.

Das treulose Volk: 2[1–37]

2[1] Das Wort des Herrn erging an mich: 2 Auf! Ruf Jerusalem laut ins
Ohr: So spricht der Herr: Ich denke an deine Jugendtreue, an die Hos 2[17]

1[17] Wörtlich: »Steh auf und rede zu ihnen.«
2[2] Auf, wörtlich: »geh«.

[17b–19a] Eine solch harte Botschaft auszurichten, ist nicht leicht. Der Prophet muß mit großen Widerständen, mit Anfeindungen und tätlichen Angriffen rechnen. Darum wird in der Nachinterpretation die Zusage des göttlichen Beistandes und auch der Aufruf zur Unerschrockenheit verstärkt. Wenn er furchtsam auftritt, überläßt ihn Gott seiner Angst [17b]. Jahwe gibt ihm die Kraft zur Furchtlosigkeit und zum Widerstand, wie mit Bildern aus 15[20] gesagt wird [18a], auch wenn alle die Adressaten seiner Worte [18b] und das ganze Land gegen ihn stehen. Unter dem Schutz des Herrn, mit seiner Kraft gerüstet und von seinem Beistand umgeben, wird der Prophet unüberwindlich sein. Wie ein Siegel auf das Gesagte steht am Schluß die in [4–19] dreimal verwendete bekräftigende Formel: Spruch des Herrn.

In [4–19] haben jene, welche die Botschaft Jeremias aufnahmen und weitertrugen, im engen Anschluß an den Propheten selbst und sein Wirken einen Berufungsbericht als Gotteswort geschaffen, der die ganze Spannweite prophetischer Existenz aufzeigt. Er stellt dar, daß und wie Jeremia, der erwählte und bevollmächtigte Prophet Jahwes, zuverlässig unter göttlichem Beistand das wirksame Gotteswort verkündet. Dabei wird der Gott sichtbar, der diesen Menschen berief, anforderte, stärkte und beschützte, soweit es in seinen Plänen lag. Wie Jeremia ist auch der Gottesknecht und der Völkerapostel berufen. Wie er ist Paulus gesendet und beschützt Apg 22[15]; 26[17]. Die Liturgie verwendet den Text am Fest der Geburt [4–10] und am Gedenktag der Enthauptung [17–19] Johannes, des Täufers, vgl. Lk 1[41.66], sieht in [4–9] auch Sendung und Auftrag für »Hirten der Kirche« (7. Lesung des Commune) umschrieben und setzt [4.5.17–19] (4. Sonntag im Jahreskreis III) zu Lk 4[21–30] in Beziehung: Jeremia als Vorbild des beauftragten Boten Gottes.

Der Abschnitt 2[1–37] ist nur ein erster Teil des großen Textgefüges 2[1]–6[30], das von Schuld, Strafe, auch von der Möglichkeit zur Umkehr handelt und vom Endredaktor des Buches wohl als eine umfangreiche Rede Je-

Liebe deiner Brautzeit, wie du mir in der Wüste gefolgt bist, im Land
ohne Aussaat. [3] Heiliger Besitz war Israel dem Herrn, Erstlingsfrucht
seiner Ernte. Wer davon aß, machte sich schuldig, Unheil kam über
ihn – Spruch des Herrn.
[4] Hört das Wort des Herrn, ihr vom Haus Jakob und all ihr Ge-

2[3] Heiliger Besitz, wörtlich: »Heiliges«.

remias betrachtet wird, die nächste große Zwischenüberschrift folgt erst in 7[1.2], vgl. 2[1.2*]. Es geht um die Auseinandersetzung Jahwes mit seinem untreuen Volk nach Art eines Gerichtsverfahrens, wobei Gott sich verteidigt und seinerseits Anklage erhebt: Unschuldserklärung [2.3] und Verteidigungsrede Jahwes mit Anklage [4–13]; Diskussion der Vorwürfe des Volkes [14–19]; Feststellung der Schuld [20–22]; Bestreitung der Position Israels [23–28]; erneute Zurückweisung der Vorwürfe und Anklage [29–37]. Der Abschnitt ist aus Jeremiaworten aufgebaut, die stellenweise kommentiert sind. Er paßt mit dem, was Israel vorgeworfen wird, gut in die Zeit vor der Reform Joschijas, ist aber nicht datiert. Man nimmt an, daß er aus der frühen Tätigkeit Jeremias stammt. Die bekräftigende Formel »Spruch des Herrn« hebt wichtige Aussagen im Text hervor: Jahwes Heilstat [3]; daß er Anklage erheben muß [9]; Israels Schuld [12.19.22.29]. Auf letzterem liegt der Nachdruck.

[1–3] Mit besonderer Gewichtung (Wortereignisformel, Sendungs- und Redeauftrag, Botenspruchformel) wird die Gottesrede eingeführt. Die Worte Jahwes [2.3] erhalten dadurch einen starken Akzent und werden durch den folgenden Aufmerksamkeitsruf [4] samt Botenspruchformel [5] betont vom übrigen Text abgehoben. »Nur im Jeremiabuch ist der dreigliedrige Aufruf zum Hören« (Imp., Objekt, Adressat) »mit der Botenformel verbunden« (J. G. Plöger 196). Von Hosea ist wohl das Bild vom bräutlichen ungetrübten Treueverhältnis des noch jungen, erst in der göttlichen Rettungstat konstituierten Volkes zu Jahwe übernommen: Es ließ sich von seinem Gott führen. In der Wüste gab es den Fruchtbarkeitsgott Baal nicht, der ihm in Kanaan zur Versuchung wurde, zu dem es abfiel, durch den es zu Fall kam. Andererseits war Israel ganz Jahwe überantwortet, gehörte ihm allein wie die ersten Früchte der Ernte, über die nur der Herr verfügen kann. Wer gegen seinen Willen davon ißt (Lev 22[9f]), Israel also angreift, wie die Amalekiter in der Wüste (Ex 17[8–16]) oder später die Feinde in Kanaan, macht sich schuldig; Jahwe greift ein. Er hat gehandelt, getan, was Israel wegen des besonderen Verhältnisses zu ihm von seinem Gott erwarten konnte. Davon ist auszugehen. Jahwe hat sich nichts zuschulden kommen lassen. Weder in der Vergangenheit noch in der Gegenwart hat er gegen die von ihm gewährte enge Verbindung mit Israel verstoßen.

[4–13] Jahwe kann sich also mit nicht zu widerlegenden Argumenten verteidigen, und seine Verteidigung wird von selbst zur Anklage gegen Israel. Sie geht wie bei einem gerichtlichen Verfahren in drei Schritten voran: [5–8] Zurückweisung der Anklage; [9–11] Gegenklage; [12.13] Anrufung der Zeugen. Ihr Thema ist: »Sie haben sich von mir (Jahwe) entfernt.« Durch die Gottesspruchformel »Spruch des Herrn« [3.9.12.19] scheint die Redaktion jedoch vier Abschnitte zu sehen:

schlechter des Hauses Israel! ^{5} So spricht der Herr: Was fanden eure
Väter Unrechtes an mir, daß sie sich von mir entfernten, nichtigen 2 Kön 17^{15}
Göttern nachliefen und so selber zunichte wurden? ^{6} Sie fragten
nicht: Wo ist der Herr, der uns aus Ägypten heraufgeführt, der uns in
der Wüste den Weg gewiesen hat, im Land der Steppen und Schluch- Dtn 8^{14f}
ten, im dürren und düsteren Land, im Land, das keiner durchwandert Am 2^{10}
und niemand bewohnt? ^{7} Ich brachte euch dann in das Gartenland,
um euch seine Früchte und Güter genießen zu lassen. Aber kaum seid
ihr dort gewesen, da habt ihr mein Land entweiht und mir mein Ei-
gentum zum Abscheu gemacht. ^{8} Die Priester fragten nicht: Wo ist
der Herr? Die Hüter des Gesetzes kannten mich nicht, die Hirten des

2^{5} Nichtigen Götzen, wörtlich: »Hauch«, im Sinne von »Nichts, nichtig«.
2^{7} Entweiht, wörtlich: »unrein gemacht«.
2^{8} Wörtlich: »denen, die nicht nützen«.

$^{1-3.4-9.10-12.13-19}$, wobei Merkmale einer konzentrischen Struktur festzustellen sind (A ^{2b} dir, B ^{3} Israel, C ^{11} mein Volk / C' ^{13}mein Volk, B' ^{14} Israel, A' $^{16-19}$ dir); $^{1-19}$ sind so zu einer größeren Einheit zusammengefaßt (J. G. Plöger 201–203). Dazu läßt sich $^{4-9.10-12}$, auch $^{2.3}$ ein Redeschema feststellen, das häufig verwendet wird und »Forderung, Frage, Feststellung, Folgerung« umfaßt (J. G. Plöger 201f, s. dort weitere Hinweise).

$^{5-8}$ Israel hat die Bindung an seinen Gott durch Verhalten und Tat aufgekündigt und aufgegeben. Damit ist er ins Unrecht gesetzt, und ihm der Vorwurf gemacht, er habe nicht recht getan. Jahwe wehrt sich mit der abweisenden Frage ^{5a}. Sein Volk hatte keinen Grund, sich von ihm abzuwenden. Der Abfall von Jahwe wird ^{5b} im Vorgriff auf ^{10} dtr interpretiert als Hinwendung zu den nichtigen Göttern mit der im Untergang des Nordreichs erlebten Folge, daß es selber zu »Nichts« wurde, wie das Wortspiel treffend sagt. Man hätte richtig ^{6} nach der Nähe Jahwes fragen müssen, nach seiner wirksamen Macht (Ps 42^{11} 79^{10}) und seinem Willen, und sich so zu ihm bekennen sollen. Anlaß dazu hätte die Heilsgeschichte geboten: die Befreiung aus Ägypten, die Führung durch die Wüste, die hier in dtr Nachinterpretation im Gegensatz zu ^{2} als eine Gegend voller Schrecken geschildert wird, und die Verleihung des Landes. Die Eroberung Kanaans war nur durch Jahwes Hilfe und Tat möglich: Er hat Israel sein gutes und schönes (vgl. Dtn 8^{7-9}) Land, das immer sein eigen bleibt und das er ebensowenig aufgibt, wie ein Mann sein väterliches Erbe *(naḥ^{a}lāh)*, zu Lehen gegeben. Aber Israel hat das Land unrein gemacht, die Verbindung zwischen Gott und seinem Eigentum gestört, indem es die Fruchtbarkeit auf Baal, nicht auf Jahwe zurückgeführt hat. Das erregt den Abscheu des Herrn, widert ihn innerlich an, läuft in den Praktiken des Fruchtbarkeitskultes seinem Wesen zuwider. ^{8} kommentiert, wohl als späterer Zusatz, ^{6} und bezieht die Abwendung des Volkes in erster Linie auf die führenden Schichten, vgl. 5^{4f}. Die mit dem Gesetz befaßt sind, es handhaben, sind kaum Gesetzeslehrer und frühe Vorläufer der Schriftgelehrten, sondern die Priester, die die Tora, die Weisung Jah-

23^{13} Volkes wurden mir untreu. Die Propheten traten im Dienst des Baal
auf und liefen unnützen Götzen nach. ^{9} Darum muß ich euch weiter
anklagen – Spruch des Herrn – und gegen eure Kindeskinder Klage
erheben. ^{10} Geht doch hinüber zu den Inseln der Kittäer, und seht
euch um, oder schickt nach Kedar, forscht genau nach, und seht zu,
ob irgendwo etwas Ähnliches geschah. ^{11} Hat je ein Volk seine Götter
gewechselt? Dabei sind es gar keine Götter. Mein Volk aber hat sei-
nen Ruhm gegen unnütze Götzen vertauscht. ^{12} Entsetzt euch dar-
über, ihr Himmel, erschaudert gewaltig – Spruch des Herrn. ^{13} Denn
17^{13} Ps 36^{10} mein Volk hat doppeltes Unrecht verübt: Mich hat es verlassen, den
Jes 12^{3} Joh 4^{10} Quell des lebendigen Wassers, um sich Zisternen zu graben, Zister-
nen mit Rissen, die das Wasser nicht halten.

2^{12} Gewaltig, mit G (*harbeh* statt des schwierigen *ḥārᵉbū*)

wes, kennen und auslegen mußten (18^{18}, vgl. 2 Chr 19^{8-11}). Hirten werden wie im Alten Orient so auch im AT die Herrscher (Könige) genannt; sie sind von Jahwe abgefallen, erkennen ihn nicht mehr als den obersten Herrn an. Die Propheten, zu Elijas und Elischas Zeiten, in Scharen dem Gott Israels verbunden und für ihn tätig, lassen sich vom Baal inspirieren und treten für ihn ein. Was nichts nützt, nicht helfen kann, ohnmächtig ist, verdient weder den Namen »Gott« noch Nachfolge.

$^{9-11}$ ziehen wie im Gerichtsverfahren die Konsequenz aus dem aufgezeigten Tatbestand, gehen zur Anklage in direkter Anrede der Schuldigen über und stellen die Größe des Vergehens heraus. ^{9b} erweitert die Beschuldigung auf die jetzt, lange nach der Reform Joschijas lebende Generation. Daß Völker andere Götter hinzunahmen, oft aus politischen Gründen, geschah häufig; kaum aber haben sie ihren mit Volk und Land verbundenen Gott aufgegeben. Aber selbst wenn sie es getan hätten, wäre es, wie die nachträgliche Bemerkung »sie sind keine Götter« deutlich macht, kein Göttertausch gewesen, nur ein Auswechseln von Bezeichnungen für vergöttlichte Naturkräfte. Was nirgends geschah, weder im Westen – dafür stehen die Kittäer, ursprünglich die Einwohner von Kition auf Cypern – noch im Osten – Kedar meint die Bewohner der syrisch-arabischen Wüste –, hat Israel getan: Es hat seinen Ruhm, seine Ehre, d. h. das, was ihm Geltung und Bedeutsamkeit verleiht, nämlich seinen Gott mit hilflosen Wesen $^{8.11}$ vertauscht.

$^{12.13}$ Als Zeuge wird der Himmel, vgl. Jes 1^{2} angerufen; er soll und kann Stellung beziehen, um das Ausmaß und den Widersinn der schuldhaften Tat zu zeigen. »Entsetzen« und »Himmel« bilden im Hebr. ein Wortspiel. Das Unrecht Israels war in zweifacher Hinsicht böse und unheilvoll: Jahwe, der Leben spendet, hat es verlassen und sich an einen Gott gewendet, der dazu nicht imstande ist. Dies wird mit einem Vergleich gesagt: Jahwe ist die Quelle lebendigen, d. h. frischen, fließenden Wassers, die Quelle des Lebens. Baal, die anderen Götter, werden mit Zisternen verglichen, aus denen auch das abgestandene Wasser entwichen ist, so daß sie nur noch Schlamm bieten. Zisternen wurden mit Kalkputz ausgekleidet und abgedichtet. Wenn dieser etwa durch

[14] Ist Israel denn ein Knecht oder ein im Haus geborener Sklave?
Warum wurde es zur Beute, [15] über der Löwen brüllten und knurrten? 47
Man hat sein Land zur Wüste gemacht; seine Städte sind verbrannt
und menschenleer. [16] Sogar die Leute von Memfis und Tachpanhes
zertrümmern dir den Schädel. [17] Geschieht das nicht deshalb, weil du
den Herrn, deinen Gott, verlassen hast? [18] Was nützt es dir jetzt, nach
Ägypten zu laufen, um Nilwasser zu trinken, oder nach Assur zu laufen, um Eufratwasser zu trinken? [19] Dein böses Tun straft dich, deine
Abtrünnigkeit klagt dich an. So erkenne doch und sieh ein, wie

2[17] Die EÜ läßt [17bß] »zur Zeit, da er dich auf dem Weg geleitet hat« weg, der in G fehlt, den Zusammenhang stört und wohl Glosse ist, vgl. [6], oder Dittographie zum Anfang von [18].

2[18] Nilwasser, wörtlich: »Schichor-Wasser«.

2[19] Klagt dich an, wörtlich: »züchtigt dich«.

Erdbeben Risse bekam, versickerte das angesammelte Wasser. Der Tausch ist unbegreiflich; er muß zur Enttäuschung, ins Unheil führen.

[14–19] Ein Diskussionswort über den Zustand Israels, das ursprünglich [14f.17abα.19a] umfaßt und die Folgen des Abfalls aufzeigt. Es ist nicht dialogisch angelegt, sondern will in Frage und Antwort ein Problem klären. Der Prophet spricht; in [19b] erfolgt die Überleitung zur anschließenden Jahwerede im Ichstil. [14] Zuerst wird nach dem Status Israels gefragt. Nein, Jahwes Volk ist nicht Knecht oder hausgeborener Sklave, der nie die Freiheit erlangt (Ex 21[4]), also nicht fremden Herrn unterworfen und ausgeliefert, sondern als »Sohn« befreit (Hos 11[1ff]). Die zweite Frage, wohl eher im »warum« der Klage gestellt, beschreibt die dennoch eingetretene Not des Volkes[14b.15]: Unterjochung, Verwüstung des Landes. Anscheinend ist an Assur unter dem Symbol des Löwen gedacht und an seine Angriffe 721 und 701 v. Chr. In [16] ist der Hinweis auf Ägypten, das damals keine Gefahr darstellte, nach Meinung mancher Ausleger von Jeremia selbst unter Jojakims Regierungszeit nachgetragen und mit *gam* »auch, sogar« angeschlossen. Memfis (hebr. *nof*) liegt etwa 20 km südlich von Kairo, Tachpanhes war ägypt. Grenzfestung im östlichen Nildelta. Mit einer Gegenfrage gibt [17] Antwort auf [14.15] und deutet die Bedrängnis als Folge des Abfalls von Jahwe. [18] bringt eine historisierende Auslegung des Abfalls Israels, vgl. [36f], der im Grundtext die Verehrung Baals ist. Wiederum fragend wird der Versuch abgelehnt, sich Hilfe und Rettung beim einen oder anderen zu holen, die eine Großmacht gegen die andere auszuspielen, bei Ägypten oder Assur neue Kraft zu schöpfen. Schichor (Teich des Horus) bezeichnet hier wie Jes 23[3] den Nil, nicht nur einen See oder Nilarm im Delta. [19] Nur klare Erkenntnis und Einsicht in die wahren Ursachen der Not helfen wirklich. Die böse Tat des Abfalls von Jahwe hat die Strafe über das Volk gebracht. Es hat sich damit nichts Gutes, sondern Unheil und Schmerz zugefügt. Infolge mangelnder Ehrfurcht vor Gott ist es soweit gekommen, sagt ein Ergänzer, schon mit Blick auf [20] in Jahwerede, und unterstreicht es mit der auf die Macht Gottes (Jahwe Zebaot) verweisenden

schlimm und bitter es ist, den Herrn, deinen Gott, zu verlassen und
keine Furcht vor mir zu haben – Spruch Gottes, des Herrn der Heere.
Hos 4[16] 10[11] [20] Von jeher hast du dein Joch zerbrochen, deine Stricke zerrissen
Hos 4[13] Dtn 12[2] und gesagt: Ich will nicht dienen. Auf jedem hohen Hügel und unter
2 Kön 17[10] jedem üppigen Baum hast du dich als Dirne hingestreckt. [21] Ich aber
1 Kön 14[23] hatte dich als Edelrebe gepflanzt, als gutes, edles Gewächs. Wie hast
5[10] Jes 5[1-4] du dich gewandelt zum Wildling, zum entarteten Weinstock! [22] Selbst
Jes 1[16.18] wenn du dich mit Lauge waschen und noch soviel Seife verwenden
Ps 51[4.9] wolltest, deine Schuld bliebe doch ein Schmutzfleck vor meinen Au-
gen – Spruch Gottes, des Herrn. [23] Wie kannst du sagen: Ich bin nicht
unrein geworden, den Baalen bin ich nicht nachgelaufen? Schau auf
dein Treiben im Tal, erkenne, was du verübt hast. Eine schnelle Ka-
melstute bist du, die kreuz und quer ihre Wege rennt, [24] eine wilde
Eselin, die an die Wüste gewöhnt ist. In ihrer Brunst schnappt sie

2[20] Hast du, mit G, M: »habe ich«.
2[21] Zum Wildling ...: *lᵉsōrijjāh gaefaen.*
2[24] Der Vergleich mit dem Wildesel *(paeraeh)* (»eine ... ist«) ist wohl aus 14[6] übernommen, anscheinend wegen des auch dort ausgesagten Schnappens nach Luft. – In ihrer Brunst: lies mit vielen Hss *nāfšāh* bezogen auf »Kamelstute«. – Zur Zeit ihrer Brunst, wörtlich: »in ihrem Monat«.

Spruchformel. Jeremia selbst will in [19], daß Israel das akzeptiert, was [17] fragend nahegelegt hatte: Sein Zustand weist auf seine Schuld hin.

[20–22] stellt Jahwe nach erfolgtem Beweisgang anklagend die Schuld fest. Drei verschiedene Bilder beschreiben sie: das störrische Rind, das als Zugtier den Dienst verweigert, den Jochbalken, der über dem Nacken lag, zerbricht und die Stricke um den Hals, mit denen er befestigt war, zerreißt; der entartete Weinstock, der schlechte oder keine Früchte bringt; ein Mensch, der sich so beschmutzt hat, daß er auch durch starke Reinigungsmittel (*naetaer* Natron und *borīt* pflanzliche Lauge) den Schmutz nicht los wird. So haftet die Schuld am Volk, die durch Verweigerung und Entartung, Aufkündigung des Dienstes und Wesensänderung – Israel ist in seinem Tun und Verhalten nicht mehr Volk Jahwes – eingetreten ist. Aus dem Rahmen der Bilder vom pflügenden Rind und vom Weinstock fällt [20b] heraus, eine dtr und vielleicht von Ez 16 beeinflußte Konkretisierung der Schuld des Volkes, die im Vorgriff auf [23] auf den baalistischen Fruchtbarkeitskult bezogen wird. Er fand unter dem Fruchtbarkeitssymbol des üppigen Baumes und auf den Höhen-Heiligtümern, auch im Vollzug der »heiligen Hochzeit« statt.

[23–37] bestreitet Jahwe die gegnerische Position, die sich Israel aufgebaut hat. Wechselnde Bilder veranschaulichen jeweils die Aussage und ihren bestimmten Aspekt, zuerst [23–25] die Verehrung des Baal. Der Plural steht deswegen, weil dieser Gott in vielfacher Differenzierung seines im Grunde gleichbleibenden Wesens an einzelnen Orten und in ihrem Umland verehrt wurde. Seine Verehrung macht unrein, unfähig zum Jahwekult. In der Bestreitung verweist Jahwe kaum auf die Kinderopfer, sondern auf den Fruchtbarkeitskult (auch) im Tal, wohl an Quellen und

nach Luft. Wer vermag ihre Gier zu hemmen? Jeder, der sie begehrt,
findet sie ohne Mühe zur Zeit ihrer Brunst. 25 Gib acht, daß du dir
den Fuß nicht wund läufst und daß deine Kehle nicht durstig wird.
Du aber sagst: Nein, laß mich! Denn ich bin verliebt in die Fremden
und will ihnen nachlaufen. 26 Wie ein ertappter Dieb sich schämt, so
müssen sich die Leute vom Haus Israel schämen, sie selbst, ihre Kö- 2^{22}
nige und Beamten, ihre Priester und Propheten. 27 Sie sagen ja zum
Holz: »Du bist mein Vater«, und zum Stein: »Du hast mich gebo-
ren«. Sie kehren mir den Rücken zu und nicht das Gesicht; sind sie 7^{24} 32^{33}
aber in Not, dann rufen sie: Erheb dich, und hilf uns! 28 Wo sind nun
deine Götter, die du dir gemacht hast? Sie mögen sich erheben, falls Dtn 32^{37f} Ps 3^{8}
sie dir helfen können, wenn du in Not bist. Denn so zahlreich wie Jer 11^{12f}
deine Städte, Juda, sind auch deine Götter.
29 Warum streitet ihr gegen mich? Ihr alle seid mir untreu geworden –
Spruch des Herrn. 30 Vergeblich schlug ich eure Söhne; sie ließen sich
nicht erziehen. Euer Schwert fraß eure Propheten wie ein reißender Neh 9^{26} Mt 23^{30}

am Wasser stehenden mächtigen Bäumen. Auf ihn deutet der Vergleich mit der Kamelstute hin, deren Gier nicht zu bremsen ist und die jede Kontrolle über sich verloren hat. So hemmungslos und ohne jeden Widerstand hat Israel sich dem Baal hingegeben. Eine Warnung, die hier 25 ironisch gemeint ist, hat keinen Erfolg, ist »aussichtslos« *(nōʾāš)*; das Volk ist in seiner Leidenschaft den Fremden, womit gegenüber Jahwe »die Baale« 23 gemeint sind, verfallen.

Über 26–29 steht als Leitmotiv die Beschämung des ertappten Diebes, seine Enttäuschung und Schande, die Gefährdung seiner Existenz. Genauso steht das »Haus Israel« da. 26b ist ein Einschub, der die führenden Männer verantwortlich macht; 27 schließt an 26a an. 27 Masseben (säulenartige Steine), Felsplatten, Ascheren (heilige Pfähle oder Bäume) wurden, vielleicht noch als Sitz göttlicher Kräfte betrachtet, als Symbole des Lebens und der Fruchtbarkeit verehrt. Das ist Abkehr von Jahwe. In Zeiten der Not aber erinnert man sich an ihn, den rettenden Gott, und ruft um Hilfe. Er ist aber kein bloßer Notbehelf. Solche Religiosität weist er zurück. Israel soll zu den Göttern auch in Bedrängnis gehen, zu denen es in Zeiten des Wohlstandes seine Liebe hingetragen hat. Wenn Jahwe jetzt nicht hilft, ist er im Recht, und es besteht 29 kein Grund, ihn anzuklagen. 28b ist wohl eine nachträgliche Erweiterung der ironischen Aufforderung: Du hast doch genug Götter, an die du dich wenden kannst. Selbstgemachte Götter aber sind machtlos. Israel wird von ihnen enttäuscht, verlassen und steht mit Schande da.

30f Strafe von seiten Gottes war erfolglos; man zog keine Lehre daraus, sondern hat die Mahner, die vom Herrn gesandten Propheten, die das Geschehen als göttliches Gericht deuteten, umgebracht. Vielleicht ist an Manasse gedacht, vgl. 2 Kön 21^{16}, unter dessen Herrschaft Jesaja nach der Legende (Ascensio Isaiae) den Märtyrertod starb. Der erste Satz in 31 ist anscheinend die Bemerkung eines Lesers (Duhm), der das geschriebene Jahwewort auf die jetzt lebende Generation bezieht; wörtlich: »Das Geschlecht seid ihr; schaut (auf) das Wort Jahwes!«

Löwe. 31 Ihr nun, das gegenwärtige Geschlecht, schaut auf das Wort
des Herrn! Bin ich denn für Israel eine Wüste geworden oder ein fin-
steres Land? Warum sagt mein Volk: Wir wollen frei umherschwei-
fen, wir kommen nicht mehr zu dir? 32 Vergißt denn ein Mädchen sei-
Dtn 6^{10-15} 8^{11-19} nen Schmuck, eine Braut ihre Bänder? Mein Volk aber hat mich ver-
gessen seit ungezählten Tagen. 33 Wie gut findest du deinen Weg,
wenn du Liebe suchst. Sogar an Verbrechen hast du dein Verhalten
gewöhnt. 34 Selbst am Saum deiner Kleider klebt das Blut von Armen,
5^{28} 22^{13}. Am 2^{6f} von Unschuldigen, die du nicht etwa beim Einbruch ertappt hast.
Jes 1^{15} 35 Und trotzdem sagst du: Ich bin unschuldig; sein Zorn hat sich ja
von mir abgewandt. – Aber ich gehe ins Gericht mit dir, weil du sagst:
Ich habe mich nicht versündigt. 36 Wie kannst du nur so leicht bereit
sein, deinen Weg zu wechseln! Auch von Ägypten wirst du ent-

2^{31} Frei umherschweifen: *radnū* (von *rūd*); eine Änderung in *māradnū* »wir lehnen uns auf« (Vg recessimus, vgl. Aq) ist nicht nötig.

2^{34} Die letzten Worte »doch bei all dem« *(kī ᶜal k̊ l-ellaeh)* sind vielleicht verderbt und von der EÜ weggelassen, bzw. in »trotzdem«[35] berücksichtigt.

2^{36} Leicht bereit sein: *tāzellī*, M: »du gehst weg«?

Jahwe aber fährt mit einem Vergleich fort: Sein Volk hat ihn gemieden, wie wenn er gleich einer Wüste der Ort des Unheils wäre, vgl. [6]. Es will sich nicht an ihn binden, sondern in einer falsch verstandenen Freiheit gehen, wohin es will. An Hinwendung zu ihm denkt es nicht. [32–37] sind wieder ein kommentiertes Prophetenwort, in dem Gott selbst spricht. Im Bild von der Braut, das den großen Abschnitt, der mit ihm auch [2] eröffnet wurde, wirkungsvoll abschließt, bleiben [32f.35]. Mit »auch« *(gam)* angeschlossen, vgl. [36b.37a], bringt [34] einen Einzelfall zur Illustration von [33], wo »Verbrechen« (wörtlich: Böses) eher die Untaten des Baaldienstes meint. [36f] bieten eine historisierende Auslegung zu »Verhalten« (wörtlich: Wege)[33].

Wiederum erinnert Jahwe [32] an das bräutliche Verhältnis, in dem sein Volk ihm verbunden ist, zugleich aber auch an Israels Untreue. Wenn eine Braut ihren Schmuck (Geschmeide und Bänder) nicht mehr beachtet, den ihr der Bräutigam geschenkt hat, legt sie keinen Wert mehr auf die eingegangene Bindung. Jahwe ist für sein Volk der Geber, und die wertvollste Zier[11] zugleich. Ihn vergessen – davor warnen die dtn Einleitungsreden (Dtn 5–11) eindringlich – bedeutet, keinen Wert mehr auf die Beziehung zu ihm legen. [33] Die »Braut« sucht andere Liebschaften und weiß sie zu finden. Sie hat sich deshalb schon an die bösen Taten gewöhnt; gemeint ist damit wieder der Baalskult. Dabei versteht das Volk die Langmut seines Gottes [35], der zuwartet und nicht straft, völlig falsch. Sie ist kein Zeichen dafür, daß es unschuldig ist. Darum muß Jahwe, um nicht den Anschein zu erwecken, als billige er das Verhalten und stimme der Unschuldserklärung zu, mit Israel ins Gericht gehen. Das aber beinhaltet auch Verurteilung und Strafe. [34] legt [33b] mit Bezug auf die prophetische Sozialkritik näher aus. Unterdrükkung, Ausbeutung und Mord sind schweres Unrecht. Die Tötung Unschuldiger ist nicht zu entschuldigen,

täuscht, wie du von Assur enttäuscht worden bist. ^{37} Auch von dort
wirst du wegziehen, die Hände über dem Kopf. Denn der Herr ver- 2 Sam 13^{19}
wirft alle, denen du vertraust; du hast mit ihnen kein Glück.

Der Bundesbruch als Ehebruch: 3^{1-13}

3^{1} Wenn ein Mann seine Frau entläßt und wenn sie von ihm weggeht Dtn 24^{1-4}
und die Frau eines andern wird, wendet er sich dann ihr wieder zu?
Würde das Land nicht völlig entweiht? Du aber hast mit vielen Freun- $3^{2.9}$ Num 35^{33}
den gebuhlt, und da solltest du zu mir zurückkehren dürfen? – Ps 106^{38} Jes 24^{5}
Spruch des Herrn. ^{2} Blick hin und schau zu den Höhen hinauf! Wo Hos 4^{13}
hast du dich nicht schänden lassen? An allen Wegen hast du auf sie
gewartet wie ein Araber in der Wüste. Mit deiner Unzucht und Ver-

3^{1} bietet in M vor dem Text *le'mor* »(um zu sagen) folgendermaßen«, das G Syr weglassen, wohl Rest der Wortereignisformel »Das Wort des Herrn erging an mich folgendermaßen«. – Land, G Vg: »Frau«.

wie etwa der Totschlag eines beim Einbruch ertappten Diebes (Ex 22^{1}). Mit diesem Beispiel greift der Ergänzer auf ^{26} zurück und bindet mit dem Bild vom befleckten »Saum« seine Erläuterung in das Jahwewort von der untreuen Braut ein. ^{36f} bringen ein politisches Verständnis der Wege ^{33} ein. Auch von den Großmächten, die ohne den Willen Jahwes oder gegen ihn nicht helfen können, wird Israel enttäuscht. Die »Braut« muß von dort mit der Gebärde des Schmerzes und der Schande weggehen. Klagefrauen legten zum Zeichen der Trauer die Hände auf ihren Kopf. Die Schuld des Volkes ist klargestellt und ausführlich dargestellt. Wie soll es nun weitergehen? Darauf antwortet 3^{1}–4^{4}, ein Text aus verschiedenen Stücken, der durch die 3^{1} gestellte Frage und die 4^{1} gegebene Antwort sowie das achtzehnmal verwendete Stichwort *šûb* »umkehren, zurückkehren« zusammengehalten wird. Die Rede wird $^{6.11.19}$ und 4^{3} (hier mit der Botenspruchformel) neu eingeführt. $3^{6-10.14-18}$ verlassen das 3^{1} angeschlagene Thema, wobei $^{6-10}$ ein Vergleich zwischen den beiden treulosen Schwestern Israel und Juda angestellt wird, der von Ez 23 abhängig ist, und $^{14-18}$ eine Rückkehr aus der jüdischen Diaspora ^{14} in das dann vom Segen Gottes erfüllte Land verheißen wird. Aber bereits in $^{1a\gamma.b}$ wird eine andere Thematik angeschlagen. Nun handelt die Prophetenrede vom Land, das entweiht ist und von der Frau, die zurückkehren möchte, während der Anfang von ^{1} vom Mann und seiner Zuwendung zur Frau spricht. Statt »Land« in ^{1} »Frau« zu lesen, geht nicht an; denn im Kontext $3^{2.9}$ wie auch Jes 24^{5} Mi 4^{11} Ps 106^{38} Num 35^{33} wird von der Entweihung *(ḥnp)* des Landes gesprochen. Auch 3^{19} führt die in 3^{1} gestellte Frage nicht weiter, sondern spricht von Jahwes Wohltat und $^{21-25}$ sprechen von Einsicht und Umkehr des Volkes. Dagegen läßt sich $3^{11.12}$ als Fortführung von $3^{1a\alpha\beta}$ verstehen; 4^{1} fügt sich an.

Das Grundwort von 3^{1}–4^{4} dürfte demnach gelautet haben: Das Wort des Herrn erging an mich 3^{1} folgendermaßen: »Wenn ein Mann seine Frau entläßt, und wenn sie von ihm

kommenheit hast du das Land entweiht. [3] Da blieb der Regen aus,
und auch der Frühjahrsregen kam nicht. Doch du hattest die freche
Stirn einer Dirne und wolltest dich nicht schämen. [4] Gewiß, von da
an hast du mir zugerufen: Mein Vater, der Freund meiner Jugend bist
312 du. [5] Wird er denn ewig zürnen oder immerfort nachtragen? Ja, so
sagtest du und tatest Böses, so viel du konntest.

3^{5} Wörtlich: »und du hast gekonnt«.

weggeht und die Frau eines anderen wird, wendet er sich dann ihr wieder zu? [11] Und der Herr sagte zu mir: [12] Geh hin, ruf diese Worte gegen Norden, und sprich: Kehr zurück, Israel, du Abtrünnige. Ich schaue dich nicht mehr zornig an; denn ich bin gütig, ich trage nicht ewig nach. 4^{1} Wenn du umkehren willst, Israel, darfst du zu mir zurückkehren; wenn du deine Greuel entfernst, brauchst du vor mir nicht zu fliehen«. 3^{1} erinnert in Formulierung und Inhalt an Dtn 24^{1-4}, eine Bestimmung des sogenannten kasuistischen Rechts. Hier wird vorgeschrieben, daß ein Mann seine Frau, die er entlassen hat, und die die Frau eines anderen geworden ist, nach Auflösung der zweiten Ehe nicht wieder heiraten darf. Jeremia wendet die eherechtliche Bestimmung auf das Verhältnis Jahwes zu Israel an. Das Volk hat seinen Gott verlassen und sich einem anderen (dem Baal) angeschlossen, obwohl er es nicht entlassen hatte. Um so weniger darf es, wenn nach dem Recht verfahren wird, erwarten, daß er die Beziehung wieder aufnimmt. An die Wegführung ins assyrische Exil ist in ^{1}, obwohl das Wort dem Reich Israel gilt ^{12}, sicherlich nicht gedacht. Auf die in 3^{1} gestellte Frage gibt Jahwe selbst ^{12} eine, allerdings unerwartete Antwort. Er lädt Israel zur Rückkehr zu seinem »Gemahl« ein und zeigt damit seine Bereitschaft, das ursprüngliche Verhältnis wieder herzustellen. (Möglicherweise nehmen Dtn 24^{1-4} und Jer 3^{1} ein älteres Ehegesetz auf. Doch ist das nicht zu beweisen.) Allerdings macht er die Schuld deutlich: Das Volk ist abtrünnig, wie bereits Hosea 11^{7} 14^{5} gesagt hatte; es hat sich von ihm abgewendet. Rettung gibt es nur durch Hinwendung zu Jahwe. Jeremia richtet sein Wort an die Nordprovinzen, die Joschija bald dem Reich Juda anzugliedern versuchen wird; aber er zieht keine Grenze gegenüber jener Ferne, wo Israeliten in der Verbannung leben. Der Grund für die Einladung des Herrn ist seine Treue, deretwegen er sogar seinen strafenden Zorn aufgibt und die von ihm gewährte Beziehung wieder aufleben läßt. Jedoch ist 4^{1} vom Volk tätige Umkehr verlangt; es muß die »Greuel«, die Zeichen des Baalkultes entfernen. Dann braucht Israel nicht »unstet« *(nwd)* sein, in die Verbannung ziehen, bzw. dort bleiben, vgl. 22^{10} Gen $4^{12.14}$. Insofern schwingt nun bei *tāšūb* Ende 4^{1a}) auch die Bedeutung »zurückkehren (ins Land Jahwes)« mit.

3^{1b-5} Der Rechtsvorschrift in Dtn 24^{1-4}, auf die 3^{1} bezug nimmt, ist das Verbot beigefügt: »Du sollst das Land ... nicht der Sünde verfallen lassen«. Anscheinend gab dies die Anregung, einen Abschnitt über die Entweihung des Landes durch den baalistischen Fruchtbarkeitskult ($2^{7.20}$) anzuschließen. Dabei wird auf die »Unzucht« Israels, wie die Baalsverehrung und der Götzendienst oft von den Propheten genannt wird, hingewiesen und der Gedanke von

6 Der Herr sprach zu mir zur Zeit des Königs Joschija: Hast du gese- Ez 23.16
hen, was Israel, die Abtrünnige, getan hat? Sie begab sich auf jeden 2^{20}
hohen Berg und unter jeden üppigen Baum und trieb dort Unzucht.
7 Ich dachte: Nachdem sie dies alles getan hat, wird sie schließlich zu
mir zurückkehren; aber sie kehrte nicht zurück. Das sah ihre Schwe-
ster Juda, die Treulose. 8 Auch sah sie, daß ich Israel, die Abtrünnige, Ez 23^{10f}
wegen ihres Ehebruchs entließ und ihr die Scheidungsurkunde gab. Dtn 24^{1-3}
Aber das schreckte ihre Schwester Juda, die Treulose, nicht ab; sie
ging hin und trieb ebenfalls Unzucht. 9 Durch ihre leichtfertige Un-
zucht hat sie das Land entweiht und mit Stein und Holz Ehebruch ge- 2^{27}
trieben. 10 Bei all dem ist auch ihre Schwester Juda, die Treulose,
nicht mit ganzem Herzen zu mir zurückgekehrt, sondern nur zum
Schein – Spruch des Herrn.
11 Auch sagte der Herr zu mir: Israel, die Abtrünnige, trifft weniger

3^{8} Auch sah sie: *watterae'*, vgl. G S. M: »und ich sah«.

der Rückkehr des Volkes 4^{1} diskutiert. Auf kahlen Höhen, wo der Bau einer *bāmāh* (Kult-Höhe) möglich war, hat sich Israel wie eine Dirne, die an den Wegen wartet (Gen 38^{14} Spr 7^{12}), und gierig, wie ein Räuber an verlassenen Orten den Vorüberziehenden auflauert, mit den vielen Freunden, den Baalen 2^{23} eingelassen. Die Wirkung war nicht die Fruchtbarkeit des Landes. Im Gegenteil: Jahwe hielt den Regen zurück (*m*ᶜ*n*; passivisch ausgedrückt). Trotzdem hat das Volk nicht sein Verhalten in Frage gestellt und sich davon abgekehrt, sondern hat es fertiggebracht, zu seinem Gott zu rufen, als habe es stets treu zu ihm allein gehalten ^{4}. Heuchlerisches Getue oder bewußte Vermischung von Götzendienst und Jahweverehrung? Beides ist Sünde. Es ist nicht möglich, auf die Erwählung zu pochen und die Zuneigung anderen zu schenken, den Dienst zu verweigern und in der Not Hilfe zu erwarten. Die Anrede »Vater« dürfte mit Blick auf 3^{19} gewählt sein; »Jugendfreund« spielt auf das vertraute Verhältnis am Anfang an, vgl. 2^{1}. Darauf verläßt man sich ^{5} und denkt, Jahwe werde schon, wenn er nur daran erinnert wird, seinen Zorn aufgeben. ^{5a} scheint aus ^{12} zu schöpfen. Der Abschnitt 3^{1b-5} zielt wohl auf Juda, das gewarnt werden soll. Davon ging anscheinend der Verfasser von $^{6-10.11aß.b}$ aus.

$^{6-11}$ Israel und Juda werden hier wie Ez 16. 23 einander gegenübergestellt. Das Prophetenwort ist in die Zeit Joschijas datiert und will somit sicherlich kritisch ^{10} zur joschijanischen Reform (s. 2 Kön 23) Stellung nehmen. Die Allegorie schließt sich an die ezechielische Verkündigung in Aufbau und Schlußfolgerung an, greift auf 3^{1} zurück, nimmt 2^{27} auf und enthält dtr Formulierungen (^{6}, vgl. 2^{20}; »mit ganzem Herzen« ^{10}). Die beiden Schwestern »Abtrünnigkeit« (Israel) und »Treulos« (Juda) werden verglichen mit dem Ergebnis, daß die erste »gerechter« dasteht, weniger Schuld hat als die zweite ^{11}. Zwar kehrte Israel nicht zu Jahwe, der die Möglichkeit dazu offen gehalten hatte ^{7a}, zurück ^{7b}. Sie ist die personifizierte Abtrünnigkeit. Aber Juda kehrte zum Schein um; es hat seinen Gott bewußt getäuscht (*bᵉšaeqaer* »in Täuschung«, »Lüge«): »Sie

Ez 16[52] Schuld als Juda, die Treulose. [12] Geh hin, ruf diese Worte gegen Nor-
den, und sprich: Kehr zurück, Israel, du Abtrünnige – Spruch des
Herrn! Ich schaue dich nicht mehr zornig an; denn ich bin gütig –
2[23] Spruch des Herrn –, ich trage nicht ewig nach. [13] Doch erkenne deine
Schuld: Dem Herrn, deinem Gott, hast du die Treue gebrochen,
überallhin bist du zu den fremden Göttern gelaufen [unter jeden üp-
pigen Baum], auf meine Stimme aber hast du nicht gehört – Spruch
des Herrn.

Die bessere Zukunft: 3[14–18]

3[22] [14] Kehrt um, ihr abtrünnigen Söhne – Spruch des Herrn; denn ich bin
32[37] Ez 36[24] 37[21] euer Gebieter. Ich hole euch, einen aus jeder Stadt und zwei aus jeder
Sippe, und bringe euch nach Zion. [15] Ich gebe euch Hirten nach mei-

3[13] Wörtlich: »den Fremden« – »habt ihr nicht gehört«.

versprachen, daß sie dem Herrn folgen, seine Gebote, Satzungen und Gesetze mit ganzem Herzen und ganzer Seele halten und die Vorschriften des Bundes durchführen wollten« (2 Kön 23[3]). Sie taten es nicht. Das ist verwerflicher als die Sünde des Brudervolkes. Erschwerend kommt hinzu, daß sich Juda, die Israels Verwerfung (732/22, vgl. 2 Kön 17) erlebte [8], nicht warnen ließ. So erhält sie den Namen »Treulos«, in dem auch das Moment des Verrates mitschwingt und durch den sie ebenfalls als schlechter qualifiziert wird. Umkehr muß – das will [6–11] dem Volk Gottes sagen – ehrlich und dauerhaft sein; sie wäre sonst verwerflicher als der Abfall.

[13] fügt dem Wort Jeremias [11.12] eine Mahnung hinzu, die der dtr Verfasser anscheinend vermißt hat, obwohl sie bereits in »die Abtrünnige« [12] enthalten ist. Unter Rückgriff auf [23] und Verwendung dtr Ausdrücke [13bβγ] (»unter ... gehört«) wird die Schuld noch einmal herausgestellt: Abfall von Gott. Voraussetzung für die Umkehr ist die Erkenntnis und Anerkennung der Art, des Umfangs und der Schwere der Schuld.

[14–18] Vier Heilsworte zum Thema Heimkehr: [14f.16.17.18]. Sie stammen aus nachexilischer Zeit, setzen die Zerstreuung Judas und die kleine Zionsgemeinde voraus, verwenden das Stichwort *šûb* in der Bedeutung »zurückkehren« und kommentieren die Rückkehr aus prophetischen Heilszusagen, besonders des Ezechielbuches.

[14] zitiert 3[22], gibt ihm aber, wie [14b] deutlich macht, einen anderen Sinn. »Kehrt zurück« (EÜ: »kehrt um« wie [22]). Das Zitat ist durch die »Spruch«-Formel von der Auslegung abgesetzt. Jahwe kann als Herr und Gebieter (*baᶜalti* spielt auf Baal an) seines Volkes auch zum Heil über es verfügen. Wenige werden heimkehren; aber das ganze Volk wird in ihnen vertreten sein. Dann wird Gott Regenten einsetzen, wobei wohl vor allem an Könige gedacht ist, die seinen Willen erfüllen und seinen Plänen entsprechen. Sie verwirklichen, was nach dtr Auffassung David tat, der Jahwes Gebote hielt, mit ganzem Herzen ihm folgte und nur tat, was dem Herrn gefiel (1 Kön 14[8] 15[3]). Sie besitzen Weisheit wie einst Salomo und kümmern sich um das Volk.

nem Herzen; mit Einsicht und Klugheit werden sie euch weiden. [16] In Ez 34[23]
jenen Tagen, wenn ihr euch im Land vermehrt und fruchtbar seid – Ez 36[11]
Spruch des Herrn –, wird man nicht mehr rufen: Die Bundeslade des
Herrn! Sie wird niemand in den Sinn kommen; man denkt nicht mehr
an sie, vermißt sie nicht und stellt auch keine neue her. [17] In jener Zeit
wird man Jerusalem »Thron des Herrn« nennen; dort, beim Namen
des Herrn in Jerusalem, werden sich alle Völker versammeln, und sie Jes 2[2–4]
werden nicht mehr dem Trieb ihres bösen Herzens folgen. [18] In jenen 7[24] 9[13] 11[8] 13[10]
Tagen wird das Haus Juda zum Haus Israel gehen, und sie werden 16[12] 18[12] 23[17]
Ez 37[21f]

3[16] Wörtlich: »Und es wird geschehen, daß«.

[16] Für diese Heilszeit wird Gedeihen und Fruchtbarkeit verheißen für das Volk – ein Anliegen nachexilischer Zeit (vgl. P Gen 1[22.28] u. ö.). In die gleiche Epoche weist der Rest von [16], der zum Fehlen der Lade Jahwes Stellung nimmt. Diese war Zeichen der Gegenwart Jahwes, der Fußschemel (Ps 132[7]) für den über den Kerubim thronenden Gott (2 Sam 6[2]). Als Salomo sie in den Tempel brachte, zog die Herrlichkeit des Herrn dort ein (1 Kön 8[6.10f]). Sie war wohl bei der Eroberung Jerusalems (586 v. Chr.) verlorengegangen, vgl. 2 Makk 2[4–6], erbeutet oder zerstört worden. Anscheinend gab es eine Diskussion darüber, ob man sie wieder anfertigen solle. Der Autor, der sie »Lade des Bundes Jahwes« nennt und damit auf die dtr Anschauung anspielt, daß in ihr nur das Gesetz (Ex 25[16]) bzw. die Tafeln mit den Zehn Geboten (Dtn 10[1–5]; 1 Kön 8[9]) enthalten sei, bezeichnet sie in vielfacher Steigerung (*nicht* sprechen, daran denken, vermissen, herstellen) der Ablehnung als überflüssig. Denn in der Heilszeit wird das Gesetz des Herrn auf die Herzen geschrieben sein (31[33]).

[17] Mit der »eschatologischen«, auf die Heilszukunft verweisenden Formel »in jener Zeit« (ebenso [18]) beginnend, wehrt der Autor dieses Verses eine Sorge ab: Auch wenn die Lade nicht mehr vorhanden ist, bleibt Jerusalem der Ort, an dem Gott zugegen ist. Der Stadt geht für die Heilszeit die göttliche Gegenwart nicht verloren, im Gegenteil: Die Größe Jahwes wird nur um so mehr sichtbar. Das wird mit einem weiteren beliebten Thema der Zions-Theologie deutlich gemacht: Die Völker wallfahren zum Zion. Dort wohnt nach dtr Auffassung (Dtn 12[5] u. ö.) der Name Jahwes, der seine Zuwendung verbürgt und die Möglichkeit gibt, ihn zu Hilfe zu rufen. Sie werden sich bekehren und nicht mehr »dem Starrsinn (dem starren, unbeugsamen Trieb) ihres bösen Herzens folgen«. Ihre Situation wird hier mit einem im Jeremiabuch zur Charakterisierung der sündhaft fehlgerichteten Eigenwilligkeit Israels verwendeten Ausdruck (*šᵉrirūt*) bezeichnet. Auch für sie gilt demnach der Plan und Wille Jahwes. Sie sind dem Volk des Herrn in dieser Hinsicht gleichgestellt und somit auch zum Heil berufen.

[18] greift auf [12] und [14] zurück und verspricht für die künftige Heilszeit eine gemeinsame Rückkehr aus dem Exil, in dem auch Juda sich befindet. Es ist sozusagen eine neue Landnahme (Dtn 12[1] 19[10]), die Jahwe gewährt. Vorher und mit diesem Ziel werden sich die verbannten Judäer und Israeliten, die seit langem

vereint aus dem Nordland in das Land kommen, das ich euren Vätern zum Erbe gegeben habe.

Die Umkehr durch Buße: 3,19–4,4

19 Ich hatte gedacht: Ja, ich will dich
unter die Söhne aufnehmen
Sach 7,14 Ps 106,24 und dir ein liebliches Land geben,
Ez 20,6.15 das herrlichste Erbteil unter den Völkern.
Dan 11,16.41 Ich dachte, du würdest mich Vater nennen
und dich nicht abwenden von mir.
20 Doch wie eine Frau ihres Freundes wegen treulos wird,
so seid auch ihr mir treulos geworden,
ihr vom Haus Israel – Spruch des Herrn.
21 Horch, man hört auf den Höhen
das Weinen und Flehen der Söhne Israels,
weil sie krumme Wege gegangen sind
und den Herrn, ihren Gott, vergessen haben.

3,20a Vielleicht ist zu lesen: *'ak k^ebāg^edāh* so wohl EÜ, vgl. G Vg. Aber auch M gibt einen brauchbaren Sinn: »Fürwahr, eine Frau wird treulos wegen eines Freundes, so ...«

(1 Kön 12) ihre Gemeinschaft aufgelöst hatten, wieder zusammenschließen zu dem einen Volk des Herrn.
19f argumentieren anklagend im Anschluß an 5: Jahwe spricht als »Vater« 4.19. Er hat eine Tochter Israel, die er den Söhnen gleichstellt, indem er sie wie jene »erben« läßt (vgl. Num 27,1–11 Ijob 42,15), ein ungewöhnlicher Vorzug. Zudem: das Erbe, das sie bekommen hat, ist Kanaan, dessen Schönheit außergewöhnlich ist: Es ist ein begehrenswertes Land und wegen seiner Fruchtbarkeit (Ez 20,6.15) das herrlichste und beste Erbteil, das man sich denken kann. »Land der Zierde«, das herrliche Land, ist sein Name bei Daniel (11,41). Jahwe hätte erwarten können, daß diese Bevorzugung in dankbarer Liebe und durch stete Treue anerkannt würde.
20 Doch das Gegenteil, nun mit dem Bild von der treulosen Ehefrau ausgedrückt, ist eingetreten; der Freund ist Baal. Solche bildhaften Vergleiche (s. auch 2,26 6,7 24,5.8) liebt auch die Weisheit.
21–25 ist Prophetenrede, die von einem kurzen Gespräch zwischen Jahwe und Israel 22 unterbrochen wird; es ist sicherlich nachträglich eingefügt worden. Die Klage Israels (so 21) umfaßt 23–25, während 22b erst als deren Folgerung denkbar ist.
21.23–25 In prophetischer Schau – die Wirklichkeit ist ganz anders 2,23 – wird hier die Voraussetzung für eine Wende im Verhältnis des Volkes zu Jahwe gezeichnet: Umkehr durch Einsicht in die Verkehrtheit des bisherigen Tuns. Auf den Höhen, wo man sich durch den Baalskult von Jahwe losgesagt und getrennt hat, ertönt in Weinen und Flehen, wie es in den Klageliedern und bei Bußfeiern üblich war, die Klage über die verschuldete Unheilssituation 23–25aβ.

22 Kehrt um, ihr abtrünnigen Söhne, 3^{14}
ich will eure Abtrünnigkeit heilen. Hos 14^{5}
»Da sind wir, wir kommen zu dir;
denn du bist der Herr, unser Gott!
23 Fürwahr, Trug sind die Höhen,
der Lärm auf den Bergen.
Fürwahr, beim Herrn, unserm Gott,
ist Israels Rettung.
24 Doch der Baal fraß seit unsrer Jugend alles,
was unsere Väter erwarben,
ihre Schafe und Rinder, ihre Söhne und Töchter.
25 Wir betten uns in unsere Schmach,

3^{23a} *haggᵉbāʿōt wahᵃmōn*, vgl. G S Vg. M: »von den Hügeln; Lärm sind die Berge.«
3^{24} Baal, M: *bošaet.*

Und im Anschluß daran wird das Schuldbekenntnis gesprochen $^{25a\gamma}$. Nur so, nicht durch Leugnen der Schuld $2^{23.25}$, eröffnet sich ein Weg, der aus der unheilvollen Lage herausführt. ^{21b} faßt mit einer Inhaltsangabe schon im voraus den Inhalt der Rede ^{23ff} zusammen: Es war der verkehrte Weg, ein Unrecht, Jahwe zu vergessen, vgl. 2^{32}. Das Volk sieht ^{23} ein, daß der Fruchtbarkeitskult nutzlos, trügerisch, ein Selbstbetrug ist. Es gesteht mit Anspielung auf die sogenannte Bundesformel (»Jahwe ist unser Gott; wir sind sein Volk«), vgl. ^{25}, daß nur von Jahwe Rettung kommt. ^{24} Baal nämlich gab nicht, wie erwartet, Fruchtbarkeit des Landes, der Tiere und Menschen, sondern, zum Teil im Aufwand des verkehrten Kultes und in der Zerstörung menschlicher Beziehungen hat er noch genommen, was man mühsam gewonnen hatte. Das war seit jeher so geschehen, also nicht etwa gelegentlich widrigen Umständen zuzuschreiben. Statt Baal steht im M »Schande« im Sinn von Schandgötze, ein spätes abwertendes Verächtlichmachen dieses Gottes, vielleicht von ^{25} angeregt, vgl. den Namen Ischbaal, der in Ischboschet geändert wurde (2 Sam 2^{8} u. ö.). Das Ergebnis des Baaldienstes ^{25} ist Schmach und Schande, Minderung der Existenz. Das wird mit einem Bild aus den Bußriten deutlich gemacht: Zur Darstellung der Not und zum Zeichen der Trauer schläft man auf der bloßen Erde und verzichtet auf die wärmende Decke. So sieht sich das Volk der Lebensgüter beraubt; es muß sozusagen mit Schmach und Schande auskommen. Diese Erfahrung und Einsicht führt zum Schuldbekenntnis, das an nachexilische Bußgebete erinnert (Esra 9^{6f} Dan $9^{8.10}$), mit dem Hinweis auf die Väter wohl an die vor der Zerstörung Jerusalems lebende Generation denkt und im Nichthören auf Jahwes Stimme die Sünde in dtr Weise bezeichnet. ^{22} Jahwes Antwort ist im Text vor die Klage des Volkes gestellt, um anzuzeigen, daß er nur aus Gnade und von sich aus Verzeihung gewährt. Er fordert zur Umkehr auf und gibt dadurch die Möglichkeit zur Rückkehr. Er heilt, wie mit einem Zitat aus Hos 14^{5} gesagt wird, die Wunde der Trennung und stellt die Gemeinschaft zwischen sich

und unsere Schande bedeckt uns.
Denn wir haben gesündigt
gegen den Herrn, unsern Gott,
wir selbst und unsere Väter,
von Jugend an bis auf den heutigen Tag.
Wir haben nicht gehört
auf die Stimme des Herrn, unseres Gottes.«
4^{1} Wenn du umkehren willst, Israel –
Spruch des Herrn –,
darfst du zu mir zurückkehren;
7^{30} 13^{27} wenn du deine Greuel entfernst,
brauchst du vor mir nicht zu fliehen.
5^{2} 12^{16} 2 Schwörst du aufrichtig: So wahr der Herr lebt!,
nach Recht und Gerechtigkeit,
dann werden sich Völker mit ihm segnen
und seiner sich rühmen.
3 Denn so spricht der Herr
zu den Leuten von Juda und zu Jerusalem:
Hos 10^{12} Nehmt Neuland unter den Pflug,
und sät nicht in die Dornen!
4 Beschneidet euch für den Herrn,
Dtn 10^{16} und entfernt die Vorhaut eures Herzens,
ihr Leute von Juda und ihr Einwohner Jerusalems!

und seinem Volk wieder her. Dieses geht, anders als in 2^{31}, auf sein Angebot ein und bekennt sich zu ihm.

4^{2} bringt aus dtn Geist (Dtn 6^{13} 10^{20}) ein Beispiel dazu bei, was echte Umkehr ist und bewirkt. Der Eid ist nicht nur ein Bekenntnis zu Gott durch Ausrufen seines Namens, sondern er macht auch die Existenz des Schwörenden völlig von dem abhängig, den er als Zeugen seiner Tat und Aufrichtigkeit anruft. Wenn jemand bei Jahwe schwört, bekennt er sich in diesem umfassenden Sinn zu ihm. Er soll es ehrlich, wahr und recht tun, ihn allein zum Garanten seines Schwures, seiner Gesinnung, seines Tuns und Lebens machen. Im Nachsatz ^{2b} sehen viele eine Verheißung für den angeredeten Israeliten, wobei »in ihm« geändert wird zu »in dir«. Dann würden Völker sich den Segen wünschen, den er von Jahwe für sein treues Bekenntnis erhält, ähnlich wie sich »alle Völker« wünschen, gesegnet zu sein wie »der Same Abrahams«, wie Israel (Gen 22^{18} 26^{4}). Der Text jedoch sagt, daß sich die Völker Segen von Jahwe erwarten und seiner sich rühmen, d. h. ihr Sein und Wohlergehen von ihm abhängig machen. Echte Jahweverehrung führt demnach zur Bekehrung der Menschen auch außerhalb des Jahwevolkes.

$^{3.4}$ Am Ende des großen Abschnitts 3^{1}–4^{4} steht ein begründetes Mahnwort, das als Gotteswort mit der Botenspruchformel eingeleitet wird. Die Mahnung ist durch die Anrede an »die Leute von Juda und (die Einwohner) Jerusalems« gerahmt. Die Forderung, einen neuen Anfang zu machen, wird in zwei Bildern ausgesagt. Das erste ist vom Ackerbau genommen. Ein Feld bringt nur dann

Sonst bricht mein Zorn wie Feuer los 21,12
wegen eurer bösen Taten;
er brennt, und niemand kann löschen.

Der Krieg im Land: 4,5–31

5 Meldet es in Juda,
verkündet es in Jerusalem,
stoßt überall im Land in die Trompete,
ruft aus voller Kehle und sagt:

4,5 In der EÜ ist »und sagt« am Ende der 2. Zeile weggelassen, das wohl zu Recht als Doppelschreibung des folgenden »und sagt« betrachtet wurde.

einen Ertrag, wenn es, nachdem es verwildert war, vor der Saat umgebrochen wird. Wahre Umkehr – »denn« verweist auf [1] zurück – setzt, wenn sie wirklich erfolgreich und dauerhaft sein soll, eine Bereitung der Herzen voraus. Das zweite Bild ist die Beschneidung, in der das Ungute und darum Bedrohliche entfernt wird. Das ist, auf den geistig-religiösen Bereich übertragen, die Entfernung alles Bösen, das das Leben des Menschen bedroht, aus dem Denken, Wollen und Planen. Diese Vollzüge haben nach atl. Auffassung ihren Sitz im Herzen, das folglich in diesem Tun »beschnitten« werden soll. Und wenn Beschneidung Reinigung und Zugehörigkeit zu Jahwe bewirkt, dann muß vor allem das Herz gereinigt werden, damit es, und dadurch der ganze Mensch, Gott gehört. [4b] bringt mit einer Drohung zum Ausdruck, wie ernst das Mahnwort ist. Zorn ist das Stichwort für das strafende Handeln Gottes, Feuer ein Bild für die vernichtende Wirkung und die Intensität. Hat der Herr sich erst einmal zum Strafen entschlossen, kann kein Mensch etwas dagegen tun. So wird die Mahnung zur Warnung, die Umkehr hinauszuschieben. Es könnte sonst zu spät sein.

4,5–31 Der Abschnitt bietet eine Reihe von Aussprüchen über das hereinbrechende Strafgericht Jahwes, der einen übermächtigen Feind angreifen und alles vernichten läßt. Vielfach wird angenommen, daß hinter den Kriegsschilderungen in 4–6 Erlebnisse des Propheten beim Skythensturm stehen; man nennt die entsprechenden Texte deshalb Skythenlieder. Die Skythen waren »ein auf Pferden reitendes, kriegerisch-wildes, aber auch kunstfertiges Nomadenvolk, wohl iranischen Ursprungs«. »Es drang aus Innerasien vor und gründete im Donau-Raum ein Reich (700–200 v. Chr.). Bei einem Vorstoß bis Ägypten um 626 setzten die Skythen Syrien und Palästina in Schrecken« (G. Wallis: BHH 1816). Mag der Prophet durch dieses Ereignis zu verschiedenen Zügen seiner Schilderung angeregt worden sein, der Feind aus dem Norden sind die Skythen nicht. Er kommt noch. Später wird sich herausstellen, daß es Nebukadnezzar ist.

Lebendig, anschaulich und packend malt der Prophet das verheerende Geschehen. Die Komposition der Einzelworte, die [9.11.27] durch formelhaften Einsatz markiert und sonst noch in etwa durch den Wechsel von Sprecher, Adressat und Inhalt von

8[14] Sammelt euch!
Hinein in die befestigten Städte!
6 Stellt Wegzeichen auf: Nach Zion!
Flüchtet, bleibt nicht stehen!
Denn Unheil bringe ich von Norden
und großes Verderben.
7 Der Löwe hat sich aus dem Dickicht erhoben,
der Völkerwürger ist aufgebrochen;
er hat sein Land verlassen,
um dein Land zur Wüste zu machen.
Deine Städte werden zerstört und entvölkert.
6[26] 8 Darum legt Trauerkleider an,
klagt und heult:
Nein, der glühende Zorn des Herrn
hat sich nicht von uns abgewandt.
9 An jenem Tag wird es geschehen – Spruch des Herrn:
Vergehen wird der Mut des Königs
und der Mut der Machthaber.
Die Priester werden starr sein vor Schrecken,
die Propheten werden sich entsetzen.

einander zu unterscheiden sind, läßt eine deutliche Steigerung zum Ende hin erkennen. Von der Meldung, daß der Feind heranrückt, bis zum Schrei der sterbenden Hauptstadt spannt sich der Bogen eindrucksvoller Schilderung.

[5–8] Nach dem in der Mitte [6b] stehenden und die Erklärung für den feindlichen Überfall bietenden Jahwewort, muß der Sprecher Jahwe selbst sein. Er warnt sein Volk vor seinem eigenen strafenden Handeln, vgl. Ez 33[2–7] – ein Versuch, das herannahende Unheil noch abzuwenden. Das Volk soll durch die Schilderung des drohenden Verderbens gewonnen werden, sich zu bekehren (s. [14]) und durch Buße [8] zu seinem Gott zurückkehren. Darum macht sich Jahwe zum Wächter, der den feindlichen Anmarsch meldet, er interpretiert selbst das Geschehen [6b], zieht, wie es dem König zukommt, die Folgerung und ruft das Volk zum Bußgottesdienst zusammen. [5] Der Alarm im Land und in der Hauptstadt wird durch das Widderhorn (*šōfar*) und durch lauten Ausruf gegeben, damit man sich in die befestigten Städte [6a], besonders nach Zion, das vor allem verteidigt werden mußte, retten kann. Signalstangen markieren den Weg; Eile ist geboten [6b]. Noch bleibt im Jahwewort ungesagt, wer der Feind aus dem Norden ist; später wurde er sicher mit Nebukadnezzar identifiziert. [7] Er ist gefährlich wie ein Löwe, der plötzlich aus dem Jordandickicht auftaucht. Er ist wie der »Verderber« (*mašḥīt*), hat also gleichsam etwas Dämonisches (vgl. Ex 12[23]) an sich. Zerstörung und Verwüstung ist sein Ziel. [8] Zum Zeichen der Trauer und Buße kleidet man sich in ein Sackgewand. Die falsche Sicherheit, vgl. 2[35], ist vorbei; der Bußruf [8b] spricht es aus.

[9.10] Durch die Ereignisse sind die führenden Männer wie gelähmt. Sie haben die Lage ganz falsch beurteilt, sind betroffen und unfähig zu han-

10 Sie sagen: Ach, Gebieter und Herr,
wahrhaftig, schwer hast du getäuscht
dieses Volk und Jerusalem.
Du sagtest: Heil werdet ihr finden!,
und nun geht uns das Schwert an die Kehle.
11 In jener Zeit wird man von diesem Volk
und von Jerusalem sagen:
Ein Glutwind von den Höhen in der Wüste
ist losgebrochen gegen die Tochter meines Volkes;
kein Wind zum Worfeln und Reinigen;
12 ein Wind, der viel heftiger ist,
kommt auf meinen Befehl.
Jetzt spreche ich selbst das Urteil über sie.
13 Seht, wie Wettergewölk zieht er herauf,
seine Wagen gleichen dem Sturm,
seine Rosse sind schneller als Adler.
Weh uns, wir sind verloren!

4[10] Sie sagen: *we'āmerū*; M: »ich sagte«.
4[11] Andere Übersetzungsmöglichkeit: »zu diesem Volk und zu Jerusalem«. Besser: »Tochter, mein Volk« (Nötscher EB).
4[12] »Von diesen«, bzw. »als diese« *(me'ellaeh)* ist Doppelschreibung, in der EÜ zu Recht weggelassen.

deln. Sie fühlen sich von Jahwe getäuscht und werfen ihm vor, er habe Heil verkündet, während tödliches Unheil plötzlich da ist. In Wirklichkeit sind es die falschen Propheten, die das Volk mit Heilssprüchen täuschten, vgl. 29[8], und denen auch die führenden Kreise nur zu gerne vertrauen.

[11–13] Ein Jahwewort [12] steht mitten in diesem Ausspruch über einen verheerenden Sturmwind, in dem folglich ein Tun Jahwes geschildert ist, vgl. [5–8]. Wieder soll dieses Wort, wie die angeschlossene Mahnung [14] zeigt, als dringende Warnung verstanden werden. Wie in [5–8] wird eine Meldung gemacht, und es ist wiederum Jahwe, der in dieser Form das Verderben ansagt; er verbirgt sich hinter der Passivkonstruktion des M. Das beschriebene Geschehen liegt noch in der Zukunft »in jener Zeit«. [11] Das strafende Handeln Gottes wird unter dem Bild des verheerenden heißen Windes angesagt, der sich über der östlichen Wüste erhitzt hat und die Vegetation vernichtend trifft. Es ist kein sanfter Wind, wie er zum Trennen der Getreidekörner von der Spreu gebraucht wird, sondern ein Sturm. [12] Jahwe sendet ihn gegen sein Volk, das er als seine Tochter, vgl. 3[4.19] bezeichnet. Dieser heiße Sturmwind steht ihm zur Verfügung. Gott selbst muß sein Volk verurteilen und bestrafen. [13] Jetzt wird das Bild auf die Sache hin durchsichtig. Es handelt sich um einen Feind, der in Windeseile heranrückt. Die zweirädrigen Kriegswagen hatten eine Besatzung von zwei oder drei Mann. Die assyrische wie die babylonische Streitmacht waren damit ausgerüstet. Die Skythen, von denen angeblich 4[5–31] handeln sollen, hatten Reiterheere. Der Weheruf am Ende von [13] kann Aufschrei des betroffenen

Ps 51[4] [14] Wasche dein Herz vom Bösen rein, Jerusalem,
damit du gerettest wirst.
Wie lange noch wohnen in dir
deine frevelhaften Gedanken?
[15] Horcht nur, man meldet aus Dan,
aus Efraims Bergland kündet man Unheil:
[16] Berichtet: Die Völker sind da!
Gebt Kunde an Jerusalem:
5[15] Belagerer kommen aus fernem Land,
sie erheben gegen Judas Städte ihr Kriegsgeschrei.
[17] Wie Feldwächter haben sie Juda umstellt;
denn mir hat es getrotzt – Spruch des Herrn.
2[19] [18] Dein Verhalten und Tun haben dir das eingebracht.
Deine bösen Taten sind schuld, daß es so bitter steht,
daß es dich bis ins Herz trifft.
[19] O mein Leib, mein Leib!
Ich winde mich vor Schmerz.

4[16] EÜ liest mit »die Völker sind da« wohl *haggōjim hinneh*, versucht also möglichst beim M zu bleiben. Als Korrektur wird (BHK u. a.) *haggīdū bīhūdāh* vorgeschlagen. – Belagerer: *ṣārīm*, M: *noṣ[e]rīm* »Wächter«.
4[17] *[c]ālāēhā:* »es« meint wohl eher Jerusalem als Juda (so EÜ).

Volkes oder die Beurteilung der Lage sein, mit der die Meldung schließt.
[14–18] Noch eine dritte und letzte Meldung [15–17a] über den heranrückenden Feind wird an Jerusalem gegeben. Sie ist von einer Mahnung [14] und einem Scheltwort [18] eingerahmt. Mit geographischen Angaben wird nun die rasende Schnelligkeit des heraneilenden Heeres belegt. Bei Dan verlief einst die Nordgrenze, Efraim ist das Zentrum des einstigen Staates Israel. Juda ist schon besetzt, seine Städte werden erobert und Jerusalem ist bereits eingeschlossen. Die Formel »Spruch des Herrn« [17] hebt den Grund für den feindlichen Überfall und die Begründung für das Strafgericht Jahwes hervor. In der Mahnung [14] wird das Bild vom Waschen der kultischen Gewänder (s. *kibbes* in Lev, Num) auf das Waschen des Herzens im Sinn einer Reinigung des Denkens und Wollens von allem Bösen übertragen. Nur wenn das geschieht, wenn unheilvolle Gedanken (die vor allem auf Gewalttat und Raub Mi 2[1f], Mord Jes 59[6f] zielen) im Inneren des Menschen keinen Platz haben, ist Rettung möglich. Auch das abschließende Scheltwort [18] rügt umfassend Verhalten und Tun, deren Folge die gegenwärtige Bedrängnis ist. Trotzen (*mārāh* [17]) und bitter (*mār*) bilden ein Wortspiel, das Tun und Ergehen auch vom Wortklang her deutlich macht. Was der Prophet 2[19] warnend ausgesprochen hat, geht jetzt in Erfüllung.
[19–21] Die erschütternde Klage ist Wort des Propheten, der sich (»meine Zelte«, »meine Zeltdekken«[20]) mit seinem Volk identifiziert, nicht Ausspruch des personifizierten Landes. Jeremia hat unter der Unheilsverkündigung, die ihm aufgetragen war, gelitten 20[8f] und das Unheil nie herbeigewünscht 17[16]. So wird ihm die Ankündigung des göttlichen

O meines Herzens Wände!
Mein Herz tobt in mir;
ich kann nicht schweigen.
Denn ich höre Trompetenschall und Kriegslärm;
20 »Schlag auf Schlag« schreit man,
das ganze Land wird verwüstet.
Plötzlich sind meine Zelte vernichtet,
im Nu sind meine Zeltdecken dahin.
21 Wie lange noch muß ich die Kriegsfahne sehen,
Trompetenschall hören?
22 Ach, töricht ist mein Volk; 8 7 9 2.5.23 22 16
mich kennen sie nicht. 31 34
Sie sind unverständige Kinder,
ja, sie sind ohne Einsicht. Jes 1 2f
Sie wissen, wie man Böses tut, Am 3 10
aber Gutes zu tun verstehen sie nicht.
23 Ich schaute die Erde an: Sie war wüst und wirr. Gen 1 2
Ich schaute zum Himmel: Er war ohne sein Licht.

4 20 Schlag auf Schlag, wörtlich: »Zusammenbruch auf Zusammenbruch.«
4 23b Ich schaute: ist hier von EÜ aus Gründen des Satzbaus zugesetzt.

Strafgerichts 20 zu einer schweren, sich im körperlichen und seelischen Schmerz ausdrückenden Belastung. Daß er sie mit in sein Gerichtswort nimmt, ist nicht ein bloßes, die Ansage verschärfendes Stilmittel, sondern Ausdruck niederschmetternden Erlebens. Leib (*meʿīm* »Eingeweide«) bezeichnet den Sitz der Gefühle, Empfindungen, Erregungen. Mit der Wendung »Trompetenschall« (*qōl šofār*) 19.21 ist die Schilderung des schrecklichen Kriegsgeschehens gerahmt. Der Prophet hört und sieht schon, was kommen wird und sich für ihn ankündigt: völlige Vernichtung und Verwüstung.
22 Ein Jahwewort unterbricht die Schilderung des Unheils, die sich in 23–26 fortsetzt. Es ist eine Klage über das Volk im weisheitlichen Stil und Gedankengut. Nicht fehlendes Wissen führt zur Torheit, sondern Mangel an Gotteserkenntnis. Diese aber besteht darin, daß der Mensch die von Jahwe zu seinem Heil angebotene Beziehung wahrnimmt und durch ein sittlich einwandfreies Handeln verwirklicht. Wahre Weisheit verlangt: das Gute tun. Dies aber wird durch Jahwe gezeigt und durch seinen offenbarten Willen ermöglicht.
23–26 Die bedrückende Schau des Propheten vom Strafgericht über Juda und Jerusalem weitet sich zu einer Vision (Stichwort »ich schaute«, das oft visionäres Erleben aussagt, besonders in der Apokalyptik), die ein weltumspannendes Gericht heraufziehen sieht. Das Chaos, wie es am Anfang der ungestalteten Schöpfung herrschte, wird wieder eintreten; darauf weisen 23 die Begriffe *tohū wābohū* hin, vgl. Gen 1 2 und das Fehlen des Lichtes, mit dessen Erschaffung die Gestaltung des Lebensraumes für Menschen und Tiere begann. Das Wanken der Berge 24, deren Festigkeit oft bewundert und ge-

[24] Ich schaute die Berge an: Sie wankten,
und alle Hügel bebten.
[25] Ich schaute hin: Kein Mensch war da,
auch alle Vögel des Himmels waren verschwunden.
[26] Ich schaute hin: Das Gartenland war Wüste,
und all seine Städte waren zerstört,
zerstört durch den Herrn,
durch seinen glühenden Zorn.
[27] Ja, so spricht der Herr:
Das ganze Land soll zur Öde werden;
5[10.18] doch völlig vernichten will ich es nicht.
12[4.11] [28] Mag darüber die Erde vertrocknen
und der Himmel droben sich verfinstern:
Fürwahr, ich habe gesprochen,
und es reut mich nicht;
ich habe meinen Plan gefaßt
und nehme ihn nicht zurück.
[29] Vor dem Lärm der Pferde und Bogenschützen
fliehen alle Bewohner des Landes;
sie kriechen in Höhlen,
verstecken sich im Dickicht
und klettern die Felsen hinauf.

4[26] Zerstört: ist des Verständnisses wegen wiederholt.
4[28] Fürwahr: *ʿal* ist wohl aus Dittographie (vorausgeht *mimmāʿal*) entstanden. – Die Verben in [28b] sind mit G umgestellt.
4[29] Des Landes: *hāʾāraeṣ* mit G, M: der Stadt.

rühmt wird, weist auf das Eingreifen Gottes hin, vgl. Na 1[5]. Menschen und Tiere sind betroffen; sie sind verschwunden, auch die Vögel »des Himmels«, die von einer Verwüstung des Landes [26] noch nicht unmittelbar betroffen sein mögen. Wüste, Zerstörung bleiben zurück, verursacht durch Jahwe, durch seinen Zorn, in dem er Strafe verhängt und vollzieht.

[27–29] Mit der Botenspruchformel eingeleitet und also auf die konkrete Situation bezogen, wendet sich das Prophetenwort wieder dem Land Juda zu: Öde und Leere überall. [27c] schränkt mit 5[10.18] die Verheerung ein. Dem widerspricht [28], dem zufolge Jahwe das unerbittliche Gericht bis zum Ende durchführt. An [27b] schließt sich [29] an. [28a] ist zur Interpretation von [23–26] eingefügt: Himmel und Erde trauern über die Verwüstung des judäischen Landes, das der Zorn Gottes getroffen hat; so soll man die Visionsschilderung verstehen. Jahwe aber geht nicht von seinem Wort und Plan ab. Nach dieser eingeschobenen verschiedenartigen Auslegung fährt der ursprüngliche Text weiter. Er führt die Verödung des Landes [27a] darauf zurück, daß alles auf der Flucht vor dem heranrückenden feindlichen Heer ist und überall dort in unzugänglichem Gelände, wo es möglich erscheint, Schutz sucht. Darum sind alle Städte entvölkert. Der Feind kann – eine

Verlassen steht jede Stadt,
niemand wohnt mehr darin.
30 Du aber, was tust du?
Wie kannst du in Purpur dich kleiden,
mit Goldschmuck dich zieren,
dir mit Schminke die Augen weiten?
Umsonst machst du dich schön.
Die Liebhaber verschmähen dich;
sie trachten dir nach dem Leben.
31 Ja, ich höre Geschrei wie von einer Frau in Wehen,
Stöhnen wie von einer Erstgebärenden,
das Schreien der Tochter Zion,
die nach Atem ringt und die Hände ausstreckt:
Weh mir, unter Mörderhand endet mein Leben!

Die schwere Schuld: 5¹⁻³¹

5¹ Zieht durch Jerusalems Straßen,
schaut genau hin, und forscht nach,

4³⁰ Nach »Du aber« liest M gegen G »*šādūd* vergewaltigt, verwüstet« (masc.), vielleicht eine Randbemerkung, die das Geschehen mit einem Wort kennzeichnet.

4³¹ »Stöhnen«: vgl. G, paßt eher zu »hören« als »Not« M, siehe BHK.

alte Kriegstaktik – das ganze Land besetzen, um dann schließlich gegen die Hauptstadt vorzugehen.
Ihrem Schicksal wenden sich 30.31 zu. Jerusalem wird dabei als Frau vorgestellt, die sich für ihre Liebhaber schön macht, mit *pūk* (schwarze Schminke, stibium) Ränder um die Augen malt, wodurch diese größer und schöner erscheinen, und ihren Schmuck anlegt. Aber alle Bemühungen nützen nichts. Es kommt nicht zu einer Verbindung mit dem, der herannaht; ohne Bild: Der Feind läßt sich nicht mehr umstimmen und für ein Bündnis, für einen Vertrag der Unterwerfung gewinnen. Jerusalem ist verloren. Schmerz und Not werden mit den sprichwörtlichen notvollen Geburtswehen verglichen. Ein letzter Hilferuf, eine Gebärde der Angst oder der Suche nach einem Halt, sind umsonst. Mit dem Schrei der Verzweiflung endet das Leben der »Tochter Zion«. Eindrucksvoller kann das Strafgericht, das zum völligen bitteren Ende führt, kaum geschildert werden.
5¹⁻³¹ Nach der eindrucksvollen Ankündigung des göttlichen Strafgerichts, dessen Schilderung aus einzelnen, vielleicht ursprünglich für sich stehenden Bildern komponiert und auf den am Ende stehenden Höhepunkt angelegt ist, folgt nun die ausführliche Begründung. Hinweise auf die Schuld des Volkes waren schon in 4 enthalten; jetzt wird sie in Jahwerede und Prophetenwort ausführlich dargelegt. Mitten in den mit Drohungen durchsetzten Scheltworten steht 15–17 ein Drohwort, das einen feindlichen Angriff ansagt.
1–6 Der Prophet spricht (so mit Recht

sucht auf seinen Plätzen, ob ihr einen findet,
ob einer da ist, der Recht übt
728 und auf Treue bedacht ist:
Dann will ich der Stadt verzeihen – Spruch des Herrn.
[2] Doch selbst wenn sie sagen:
42 »So wahr der Herr lebt«,
schwören sie gewiß einen Meineid.

[3] Herr, sind deine Augen nicht auf Treue gerichtet?
Du hast sie geschlagen,
aber es tut ihnen nicht weh;
du hast sie beinahe vernichtet,
728 aber sie wollen sich nicht erziehen lassen.
Ihre Stirn ist härter als Stein,
sie weigern sich umzukehren.

5[1] Der Stadt, wörtlich: »ihr«. EÜ ergänzt »Spruch Jahwes« (so auch BHS) mit Blick auf G λέγει κύριος, das im M mit Recht nicht steht.

5[2] Gewiß: *'āken* mit hebr. Hss, M: »deshalb« *(lāken).*

BHK), wobei er sich zuerst an sein Volk[1.2], dann an Jahwe wendet[3], ein Selbstgespräch führt [4.5] und schließlich über die Menschen in Jerusalem und ihr Schicksal spricht[6]. G betrachtet [1] als Jahwerede, sicherlich wegen des [2] vorausgehenden Satzes »Dann will ich ihr (der Stadt) verzeihen«. Doch dieser Satz unterbricht [1] und [2], die zusammengehören; er müßte richtig nach [2] stehen. Er beantwortet Jahwes Frage von [7] im voraus unter dem Leitgedanken von Gen 18[23–33], doch viel großzügiger. Zugleich spricht der Satz indirekt, das Ergebnis von [4.5] vorwegnehmend, aus, daß es in Jerusalem überhaupt niemand gibt, der gerecht ist. »Doch« [2] ist zwar im heutigen Textzusammenhang notwendig, aber mit [1] zusammenzunehmen. Jeremia fordert seine Zuhörer auf [1.2], seine eigene Erfahrung, vgl. [4], nachzuprüfen. Sie sollen auf Straßen und Plätzen, wo sich das Leben nach orientalischer Sitte in Handel, Geschäftigkeit, Arbeit und Muße abspielt, genaue Beobachtungen anstellen; dazu mahnen die vier Imperative eindringlich. Es geht darum, herauszufinden, ob es noch jemand gibt, der den Willen Jahwes – das meint »Recht üben«, vgl. Jer 22[3.15] Ez 18 Mi 6[8] – zuverlässig erfüllt. Das Ergebnis wird [2] negativ sein. Denn sogar dann, wenn sie selbst Jahwe mit einem Schwur in ihr Handeln feierlich hineinziehen und sich so durch den Eid für ihre Tat seinem Gericht unterwerfen, achten sie ihn und seinen Willen nicht. Sie machen dabei nicht nur falsche Aussagen, sondern täuschen ihre Mitmenschen, um ihnen zu schaden, so daß sie, wie die Schwurformel »so wahr Jahwe lebt« sagt, den lebendigen Gott mit der bösen Tat in Verbindung bringen. Wenn sie nicht einmal davor zurückscheuen, läßt die Nachprüfung ihres sonstigen Tuns kein positives Ergebnis erwarten. Dies wird für die folgenden Ausführungen vorausgesetzt. [3] Die rhetorische Frage steht für eine Behauptung, die nicht bestritten werden kann. Jahwe schaut darauf, daß der Mensch zuverlässig das Rechte

4 Ich aber dachte: Nur die geringen Leute,
nur sie handeln töricht,
weil sie den Weg des Herrn nicht kennen,
das Recht ihres Gottes.
5 Ich will doch lieber zu den Großen gehen
und zu ihnen reden;
denn sie kennen den Weg des Herrn,
das Recht ihres Gottes.
Doch auch sie haben das Joch zerbrochen, 2[20]
die Stricke zerrissen.
6 Darum schlägt sie der Löwe des Waldes, 4[7]
der Steppenwolf überwältigt sie.
Vor ihren Städten lauert der Panther,
alle, die herauskommen, werden zerfleischt.
Denn zahlreich sind ihre Verbrechen,
schwer wiegt ihre Abtrünnigkeit.

7 Weshalb sollte ich dir vergeben?

tut, vgl. [1]. Darum muß der Gegensatz zwischen ihm und seinem Volk aufbrechen. Er wollte sein Volk mit Schlägen erziehen, doch umsonst, vgl. 2[30] 3[3]. Ihr Gesicht, in dem sich ihre innere Einstellung widerspiegelt, zeigt die Verhärtung in ihrem Verhalten. Sie gehen nicht auf Jahwes Forderung umzukehren ein.

[4.5] Eine Entschuldigung für dieses Fehlverhalten mag es für die kleinen Leute geben, die da auf den Straßen ihre Geschäfte treiben, es nicht besser wissen und nicht die Möglichkeit haben, sich mit den Forderungen der Lebensordnung Jahwes zu befassen. Sie handeln wohl in Unkenntnis und überblicken nicht, ob ihr Verhalten und Tun mit dem geoffenbarten Willen Gottes übereinstimmt. Jeremia prüfte also bei den vermögenden und einflußreichen Leuten nach. Sie haben die Zeit und die Mittel, und wenn sie Priester, Propheten oder führende Männer im Volk sind, auch die Pflicht, zu erkennen, was Jahwe verlangt und angeordnet hat. Das Ergebnis ist enttäuschend. Sie sind sich einig in der Auflehnung gegen Gott, die der Prophet mit dem Bild vom störrischen Rind (vgl. 2[20]), das sich nicht einspannen läßt und nicht dienstbar sein will, treffend schildert.

[6] So kann die Strafe nicht ausbleiben, wie der Prophet feststellt. Sie trifft jeden einzelnen. Deswegen sind wohl die Bilder vom Überfall wilder reißender Tiere gewählt, die jeden, der sich aus einer schützenden Stadt hinausbegibt, angreifen und töten. [6] ist nicht Jahwewort, das eine Strafe androht (in diesem Fall müßte *lāken* »darum«, nicht *ʿal-ken* »deshalb« und auch schon beim hebr. ersten Verbum das sogenannte Ipf. [*jakkām*] stehen), sondern Folgerung, die Jeremia zieht: Es besteht ein, natürlich von Jahwe verfügter Zusammenhang zwischen Vergehen und Strafe. Die Schuld wird am Ende in einem begründenden Satz noch einmal zusammenfassend angegeben: Auflehnung gegen Gott und seinen Willen (*paešaʿ*) und Abtrünnigkeit (*m[e]šubōt*).

[7–11] Die Jahwerede wird durch ein

Deine Söhne haben mich verlassen
und bei Nichtgöttern geschworen.
Ich machte sie satt, doch sie trieben Ehebruch
und waren zu Gast im Dirnenhaus.
8 Hengste sind sie geworden, feist und geil,
Ez 22[11] jeder wiehert nach der Frau seines Nächsten.
V. 29 9[8] 9 Sollte ich das nicht bestrafen – Spruch des Herrn –
und an einem solchen Volk keine Rache nehmen?
10 Steigt auf ihre Rebenhänge, und verwüstet sie!
V. 18 4[27] Doch völlig vernichten sollt ihr sie nicht.
Reißt ihre Reben weg;
denn sie gehören nicht dem Herrn.
11 Sie sind mir ja gänzlich untreu geworden,
3[8.11] das Haus Israel und das Haus Juda – Spruch des Herrn.

5[7] Besser ist wohl »Nichtgott« zu übersetzen, da man nicht bei den Göttern ganz allgemein, sondern bei einem bestimmten Gott schwor. – Waren sie Gäste: *jitgōrārū* mit G, M: »sie machten sich Einschnitte«.

Prophetenwort [10] unterbrochen. Diese Tatsache und die Aussage, daß keine völlige Vernichtung erfolgen soll (s. [18]), legt den Verdacht nahe, daß [10] ein späterer Einschub ist. Er sieht Jerusalem im Bild eines Weinbergs, der zerstört werden soll, allerdings nicht vollständig. Der Befehl, der an nicht genannte Menschen, wohl Feinde des Staates Juda ergeht, wird damit begründet, daß die Einwohner der Stadt (im Bild: die Ranken des Weinbergs) Jahwe nicht gehören, also nicht das Volk des Herrn sind. Das ist eine recht pauschale Folgerung aus den Vorwürfen, die Jeremia im Namen seines Gottes erhebt. Die Einschränkung des Vernichtungsbefehls nimmt wohl schon auf die Erfahrung des Exils Bezug. Die Jahwerede [7–9.11] besteht aus einem Scheltwort [7.8] und einer angeschlossenen Reflexion [9.11]. Die einführende Frage erwartet keine Antwort. Jahwe hat keinen Grund zu vergeben. Und wenn er es täte, führte es zu nichts (*'ē lāzo't* »wozu, warum?«). Besserung ist nicht zu erwarten. Der erhobene Vorwurf ist wiederum die Abkehr von Jahwe und die Hinwendung zu einem, der nicht Gott ist, wie es im Schwur in feierlicher Weise geschieht. Wahrscheinlich ist auch hier der Baal gemeint, auf dessen Fruchtbarkeitskult [7b.8] anspielen. Man verleugnet Jahwe und bekennt sich zum Baal. Doch war es Israels Gott, der die Güter, den Ertrag des Landes schenkte; aber statt ihm durch ein entsprechendes Leben zu danken, ergibt man sich dem baalistischen Fruchtbarkeitskult. Dabei kennt man keine Schranken, nicht einmal die der Ehe. In dem Wahn, daß auf solche Weise Fruchtbarkeit und damit Glück und Gedeihen machbar sei, folgen sie doch nur ihren Trieben. Das wird mit dem drastischen Bild von [8], vgl. Ez 23[20], s. 3[6–13], anschaulich ausgesagt.

[9.11] Die Reflexion, die zweimal mit der Jahwe-Spruch-Formel gestützt wird und deshalb schon verdächtig ist, erweist sich durch die summarische Nennung von »Haus Israel und

[12] Sie haben den Herrn verleugnet und gesagt:
Er ist ein Nichts!
Kein Unheil kommt über uns,
weder Schwert noch Hunger werden wir spüren.
[13] Doch diese Propheten werden zunichte;
das Gotteswort ist nicht bei ihnen.
[So wird es ihnen ergehen:]
[14] Darum – so spricht der Herr,
der Gott der Heere:
Weil man solche Reden führt,
seht, darum mache ich meine Worte

5[12] Wörtlich: »Nicht er«, wohl im Sinne von: »Mit ihm ist es nichts.«
5[13] Wörtlich: »Und die Propheten – sie sind für den Wind«. – Und das Wort: *w^e^haddābār*, in M ungewöhnliche Form (?) *w^e^haddibber.*
5[14] Man solche Reden führt: *dabb^e^rām*; M: »ihr ...«, wohl durch Einwirkung von [15]

Haus Juda« als spät. Sie ist eine Antwort auf die Frage in [7]. Die erneute Frage [9] geht in die gleiche Richtung: Jahwe muß ahnden und dadurch seinen Anspruch geltend machen. Letzteres soll wohl der Begriff »Rache nehmen« ausdrücken. Um keinen Zweifel zu lassen, wie die Frage zu beantworten ist und um eine falsch verstandene Vergebungsbereitschaft des Herrn, vgl. [7], als mögliche Reaktion von vorneherein auszuschließen, äußert sich [11] abschließend mit dem allgemeinen Hinweis auf die bekannte Untreue des Volkes.

[12–14] Auf ein Prophetenwort [12f] folgt, eingeführt durch die Botenspruchformel, ein Jahwewort [14]. Das prophetische Scheltwort [12f]: Verleugnung Jahwes geschieht durch Götzendienst (Ijob 31[28]). So sagen denn die Leute: Nicht er; er, Jahwe, ist es nicht, dem wir anhangen. Vor ihm haben wir keine Furcht; er tut und vermag nichts. Sie leugnen nicht seine Existenz, sondern rechnen nicht mit ihm, glauben nicht, daß er sich als Gott wirksam erweist. Darum wird nach ihrer Ansicht Jahwe auch nicht strafen. Sie meinen, er sei dazu nicht in der Lage. Darum verspotten sie auch das Wort der Propheten, die Unheil ansagen, und behaupten: Ein wirksames Gotteswort besitzen sie gar nicht, wenn sie im Namen Jahwes sprechen. Nicht Gottes Geist, sondern nur Wind steht hinter ihren Worten. [13] handelt kaum, wie EÜ anscheinend mit »doch« nahelegt, von den falschen Propheten; denn von Heilsworten sagt der Text nichts. Und die Propheten, die fälschlich im Namen Jahwes sprechen, bestreiten keineswegs seine Macht, sondern nur, daß er Unheil verhängen werde. »So wird es ihnen ergehen« paßt besser nach der Redeeinführung in [14]; dementsprechend wird der Satz vielfach umgestellt. [14] Jahwe antwortet mit einem Drohwort. Seinem Namen ist bezeichnenderweise der Titel »Gott der Heere« (*'ae lohē ṣ^e^ba'ōt*) beigefügt: Er ist der Gott aller Mächte und Gewalten. Er steht über allem, was als »göttlich« angesehen werden mag und hat unbeschränkte Macht. Schon dies ist eine Antwort auf die Reden, die man leichtfertig gegen den Gott Israels führt. Es bleibt aber

23[29] in deinem Mund zu Feuersglut
und dieses Volk da zum Brennholz,
das von ihr verzehrt wird.

[15] Seht, ich lasse über euch herfallen, Haus Israel,
6[22] Dtn 28[49f] ein Volk aus der Ferne – Spruch des Herrn.
Ein unüberwindliches Volk ist es,
ein uraltes Volk,
ein Volk, dessen Sprache du nicht kennst
und dessen Rede du nicht verstehst.
[16] Sein Köcher ist wie ein offenes Grab,
sie alle sind Helden.
[17] Es frißt deine Ernte und dein Brot,
es frißt deine Söhne und Töchter,
es frißt deine Schafe und Rinder,
es frißt deinen Weinstock und Feigenbaum,
es zerschlägt mit dem Schwert
deine befestigten Städte, auf die du vertraust.

[18] Doch auch in jenen Tagen – Spruch des Herrn – will ich euch nicht
völlig vernichten. [19] Wenn man dann fragt: Weshalb hat der Herr,

5[15] Unüberwindliches, wörtlich: »fest, dauerhaft«, andere Übersetzungsmöglichkeit »uraltes« (αρχαιον G°) ‖ *meʿōlām* »von Urzeit her«.
5[19] Man fragt: *jo'merū;* M: »ihr fragt«; wohl mit Bezug auf [15].

nicht dabei. Jahwe wird, wie das Bild vom verzehrenden Feuer es ausmalt, seinem Strafwort, das seine Boten und nun auch Jeremia verkünden, vernichtende Kraft verleihen. Ihr kann nichts widerstehen. Das Volk, das jetzt spottet, wird es erleben.
[15–17] folgt die Konkretisierung von [14]. Dies und die Anrede »Haus Israel« lassen die Vermutung aufkommen, daß [15–17] zumindest überarbeitet sind, um als geschichtlichen Beleg zu [14] die erfolgte Zerstörung Israels durch die Assyrer, vgl. die Beschreibung Jes 5[26], in Erinnerung zu bringen. Auf die Skythen kann sich der Spruch nicht beziehen, da sie nicht als uraltes Volk gelten konnten. Als Wort, das Künftiges ansagt, dürfte es eher auf die Babylonier hinweisen. Sie bringen das in Dtn 28[49f] angedrohte Unheil über Jahwes Volk. Der Köcher, der selten im AT genannt wird, hat in der Bildsprache nur bergende Funktion (Jes 49[2] Ps 127[5]), wird aber nicht mit dem offenen Grab verglichen. Darum wird vielfach vorgeschlagen, »sein Mund« zu lesen; dies paßt besser zu [17], ist aber im Blick auf [16b] nicht zwingend. [17] legt im wörtlichen und übertragenen (sicher bei der Nennung der Söhne und Töchter) Sinn »verzehren« [14] aus. Nachdem das Land verheert ist und seine Vorräte verzehrt sind, gelingt auch die Eroberung der Städte; sie bieten keinen zuverlässigen Schutz. Jahwes Volk kann sich nicht gegen das Wort des Herrn auf sie verlassen.
[18.19] Angefügt mit »doch auch« und der Formel »in jenen Tagen«, weiter-

unser Gott, uns das alles angetan?, so sag zu ihnen: Wie ihr mich verlassen und fremden Göttern in eurem Land gedient habt, so müßt ihr Fremden dienen in einem Land, das euch nicht gehört. 16 10–13

20 Verkündet dies im Haus Jakob,
und ruft es in Juda aus:
21 Hör das, du törichtes Volk ohne Verstand:
Augen haben sie und sehen nicht; Jes 6 9f
Ohren haben sie und hören nicht.
22 Fürchtet ihr mich denn nicht – Spruch des Herrn ,
zittert ihr nicht vor meinem Angesicht?
Ich bin es, der dem Meer die Düne
als Grenze gesetzt hat,
als ewige Schranke, die es nicht überschreiten darf.
Mag es auch toben, es richtet nichts aus;
mögen seine Wogen auch tosen,
sie können die Schranke nicht überschreiten.

23 Dieses Volk aber hat ein störrisches, trotziges Herz.
Sie wichen vom Weg ab und gingen davon.

geführt in [19] mit »und es wird geschehen (,wenn)«, sowie auch als »Spruch Jahwes« qualifiziert, machen diese Verse schon äußerlich den Eindruck, ein späterer Zusatz zu sein. Auch der Inhalt spricht für diese Annahme: »Fremden Göttern dienen«, »Jahwe verlassen« sind dtr Aussagen, die das Leben und Verhalten des Jahwevolkes in Kanaan insgesamt bewerten. Und daß eine Beschränkung der Strafe verkündet wird [18b], widerspricht der Botschaft Jeremias in 4.5. Wieder ist die Situation des Exils in den Blick genommen. Die Strafe entspricht dem Vergehen. Dem Dienst fremder Götter im eigenen Land folgte der Dienst für die Fremden im fremden Land. Das ist die Antwort Jahwes. Es ist auch die Antwort auf die Warum-Frage. Sie und ihre Beantwortung als »Interpretation des Gerichts muß in der Exilszeit hohe Bedeutung innerhalb der dtr. Gemeindebelehrung besessen haben« (Thiel 98). Es ist eine echte Vergangenheitsbewältigung und zugleich Deutung der Gegenwart aus Jahwes Wort und Willen.

[20–25] gehören nicht in den Zusammenhang von Strafe des Herrn durch einen Angriff des Feindes; sie sprechen aus einer anderen Erfahrung zum Thema »Schuld und Strafe«. Sie argumentieren mit der von Jahwe gesetzten Ordnung in der Natur, die durch die Sünde gestört wird. Gottesfurcht ist anderwärts nicht das Thema jeremianischer Verkündigung; sie ist eine Forderung des Dtn wie auch der Weisheit Israels. An Dtn 11 [14], wo ebenfalls von dem Gott die Rede ist, der rechtzeitig den Regen, den Früh- und Spätregen spendet, erinnert [24]. »Trotziges« (*mōraeh*) [23] läßt an den widerspenstigen Sohn (Dtn 21 [18.20]) denken; wie er seine Eltern, ehrt auch Israel Jahwe nicht, indem es nicht auf ihn hört, und nicht bereit ist, ihm zu gehorchen. Jes 6 [9f] dürfte hinter [21] stehen. Im übrigen spricht der Pro-

24 Sie sagten nicht bei sich selbst:
Laßt uns den Herrn fürchten, unseren Gott,
der Regen spendet im Herbst
und im Frühjahr zur rechten Zeit,
der uns die feste Ordnung der Erntewochen bewahrt.
25 Eure Frevel haben diese Ordnung gestört,
eure Sünden haben euch den Regen vorenthalten.
26 Ja, Frevler gibt es in meinem Volk;
sie lauern, gebückt wie Vogelsteller,
Fallen stellen sie auf,
Menschen wollen sie fangen.
27 Wie ein Korb mit Vögeln gefüllt ist,
so sind ihre Häuser voll Betrug;
dadurch sind sie mächtig und reich geworden,
Dtn 32[15] 28 fett und feist.
Auch sündigen sie durch ruchloses Tun.

5[24] Die feste Ordnung der Erntewochen, wörtlich: »die Wochen der festen Zeiten der Ernte«. *šebu' ōt* (Wochen) wird vielfach als Dittographie zu *š becittō* betrachtet.

5[26] Sie lauern ... wie Vogelsteller: *jaśūrū ... joqešim.* – Fallen: ist nach dem Kontext gewählt, wörtlich: »Verderben«.

5[28a] Der Text ist schwierig, vielleicht verderbt. EÜ hält sich an M; sie deutet *cāberū* (sie gehen hinüber, übertreten) mit »sie sündigen« und bezieht *wejaṣlīḥū* auf die Waisen.

phet [22] im hymnischen Stil, wie es z. B. auch Deuterojesaja tut. Man hat daher [20–24] für »eine Predigt in deuterojesajanischer Art mit Anlehnung an jerem. Gedanken und Worte« (Volz 66) gehalten. Eine Abhängigkeit vom Exilspropheten ist jedoch nicht nachzuweisen.

Mit doppelter Einführung [20.21a], wobei [20] unnötig ist und 4[5] nachgebildet erscheint, wendet sich der Ausspruch an ein Volk, das nicht sehen und hören will, nämlich [24f] die Hungersnot nicht richtig zu deuten versteht. Der Mangel an Gottesfurcht, der Verbrechen und Sünden hervorruft, ist die Ursache. Er hat bereits zu einer inneren Einstellung geführt, die sich nicht mehr um Gottes Willen kümmert, sondern eigene Wege geht [23]. Darum versucht der Sprecher, zur Furcht des Herrn zu bewegen, indem er die Schöpfermacht Jahwes herausstellt. Der allmächtige Gott hat dem Meer, das nach mythischer Vorstellung schöpfungsfeindlich ist, die scheinbar sehr verletzliche und doch feste Grenze gesetzt [22], und er sichert die Ordnung der Natur in geregelten Abläufen [24]. Vorwurf und Mahnung laufen auf dasselbe hinaus: Laßt uns den Herrn fürchten, unseren Gott!

[26–29] Ein Scheltwort, das Jahwe spricht und mit einer Strafandrohung ([29] = [9]) abschließt. Es nennt Verbrechen, durch die der Mensch im mitmenschlichen Bereich schuldig wird. Eine Gruppe im Volk des Herrn [26a] – es sind die Reichen und Mächtigen [27b] – »fängt« die Benachteiligten und Hilflosen. Dabei ist nicht nur an die Wegnahme des Besitzes durch betrügerische Machen-

Das Recht pflegen sie nicht, 6^{6} Jes 10^{2}
das Recht der Waisen, die Erfolg erwarten,
und die Sache der Armen entscheiden sie nicht.
29 Sollte ich das nicht bestrafen – Spruch des Herrn V. 9
und an einem solchen Volk keine Rache nehmen?
30 Wüstes, Gräßliches geschieht im Land:
31 Die Propheten weissagen Lüge, $23^{25.32}$ 27^{10-16}
und die Priester richten ihre Lehre nach ihnen aus; 29^{21}
mein Volk aber liebt es so.
Doch was werdet ihr tun,
wenn es damit zu Ende geht?

Die Kriegsgefahr als Strafe: 6^{1-15}

6^{1} Flieht, ihr Leute von Benjamin,
hinaus aus Jerusalem!

5^{31} Richten ... aus: *jōrū,* M: »sie herrschen«. – *ʿal jᵉdēhaem* »auf Anweisung von ihnen« wird von EÜ auf die Propheten bezogen. Häufig bezieht man den Ausdruck auf die Priester zurück: »lehren auf eigene Faust«.

schaften gedacht, so daß die geraubten Güter, als Betrug bezeichnet, die Häuser der Reichen füllen, sondern wohl auch an Freiheitsberaubung bis hin zur ständigen Schuldknechtschaft. Der treffende Vergleich mit dem Vogelfänger bringt das Heimtückische und Berechnende solchen Tuns gut zum Ausdruck. Solche Menschen kümmern sich nicht um das Recht der Schwachen, im Gegenteil. Doch Jahwe wird ^{29} sich ihrer Sache annehmen und in seinem Gericht das Unrecht ahnden.

$^{30.31}$ Neben den Mächtigen werden nun auch Propheten und Priester als führende Stände unter Verurteilung ihres Tuns genannt. Ihr Treiben ist »wüst«; sie richten damit das Land zugrunde, reden und handeln nach dem Geschmack und Willen der Leute. Daß die Propheten Lüge weissagen, verkünden, was nur als Täuschung bezeichnet werden kann, kehrt als Vorwurf in der Auseinandersetzung Jeremias mit diesen Falschpropheten oft wieder. Der Vorwurf richtet sich wohl nicht darauf, daß sie im Namen Baals auftreten (so 2^{8} 23^{13}); »Lüge« wäre in diesem Fall als abwertende Bezeichnung dieses Gottes zu verstehen. Vielmehr werden ihnen falsche Aussagen vorgeworfen. Sie treten im Namen Jahwes auf, verkünden aber nicht seinen Willen. Die Priester arbeiten mit ihnen zusammen oder (s. die Alternativ-Übersetzung) handeln bei der Kundgabe und Auslegung der Weisung des Herrn auf eigene Faust, in vermeintlicher eigener Vollmacht. Doch beides führt zum selben Ergebnis. Anstelle der Drohung steht am Schluß eine Frage, die das Ende solcher Praktiken ansagt und die Hilflosigkeit der fehlorientierten religiösen Führer im kommenden Strafgericht ahnen läßt.

6^{1-30} Die Unheilsbotschaft des Propheten setzt sich fort. Bilder von Krieg und Zerstörung, auch Scheltworte über das Volk Jahwes füllen diesen großen Abschnitt. Ihn vom vorausgehenden abzuheben, ist des-

Stoßt in Tekoa in die Trompete,
und richtet über Bet-Kerem ein Zeichen auf!
46 Denn von Norden droht Unheil
und großes Verderben.
2 Die Schöne und Verwöhnte,
die Tochter Zion, ich vernichte sie.
3 Hirten kommen zu ihr mit ihren Herden;
sie schlagen rings um sie ihre Zelte auf,
jeder weidet seinen Bereich ab.
4 Ruft gegen Zion den Heiligen Krieg aus!
Auf! Greifen wir an am Mittag! –
Weh uns: Schon neigt sich der Tag,
die Abendschatten strecken sich.
5 Auf! Greifen wir an in der Nacht,
zerstören wir ihre Paläste!

6^{4} Ruft ... aus, wörtlich: »heiligt gegen es den Krieg«.

wegen gerechtfertigt, weil sich die Rede nach dem Schuldaufweis, der 5 bestimmt, wieder zur Gerichtsverkündigung wendet, die 6 fast ganz beherrscht. Inhaltlich führt 6 eher 4 weiter; das Drohwort überwiegt die Schelte. Die Botenspruchformel ($^{6.9.16.21.22}$) gliedert den Text in ungleiche Abschnitte; Unterschiede im Redestil kommen hinzu. Beides zeigt, daß Einzelworte verschiedenen Umfangs zusammengeführt worden sind.

$^{1-5}$ War 4^{6} noch die Aufforderung an die bedrohte Landbevölkerung ergangen, nach Zion zu fliehen, so werden Menschen, die in Jerusalem Zuflucht gesucht haben, nun angewiesen, die Stadt zu verlassen. Denn nun wird die Hauptstadt von dem Feind aus dem Norden unmittelbar angegriffen; sie bietet keinen Schutz mehr. Der Zusammenbruch (*šaebaer:* EÜ »Verderben«) der Verteidigung und damit auch des Staates Juda steht bevor. Die Benjaminiter, die nördlich von Jerusalem wohnen und sich in die Stadt gerettet hatten, müssen ihre Flucht nach Süden fortsetzen. Die Fluchtrichtung wird mit den Orten Tekoa (am Rand der Wüste von Juda, 8 km südlich von Betlehem) und Bet-Kerem (Lage nicht bekannt) angegeben. Vielleicht ist die Angabe später zugefügt worden (Duhm); denn sie spricht eher von einem Angriff auf die Orte (vgl. Ri 7^{18-22}) als von wegweisenden Signalen. In ^{2} spricht Jahwe, falls der schwierige M in Ordnung ist. Die Erwählung und die Auszeichnung der Stadt durch die göttliche Gegenwart, all die Vorzüge, die ihr der Herr schenkte, können das Strafgericht nicht verhindern, im Gegenteil: Wenn die Menschen in ihr dieser Bevorzugung nicht gerecht werden, ziehen sie um so mehr das Gericht Gottes herbei. ^{3} Dies wird mit einem Hirtenbild (vgl. Num 22^{4}) geschildert: Wie eine üppige Wiese die Herden, so lockt diese Stadt die Feinde herbei. Jede Abteilung erhält gleichsam ihren Anteil; nichts bleibt übrig. $^{4.5}$ sind Aussprüche der Feinde, die ihrem ungestümen und nicht aufzuhaltenden Eroberungsdrang entspringen. Die feindlichen Völker werden in prophetischer Sicht als Werkzeuge Jahwes betrach-

[6] Denn so spricht der Herr der Heere:
Fällt ihre Bäume,
und werft einen Wall auf gegen Jerusalem!
Das ist die Stadt, von der erwiesen ist:
Alles in ihr ist Unterdrückung. 22[17]
[7] Wie ein Brunnen sein Wasser sprudeln läßt,
so läßt sie ihre Schlechtigkeit sprudeln.
Von Gewalttat und Unrecht hört man in ihr;
ständig sind mir vor Augen
Leid und Mißhandlung.
[8] Laß dich warnen, Jerusalem,
sonst trenne ich mich von dir,
sonst mache ich dich zur Wüste,
zum Land ohne Bewohner.

6[6] Von der erwiesen ist, wörtlich: »es ist untersucht worden«.
6[7] Sprudeln: EÜ leitet *k^e^hāqīr* und *heqerāh* von *qōr*, vgl. *māqōr* (so Rudolph »sprudeln«) statt von *qrr*, im Hi. »kühl halten«, ab. – Leid und Mißhandlung: sind wohl Glosse nach Dtn 28[61] (Nötscher).

tet. Sie führen in seinem Namen und für ihn den Kampf gegen die Stadt, erklären ihr den heiligen, den Krieg Jahwes (zu diesem Ausdruck, vgl. Num 21[14]). Wie Jahwe sich einst gegen die Völker Kanaans in Israels Kriegen für sein Volk eingesetzt hat, so steht er jetzt in dem Ansturm der Feinde gegen seine Stadt. Der Angriff duldet keinen Aufschub. Selbst in der Nacht, wo die Bedingungen nicht günstig sind, will man den Angriff wagen.

[6–8] Das Jahwewort bestätigt, daß die Feinde aus dem Norden in seinem Auftrag handeln. Der Herr selbst fordert die Feinde zur Belagerung auf: Die Bäume rings um die Stadt werden dazu verwendet; der Wall schließt die Stadt ein. Sofort nach seinem Befehl an die Feinde wendet er sich zur Anklage gegen Jerusalem. Darauf und letztlich [8] auf eine nochmalige Warnung kommt es ihm an. Jahwes Vorwurf richtet sich gegen Verfehlungen im mitmenschlichen Bereich. Die Schwachen werden mit Taten der Gewalt und des Unrechts unterdrückt [6b] so sehr, daß schier nichts anderes mehr in der Stadt geschieht. [7] Wie ein Brunnen, den eine Quelle speist, stets frisches Wasser hervorbringt, so verübt Jerusalem unablässig neue Bosheit. Die bösen Taten werden ständig fortgesetzt. Gott hat dieses schlechte Handeln nicht nur vor Augen, es richtet sich gegen ihn; Gewalttat und Unrecht gegen den Nächsten schlagen ihm sozusagen ins Gesicht (*ʿal pānaj*). Sie widersprechen seiner Gegenwart, seiner Zuwendung, mit der er zum Heil aller in Jerusalem präsent sein will. Dennoch ergeht eine Warnung an das Volk dieser Stadt. Jahwe liebt es immer noch. Aber wenn alle Mahnungen umsonst sind und es sich auch durch Strafen (vgl. Lev 26[14–38] nicht von seiner Schlechtigkeit abbringen läßt, muß er »seine Seele von ihm losreißen«, wie der Text wörtlich sagt. Gott möchte, daß es erkennt und auch tut, was richtig und heilvoll ist, vgl. Lk 19[41ff]. Die Drohung am Schluß soll in diesem Sinn wirken und verstanden werden.

^{9} So spricht der Herr der Heere:
Genaue Nachlese wie am Weinstock
31^{7} soll man halten am Rest Israels.
Leg deine Hand an
wie ein Winzer an die Reben!
^{10} Zu wem soll ich reden,
und wer wird mich hören, wenn ich mahne?
4^{4} Apg 7^{51} Ihr Ohr ist ja unbeschnitten,
sie können nichts vernehmen.
20^{8} 15^{15} Das Wort des Herrn dient ihnen zum Spott;
es gefällt ihnen nicht.
Mi 3^{8} ^{11} Darum bin ich erfüllt vom Zorn des Herrn,
20^{9} bin es müde, ihn länger zurückzuhalten. –

6^{9} *j*^{ec}*ōl*^{e}*lū š*^{e}*'erīt jiśrā'el:* ist wohl spätere Zufügung (Duhm), s. die Erklärung.
6^{10} Der Text liest vor »ihr Ohr« und »das Wort« jeweils »siehe« *(hinneh).*
6^{11} Darum: EÜ folgt anscheinend Sym (διο), Vg (idcirco); besser ist es, *wa'*^{a}*nī* »ich aber« (Ehrlich) mit Mi 3^{8} zu lesen.

$^{9-15}$ Von der Botenspruchformel und der abschließenden Formel »spricht der Herr« umschlossen, besteht dieser Abschnitt aus einem Dialog zwischen Jahwe und Jeremia, der von Jahwe eröffnet^{9}, vom Propheten $^{10.11a\alpha}$, dann von Jahwe $^{11a\beta\gamma.b.12}$ und wieder von Jeremia $^{13.14}$ fortgeführt und vom Herrn geschlossen ^{15} wird. $^{12a.13-15}$ finden sich mit geringen Abweichungen auch 8^{10-12} im M, fehlen dort aber in G. In 6 steht das Stück besser im Zusammenhang (vgl. ^{13a} mit ^{11}), dürfte demnach an dieser Stelle ursprünglich sein.

Der Prophet wird ^{9} von Jahwe aufgefordert nachzusehen, was sich am »Weinstock Israel« noch an guten und brauchbaren Früchten findet. Dabei soll er sorgfältig vorgehen, im Bild gesagt: wie ein echter Winzer seine Hand an den Reben hin- und hergehen lassen, um keine Traube zu übersehen. Ein späterer Leser hat an den Rand geschrieben: Sie mögen Nachlese halten in bezug auf den Rest Israels. Er interpretiert das Jahwewort positiv als Aufruf, auch die letzten aus Jahwes Volk bei der Heimkehr nach Zion nicht zu übergehen. Der Ausdruck »Rest Israels« setzt das babylonische Exil voraus (Jer 31^{7} Mi 2^{12} Ze 3^{13} 1 Chr 12^{39} 2 Chr 34^{9}) und ist Ausdruck der Hoffnung auf die Wiederherstellung des Volkes, wird aber hier wie Ez 9^{8} 11^{13} auf die in Jerusalem Verbliebenen bezogen.

$^{10.11a\alpha}$ Jeremia antwortet mit einer Frage, in der er zum Ausdruck bringt, daß ein Suchen nach guten Taten erfolglos sein wird. Denn das Volk hört nicht auf die prophetische Mahnung; es ist nicht dazu bereit und damit unfähig, die Botschaft zu vernehmen, wie die Metapher von den unbeschnittenen Ohren sagt. Noch mehr, die Menschen spotten nur, wenn ihnen der Prophet ein Gotteswort verkündet. Mit einem zweifachen »siehe« (*hinneh*) macht Jeremia den Herrn auf dieses üble Verhalten seiner Zuhörer aufmerksam, um seine ablehnende Frage zu begründen. Er seinerseits aber sieht sich nicht imstande, zu schweigen und das göttliche Gerichtswort, das ihn ähnlich wie Micha erfüllt, in sich

Gieß ihn aus über das Kind auf der Straße
und zugleich über die Schar der jungen Männer!
Ja, alle werden gefangengenommen,
Mann und Frau, Greis und Hochbetagter.
12 Ihre Häuser gehen an andere über, 8[10–12]
die Felder und auch die Frauen.
Denn ich strecke meine Hand aus
gegen die Bewohner des Landes – Spruch des Herrn.
13 Sie sind doch alle, vom Kleinsten bis zum Größten,
nur auf Gewinn aus;
vom Propheten bis zum Priester
betrügen sie alle.
14 Den Schaden meines Volkes
möchten sie leichthin heilen, indem sie rufen:
Heil, Heil! Aber kein Heil ist da.

6[12] Frauen: besser mit 8[10]: »(ihre Felder) an Eroberer« *(ś[e]dōtēhaem l[e]jōr[e]šīm)* oder mit 1 Hs: die Weinberge *(ūk[e]rāmīm)*. Von den Frauen ist schon in [11] die Rede.

zurückzuhalten. Hier klingt zum ersten Mal an, was den Propheten im Lauf seiner Tätigkeit schier zur Verzweiflung treibt, vgl. 20[9]: die ablehnende Haltung der Jerusalemer gegenüber dem Gotteswort, das er verkünden muß, und der ihm vom Herrn auferlegte Zwang, es aussagen zu müssen.

[11aβγ.12]Jahwe antwortet mit dem Befehl, den in seinen Drohworten angestauten göttlichen Zorn auf alle auszugießen, und bekräftigt zugleich dessen Wirkung: Alle ohne Ausnahme müssen in die Gefangenschaft gehen. Ihr gesamter Besitz wird den Eroberern zuteil. Die Antwort des Herrn endet mit einer allgemeinen Gerichtsaussage [12b], die im Paralleltext 8[10–12] nicht steht und wohl auch hier als Begründung für den Befehl an Jeremia, und um die Allgemeinheit des göttlichen Handelns zu betonen, nachgetragen ist. Sie nimmt das bei Jesaja öfter verwendete Bild von der ausgestreckten strafenden Hand Jahwes (Jes 5[25] 9[11.16.20] 10[4]) auf und bezieht es auf die Bewohner des Landes, die in [9–15] kaum gemeint sind, aber auch in das Strafgericht einbezogen werden.

[13.14] Der Prophet hat den Auftrag des Herrn [9] durchgeführt; er teilt das Ergebnis der Überprüfung mit: Alle streben nach Gewinn, auch wenn es dabei nicht mit rechten Dingen zugeht; sie versuchen »ihren Schnitt zu machen«, wie der hebräische Ausdruck sagt, und sich so zu bereichern. Das Unrecht, das dabei dem anderen geschieht, nehmen sie nicht nur in Kauf, sie planen es ein. Sie täuschen und betrügen. Auch Propheten und Priester, die Jahwes Wort und Weisung verkünden und vor allem selbst beachten müßten, handeln so. Nur oberflächlich und leichtsinnig ist ihr Heilswort; es heilt nichts, sondern bestärkt nur die sittliche Verderbnis und wendet folglich das Unheil nicht ab.

Mit einem Schelt- und Drohwort Jahwes [15] schließt der Abschnitt. Der Herr wirft dem Volk, wohl in erster

15 Schämen müßten sie sich, weil sie Greuel verüben.
Doch sie schämen sich nicht;
Scham ist ihnen unbekannt.
Deshalb müssen sie fallen,
wenn die anderen fallen.
Sobald ich sie zur Rechenschaft ziehe,
werden sie stürzen, spricht der Herr.

Jerusalems Trotz: 6^{16-26}

16 So spricht der Herr:
Stellt euch an die Wege, und haltet Ausschau,
fragt nach den Pfaden der Vorzeit,
fragt, wo der Weg zum Guten liegt;
Mt 11^{29} geht auf ihm, so werdet ihr Ruhe finden für eure Seele.
Sie aber sagten: Wir gehen nicht.
17 Auch habe ich Wächter für euch aufgestellt:
Achtet auf den Schall der Trompete!
Sie aber sagten: Wir achten nicht darauf.

6^{15} Schämen müßten sie sich: Andere Übersetzungsmöglichkeit: »sie haben schändlich gehandelt«, vgl. Hos 2^{7}. – *hikkālēm* mit 8^{12}.

Linie den Priestern und Propheten vor, daß sie schändlich gehandelt haben (so auch Duhm) und weist auf die verübten Greuel hin, die nicht näher bezeichnet werden. Vielleicht ist ganz allgemein wie im Dtn an Götzendienst und heidnische Bräuche gedacht. Aber sie merken nicht einmal, daß sie sich vergangen haben; so besteht keine Hoffnung auf Besserung. Jahwe wird ihr Tun nachprüfen; dann stürzen sie ins Verderben.

16–21 Der Prophet teilt 16.17 mit, welche Anweisung Jahwe dem Volk gegeben hat, und wie es darauf reagierte. Der Herr wendet sich 18.19 an die Völker 18 und sagt, was er seinem Volk nun antun will. In 20 setzt sich die Jahwe-Rede von 16.17 fort. 21 wird ein Drohwort Jahwes unter erneuter Einführung, vgl. 16 angeschlossen.

Die Aufforderung, das Gute zu tun, benützt die alte Vorstellung von der Wahl des richtigen Weges, die Israel vertraut war. Man soll nach den »ewigen Pfaden« (*linᵉtibōt ᶜōlām*) fragen, die erfahrungsgemäß zum Guten und zum Glück führen und stets gültig und immer dieselben sind. Sie sind Israel gezeigt worden; es muß sich nur darauf besinnen. Auf ihnen kommt es zum Frieden, zum ungestörten Leben. »Ruhe für eure Seele« wird in Mt 11^{29} zu einem ntl Heilsgut: »sie bedeutet ein neues Verhältnis zu Gott! Die Ungewißheit und Angst ist überwunden in der Freude der Gegenwart und Vergebung Gottes« (J. Schniewind, NTD 2, ⁷1954, 154). Die Antwort auf die göttliche Forderung aber war ablehnend. Gott hatte »Wächter« eingesetzt 17, unter denen nach Ez 3^{17} 33^{1-9} die Propheten zu verstehen sind, d. h. er wollte sein Volk vor bösen Wegen warnen. Aber man schlug das Angebot aus.

18 Darum hört, ihr Völker, und erkennt,
was ich ihnen antun will.
19 Höre es, Erde! Jes 1^{2}
Schon bringe ich Unheil über dieses Volk
als die Frucht seiner bösen Gesinnung.
Denn auf meine Worte haben sie nicht geachtet,
und meine Weisung haben sie verschmäht.
20 Was soll mir der Weihrauch aus Saba
und das gute Gewürzrohr aus fernem Land?
Eure Brandopfer gefallen mir nicht, Ps 40^{7}
eure Schlachtopfer sind mir nicht angenehm.
21 Darum – so spricht der Herr:
Ich lege diesem Volk Hindernisse in den Weg,
so daß sie darüber straucheln.
Väter und Söhne zusammen,
einer wie der andere geht zugrunde.

6^{18} *ūd^{ec}ū de^{c}āh* (BHS), M: »und erkenne, o Gemeinde«. – *'^{a}šaer* – *'ae^{cae}śaeh bām* (BHS); M: »was in ihnen ist«.
6^{19} Seiner bösen Gesinnung, wörtlich: »ihrer Gedanken«.

In $^{18.19}$, die sich an einen anderen Adressaten wenden als $^{16.17.20}$ und die wahrscheinlich dtr Wendungen »Unheil bringen« und »meine (= Jahwes) Weisung verschmähen« enthalten (Thiel), sind wohl späterer Zusatz (Duhm). Sie deuten den Weg zum Guten (Glück) als das Gesetz (Tora) Jahwes und legen Wert darauf, daß die Propheten nicht nur gewarnt, sondern positiv das wegweisende Jahwewort verkündet haben. Beides wurde zurückgewiesen. Darum erfolgte das durch die Zerstreuung unter die Völker weltweit bekannte Gericht Gottes. Die Vertreibung »in alle Länder« (vgl. z. B. Ez 36^{19}) ist anscheinend hier bereits vorausgesetzt. All dieses Unheil ist nur die Folge böser Pläne und Machenschaften. In dem Wort »Frucht« schwingt wie auch in dem Bild vom »guten Weg«, den man gehen muß, um ein vom Unheil ungestörtes Leben führen zu können, wohl der Gedanke an den weisheitlichen Tun-Ergehen-Zusammenhang mit. Nach ihm entsprechen Tat und Folge einander im Guten wie im Bösen.

Mit ^{20} werden die Menschen im Gottesvolk wieder angesprochen, an die sich Jahwe $^{16.17}$ gewandt hatte. Sie sollen nicht meinen, sie könnten mit einem aufwendigen Kult, mit kostbaren Gaben, die von weither kommen (Weihrauch aus Saba, d. i. Südarabien), ein Leben nach der Weisung des Herrn ersetzen (»gutes Gewürzrohr« statt des »guten Weges«). Gewürzrohr »wurde aus Usal (später *ṣan^{c}ā*) in Jemen eingeführt«. Es ist »wahrscheinlich das Kahnbartgras (Cymbopogon). Es wurde zur Herstellung des Salböls benutzt (Ex 30^{23}). Auch wird es neben Opfer und Weihrauch genannt« (G. Fohrer: BHH 922).

^{21} Das Drohwort schließt sich an $^{18.19}$ an (vgl. »dieses Volk« in $^{21.19}$, die gleiche Konstruktion bei »bringe ich« und »ich lege«: *hinneh 'ānokī* bzw. *hin^{e}nī* / Partizip). Es sagt, daß

22 So spricht der Herr:
50 41-43 Seht, ein Volk zieht vom Nordland heran,
ein großes Volk bricht auf
von den Grenzen der Erde.
23 Sie kommen mit Bogen und Sichelschwert,
grausam sind sie und ohne Erbarmen.
Ihr Lärm gleicht dem Brausen des Meeres,
und sie reiten auf Rossen,
Krieger, zum Kampf gerüstet
gegen dich, Tochter Zion.
24 Kaum hörten wir diese Nachricht,
da erschlafften uns die Hände,
es packte uns die Angst,
das Zittern wie eine Gebärende.
25 Geht nicht aufs Feld hinaus,
macht euch nicht auf den Weg;
denn der Feind greift zum Schwert – Grauen ringsum!
9 16f Am 8 10 25 34 26 Tochter, mein Volk, leg das Trauerkleid an,
und wälz dich im Staub!
Halte Trauer wie um den einzigen Sohn
bitterste Klage:
»Ach, jählings kam über uns der Verwüster.«

6[23] Krieger, zum Kampf gerüstet: *'īš*, M: »gerüstet wie ein Mann zum Kampf«.

die angedrohte Strafe alle erfassen wird, ohne Ausnahme: Jahwe wird sie zu Fall bringen (vgl. zum Ausdruck Ez 3[20]) und zugrunderichten. [22–26] Noch einmal werden der Feind aus dem Norden und die Auswirkungen seines Ansturms geschildert. [22–24] finden sich fast wörtlich in 50[41–43], auf die »Tochter Babel« bezogen. Das ist ein Zeichen dafür, daß dieses »Feindbild« an sich ohne festen Bezug auf ein bestimmtes Volk ist und von der Redaktion des Jeremiabuches auch so beurteilt wurde. Viele Interpreten denken auch hier an die Skythen, andere an die Meder; für die einen oder anderen mögen manche Angaben in 4–6 sprechen. Der Feind aus dem Norden wurden die Chaldäer des neubabylonischen Reiches unter Nebukadnezzar. Schnelligkeit und Unwiderstehlichkeit des feindlichen Heeres, das anscheinend vor allem aus Reiterscharen besteht, werden mit wuchtigen Worten gemalt. [24] Die Nachricht von seinem Kommen löst den Schreckensruf der Jerusalemer aus, die wie gelähmt den Feind heranstürmen sehen und ihre Lage mit den sprichwörtlich gewordenen Ängsten und Schmerzen einer Frau vor der Geburt vergleichen. [25] ist noch Wort der Bewohner Jerusalems, zu denen [26] der Prophet spricht. Er ruft die Stadt zu Klage und Trauer auf. Die Trauerriten, die beim Verlust des Geliebten, des Einzigen, besonders aufwendig und eindringlich sind, und der schreckerfüllte Klageschrei bringen zum Ausdruck, daß das Unheil bereits geschehen ist. So sicher ist es, daß das

Der Prophet als Prüfer des Volkes: 6^{27-30}

27 Zum Prüfer für mein Volk habe ich dich bestellt
[zum Metallprüfer];
du sollst sein Verhalten erkennen und prüfen.
28 Sie alle sind schlimme Empörer,
Verleumder sind sie,
Bronze und Eisen sind sie,
alle zusammen Verbrecher.
29 Der Blasebalg schnaubt,
doch das Blei bleibt unberührt vom Feuer.
Umsonst versucht der Schmelzer zu schmelzen;
die Bösen lassen sich nicht ausscheiden.
30 »Verworfenes Silber« nennt man sie;
denn verworfen hat sie der Herr.

6^{27} Metallprüfer: *m^{e}baṣṣer*, M: »Festung«, wohl Glosse aus 1^{18}.
6^{28} Bronze und Eisen: ist wohl Glosse aus 1^{18}. Die Worte sprengen die Sachaussage in ^{28} durch eine bildliche Eintragung.
6^{29} Unberührt vom Feuer: *me'eš tam* mit vielen Hss G.

Jahwewort sich erfüllt und das Unheil eintritt. Mit dem Schrei des Entsetzens, der die verwirklichte Drohung bestätigt, endet die Unheilsverkündigung.

$^{27-30}$ Wirkungsvoll ist ein Wort an den Propheten an den Schluß gesetzt, das ihn zum Prüfer im Volk ^{27} einsetzt. Er soll für Jahwe, in seinem Auftrag, Verhalten und Taten überprüfen. Der Prophet gibt ^{28} das Ergebnis bekannt: Es ist völlig negativ; Gutes und Edles konnte er nicht feststellen. Allen muß er verderbliches Handeln, Aufsässigkeit gegen Gott und Ungehorsam bescheinigen. Aus dem Fehlverhalten gegenüber den Mitmenschen wird die Verleumdung herausgegriffen, mit der man nach Lev 19^{16} sich (vor Gericht) hinstellt und das Leben seines Nächsten fordert, also falsche Anklage, die den anderen zu vernichten sucht. »Bronze und Eisen« ^{28} ist nicht ein Vorgriff auf die bildliche Aussage in $^{29.30}$; denn dort handelt es sich um Silber und Blei, sondern wie die Glosse in ^{27} ein Rückgriff auf den Berufungsbericht, an den (vgl. $1^{5.18}$) das Einsetzungswort in ^{27} erinnert. Mit diesen, zunächst an den Rand notierten Stichworten wollte der Ergänzer an die Berufung Jeremias erinnern, in deren Kontext er auch 6^{27} einbeziehen wollte. Dabei dürfte er bewußt *mbṣr* als *m^{e}baṣṣer* »Metallprüfer« gedeutet haben.

In $^{29.30a}$ schlägt nun das Bild durch, das *bāḥōn* »Prüfer von Edelmetallen«, vgl. Sach 13^{9} nahelegt. Auch der Versuch, die Guten herauszufinden und von den Schlechten zu scheiden – ein zweiter Prüfungsauftrag – gelingt nicht. Es bleibt eine verdorbene Masse; sie erhält einen Namen, der schon das Urteil über sie ist: In der Verwerfung durch Jahwe ist die Erwählung zurückgenommen. Der Abschnitt bekräftigt abschließend, daß das angekündigte Strafgericht Gottes verdient ist und zu Recht erfolgt.

Die Tempelrede: 7^{1-15} 26^{1-19}

11^{1} 18^{1} 21^{1} 25^{1} 7^{1} Das Wort, das vom Herrn an Jeremia erging: ^{2} Stell dich an das
30^{1} 32^{1} $34^{1.8}$ 40^{1} Tor des Hauses des Herrn! Dort ruf dieses Wort aus und sprich:
44^{1} Hört das Wort des Herrn, ganz Juda, alle, die ihr durch diese Tore

7^{1}–8^{3} Der Text beginnt 7^{1} mit der abgewandelten Wortereignisformel, die in dieser Form noch 11^{1}; 18^{1} und 30^{1} steht. Sie will wohl weniger 7–10 zu einem Großabschnitt zusammenfassen und diesen in die ersten Regierungsjahre König Jojakims datieren, vgl. 26^{1}; denn sie fügt, anders als z. B. 21^{1}; 25^{1} kein Datum bei. Ihr geht es hier um ein bestimmtes Wort Jahwes, seinen Inhalt und seine Bedeutung, zugleich aber auch um ein Thema, das in dem Gotteswort grundsätzlich behandelt wird. Hier ist es der Gottesdienst, in 11^{1-17} der Bund; 18^{1-17} steht unter dem Thema »mißraten zum Unheil«, 30^{1}–31^{40} handelt von der »Wende zum Heil«. Das sind Themen, die dtr Kreisen wichtig waren. Sie verweisen also auf Verfasser, die dorthin Beziehungen hatten oder dort beheimatet waren. Diese sprechen, wie die Texte zeigen, eine mehr oder weniger dtr Sprache und verraten so, was sie bewegt und bestimmt. Sie wissen und betonen, daß das Gericht Jahwes über Juda und Jerusalem verdient war, schließen aber die Möglichkeit des Heils, das ganz in Gottes Hand liegt, nicht aus. – Der Text schließt mit der gefüllten Gottesspruchformel ab 8^{3}. Da in $7^{16.21.29}$ Adressat und Thema wechseln, gliedert er sich in vier Einheiten: $^{1-15}$ die Tempelrede; $^{16-20}$ Ablehnung der prophetischen Fürbitte; $^{21-28}$ die wahre Forderung Gottes; 7^{29}–8^{3} Zurückweisung götzendienerischer Praktiken. – Der Form nach ist die erste, die einen stark paränetischen Einschlag (bes. 7^{3-6}) und Ton aufweist, eine Predigt, die zweite eine in Schelt- und Drohwort übergehende Anweisung an den Propheten, die dritte ein begründetes Scheltwort, die vierte eine begründete zweistufige (7^{32-34} 8^{1-3}) Unheilsankündigung. Da in $^{3.21}$ gleichlautende Botenspruchformeln stehen, werden die erste und zweite, die dritte, in der ebenfalls ein paränetischer Ton mitschwingt ^{23}, und die vierte näher aneinandergerückt. Das Ganze wird unter die aus gehäuften Formeln bestehende Einleitung 7^{1} gestellt und als Prophetenrede ausgewiesen.

Die Tempelrede ist in dreifacher Form, hier, 26^{1-6} und im Zitat 26^{9} überliefert; keine stimmt mit den anderen überein, ausgenommen etwa das Wort gegen den Tempel, dem das Schicksal Schilos angedroht wird, in dem man folglich auch den Kern der Jeremiarede sehen darf. Daraus und aus der Tatsache, daß 7^{1-15} und 26^{1-6} mit dtr Sätzen und Ausdrücken durchsetzt sind und 7^{1-15} mit 22^{1-5} 17^{19-27} in Aufbau und Inhalt eng verwandt ist (Thiel 291), ergibt sich, daß das jeremianische Tempelwort nur in Überarbeitung erhalten ist. Kann man es noch herauslösen? Da das begründende, dem Drohwort vorausgehende Scheltwort in 26^{4} ganz dtr ist, 7^{4} aber dtr Auffassung widerspricht, müßte es in 7^{1-15} zu suchen sein. Läßt man die erkennbare Überarbeitung weg, stößt man auf folgenden Grundbestand: »So spricht der Herr: Ihr vertraut auf trügerische Worte: Der Tempel des Herrn, der Tempel des Herrn, der Tempel des Herrn ist hier! Steh-

kommt, um dem Herrn zu huldigen. [3] So spricht der Herr der Heere,
der Gott Israels: Bessert euer Verhalten und euer Tun, dann will ich 26[13]

7^{3} *w^{e}aeškenāh 'itt^{e}kaem* mit Aq Vg; M: ich will euch wohnen lassen.

len, morden, die Ehe brechen, falsch schwören, dem Baal opfern – und dabei kommt ihr und tretet vor mein Angesicht und sagt: Wir sind geborgen! Ist denn in euren Augen dieses Haus eine Räuberhöhle geworden? Deshalb werde ich mit dem Haus, auf das ihr euch verlaßt, so verfahren, wie ich mit Schilo verfuhr.« – So etwa könnte das Jeremiawort, das rhythmische Form aufweist, gelautet haben; Sicherheit ist hier wie in allen ähnlichen Fällen nicht zu gewinnen. Der Prophet hat demnach ein Wort Jahwes ausgerichtet, das aus Schelte und Drohung besteht. Der Herr beschuldigt sein Volk des falschen Vertrauens. Geradezu wie mit einer magisch beschwörenden und darum dreimal angewendeten Formel klammern sie sich an den Tempel Jahwes und betrachten ihn als Garanten der Sicherheit. Das ist gut zu verstehen in einer Situation, wie sie nach der Schlacht bei Megiddo (609 v. Chr.), in der Joschija fiel, entstanden war. Im Gefühl der Unsicherheit nach dem Tod des frommen und bis zuletzt erfolgreichen Königs suchte man Schutz und Hilfe im Tempel auf dem Zion, der einst den Ansturm Sanheribs (701 v. Chr., vgl. Jes 36f) überstanden hatte. Der Tempel werde, so glaubte das Volk, auf jeden Fall in den Wirren der Zeit unversehrt bleiben und so den Bestand und die Zukunft des Volkes sichern; vielleicht war Joschija nur deswegen umgekommen, weil er sich so weit von ihm entfernt hatte. Der Prophet bezeichnet diese Meinung als einen Selbstbetrug. Denn nicht das Haus, sondern Gott, der in ihm aus Gnade gegenwärtig sein will, ist Schutz und Hilfe. Er wird es aber nicht sein, wenn man seinen Willen mißachtet, wie am Beispiel des 7., 5., 6., 2. und wohl auch 1. Gebots des Dekalogs gezeigt wird. Das Volk benimmt sich wie Räuber, die sich nach ihren Schandtaten in einer Höhle bergen. So mißbraucht es den Tempel, der nicht mehr eine Stätte ist, an der man nach dem Willen Jahwes fragt (vgl. Ps 15), sondern ein Asyl für die Verächter des göttlichen Willens. Darum gibt Jahwe den Ort seiner Gegenwart preis, wie er es einst in Schilo getan hat, das wohl erst Ende des 8. Jh. durch die Assyrer zerstört wurde (vgl. Ps 78^{60}), von Jahwe aber bereits in den Philisterkämpfen um 1050 v. Chr. im Verlust der heiligen Lade an die Feinde (1 Sam 4^{11}) aufgegeben wurde. Jeremia sieht wohl beide Ereignisse zusammen (vgl. R. A. Pearce: VT 23, 1973, 105–108). Die Predigt, zu der das Wort Jeremias ausgestaltet wurde, macht aus dem Scheltwort, vielleicht durch Verwendung einer Einlaß-Tora (vgl. Ps 15) eine eindringliche Mahnung [3–6], die mit einer Verheißung [7] verbunden ist. Gemäß dtr Anliegen bringt sie Jerusalem ins Spiel [7–14] und weist [12f.15] nach, daß das Gericht mit der Zerstörung des Tempels und Jerusalems verdient war.

[1.2] Mit einer Häufung von Formeln wird das Gotteswort eingeleitet, um mit allem Nachdruck auf es hinzuweisen. Dabei spielt [2] nicht nur auf die Situation der nachexilischen Predigt, sondern auch auf die wahren Adressaten an, die derzeitigen Judäer.

[3–7] Der erste Satz des prophetischen Scheltwortes wird, von zum Teil

bei euch wohnen hier an diesem Ort. [4] Vertraut nicht auf die trügeri-
schen Worte: Der Tempel des Herrn, der Tempel des Herrn, der
18[11] 35[15] Tempel des Herrn ist hier! [5] Denn nur wenn ihr euer Verhalten und
euer Tun von Grund auf bessert, wenn ihr gerecht entscheidet im
Ex 22[20f] Rechtsstreit, [6] wenn ihr die Fremden, die Waisen und Witwen nicht
Dtn 10[18] 19[10] unterdrückt, unschuldiges Blut an diesem Ort nicht vergießt und
nicht anderen Göttern nachlauft zu eurem eigenen Schaden, [7] dann
will ich bei euch wohnen hier an diesem Ort, in dem Land, das ich eu-
ren Vätern gegeben habe für ewige Zeiten. [8] Freilich, ihr vertraut auf
Hos 4[2] die trügerischen Worte, die nichts nützen. [9] Wie? Stehlen, morden,
die Ehe brechen, falsch schwören, dem Baal opfern und anderen Göt-
Dtn 11[28] tern nachlaufen, die ihr nicht kennt –, [10] und dabei kommt ihr und
tretet vor mein Angesicht in diesem Haus, über dem mein Name aus-
gerufen ist, und sagt: Wir sind geborgen!, um dann weiter alle jene
Greuel zu treiben. [11] Ist denn in euren Augen dieses Haus, über dem
Mt 21[13] mein Name ausgerufen ist, eine Räuberhöhle geworden? Gut, dann
betrachte auch ich es so – Spruch des Herrn. [12] Geht doch zu meiner
26[6] Stätte in Schilo, wo ich früher meinen Namen wohnen ließ, und
schaut, was ich ihr angetan habe wegen des Bösen, das mein Volk Is-
7[25] 11[7] 25[4] 29[15] rael verübt hat. [13] Nun denn, ihr habt genau das gleiche getan –
32[33] 35[14f] Spruch des Herrn. Als ich immer wieder zu euch redete, habt ihr
2 Kön 23[27] nicht gehört; als ich euch rief, habt ihr nicht geantwortet. [14] Deshalb
9[10] werde ich mit dem Haus, über dem mein Name ausgerufen ist und
auf das ihr euch verlaßt, und mit der Stätte, die ich euch und euren
Vätern gegeben habe, so verfahren, wie ich mit Schilo verfuhr. [15] Ver-
2 Kön 17[18.23] stoßen werde ich euch von meinem Angesicht, wie ich alle eure Brü-
der, alle Nachkommen Efraims, verstoßen habe.

7[7] *w^{e}šākantī ʼittekaem* (hebr. Hss) Vg; M: ich werde euch wohnen lassen.

gleichlautenden [3.5] Mahnungen und Verheißungen [3.7] umrahmt und selbst als Mahnung verstanden [4]. Verhalten und Tun zu bessern, wird bei Jer häufig angemahnt. Die mahnenden Worte von [5.6] und die Zusage [7] sind ganz aus dtn Geist geformt. Wenn das Volk all dies tut, wird der Tempel sein, was er soll: Wohnung Gottes.

[8–11] Die Predigt geht zur Anklage über und setzt zum Prophetenwort einige Akzente: die Nutzlosigkeit des falschen Vertrauens [8], den deutlichen Hinweis auf das 1. Gebot [9], die Qualifikation der Taten als Greuel, die nach dem Dtn Jahwe verabscheut [10], die Nennung der Konsequenz, die Gott zieht [11].

[12–15] Das Drohwort [14] wird noch einmal zweifach begründet: mit dem Hinweis auf das Schicksal Israels [12.15], das nichts anderes getan hat als Juda und Jerusalem [13], und mit der Nutzlosigkeit aller Mahnungen Jahwes durch seine Propheten. So mußte das Unheil kommen. Insgesamt wird aus dem Gerichtswort Jeremias eine nachdrückliche Mahnung und Warnung, auch an alle später Lebenden in Gottes Volk.

Die Verwerfung der Abtrünnigen: 7[16–20]

16 Du aber, bete nicht für dieses Volk! Fang nicht an, für sie zu flehen 11[14]
und zu bitten! Dränge mich nicht! Denn ich werde dich nicht erhö-
ren. 17 Siehst du nicht, was sie in den Städten Judas und auf den Stra-
ßen Jerusalems treiben? 18 Die Kinder sammeln Holz, die Väter zün-
den das Feuer an, und die Frauen kneten den Teig, um Opferkuchen
für die Himmelskönigin zu backen. Anderen Göttern spendet man 19[13] 44[17]
Trankopfer, um mir weh zu tun. 19 Aber tun sie wirklich mir weh –
Spruch des Herrn –, und nicht vielmehr sich selbst, zu ihrer eigenen
Schande? 20 Darum – so spricht Gott der Herr: Seht, mein Zorn und
Grimm ergießt sich über diesen Ort, über Menschen und Vieh, über
die Bäume des Feldes und die Früchte des Ackers; er brennt und wird
nicht erlöschen.

Gehorsam, nicht Opfer: 7[21–28]

21 So spricht der Herr der Heere, der Gott Israels: Häuft nur Brand-
opfer auf Schlachtopfer, und eßt Opferfleisch! 22 Denn ich habe euren
Vätern, als ich sie aus Ägypten herausführte, nichts gesagt und nichts Am 5[25]
befohlen, was Brandopfer und Schlachtopfer betrifft. 23 Vielmehr gab 11[4] 31[32] 34[13]

Im zweiten Abschnitt [16–20] verbietet Jahwe seinem Propheten die Fürbitte und versagt ihm die Erhörung [16] wie 11[14] 14[11]. Der Prophet hat das bittende Gebet für das Volk, selbst für seine Gegner 15[11] als einen wesentlichen Teil seines Dienstes betrachtet. Jahwe aber hat ihm, da er das Gericht Gottes zu verkünden hatte, die Fürbitte verwehrt. Daran denken die Interpreten der Worte Jeremias auch im Zusammenhang der Tempelrede. Zur Begründung wird Jeremia auf den Götzendienst, hier den Kult der Himmelskönigin, verwiesen, bei dem die ganze Familie tätig wird, besonders die Frauen. Es ist die Fruchtbarkeitsgöttin, wohl die babylonisch-assyrische Ischtar, die Göttin des Venussterns, dessen Form vielleicht das Gebäck hatte. Dieser wie jeder andere Götzendienst kränkte Jahwe, der allein der Gott seines Volkes sein will, schadet aber in Wirklichkeit denen [19], die ihn ausüben. Denn, so sagt das abschließende Drohwort [20] in allgemeiner Sprache, Gottes Zorn kommt im Strafgericht über sie und über alles, was dieser Fruchtbarkeitskult bewirken soll.

Die Schelte [21–28] interpretiert ein Wort des Propheten [21b] aus dtn Geist auf dem Hintergrund der vorausgehenden Abschnitte. Jeremia wendet sich in seinem Spruch gegen sinnlose, durch Mißachtung des göttlichen Willens und durch Götzendienst verderbte Opfer. Sie sind nichts als ein bloßer Fleischgenuß. Darum verzichtet Jahwe auf seinen Anteil, auch auf die Brandopfer, die ihm ganz gehören und vollständig verbrannt wurden.

[22f] Das harte Wort wird zunächst geschichtlich gedeutet: Die Herausführung aus Ägypten hatte, wie das Dtn betont, die Offenbarung des Willens Jahwes, nicht den Opferdienst, zum Ziel. Durch Hören auf die Stimme Gottes, d. h. durch Gehorsam ge-

ich ihnen folgendes Gebot: Hört auf meine Stimme, dann will ich
Lev 26^{12} euer Gott sein, und ihr sollt mein Volk sein. Geht in allem den Weg,
den ich euch befehle, damit es euch gut geht. 24 Sie aber hörten nicht
3^{17} und neigten mir ihr Ohr nicht zu, sondern folgten den Eingebungen
und Trieben ihres bösen Herzens. Sie zeigten mir den Rücken und
nicht das Gesicht. 25 Von dem Tag an, als eure Väter aus Ägypten aus-
25^{4} 35^{15} 44^{4} zogen, bis auf den heutigen Tag sandte ich zu euch immer wieder alle
2 Kön 17^{23} meine Knechte, die Propheten. 26 Aber man hörte nicht auf mich und
neigte mir nicht das Ohr zu, vielmehr blieben sie hartnäckig und trie-
ben es noch schlimmer als ihre Väter. 27 Auch wenn du ihnen alle
diese Worte sagst, werden sie nicht auf dich hören. Wenn du sie
rufst, werden sie dir nicht antworten. 28 Sag ihnen also: Dies ist das
Volk, das nicht auf die Stimme des Herrn, seines Gottes, hörte und
sich nicht erziehen ließ. Die Treue ist dahin, aus ihrem Mund ver-
schwunden.

Die Greuel des Götzendienstes: 7^{29}–8^{3}

29 Schneide dein Haar ab, und wirf es weg, stimm Klage an auf den
Höhen! Denn der Herr hat das Geschlecht, dem er grollt, verworfen
und verstoßen. 30 Ja, die Söhne Judas taten, was mir mißfällt – Spruch
32^{34f} des Herrn. Sie haben in dem Haus, über dem mein Name ausgerufen

genüber seinem erklärten Willen, durch Gehen auf dem Weg, den der Herr in seiner Führung und mit seinem Wort weist, soll Israel in Verbindung mit ihm sein und bleiben, wie die Bundesformel, vgl. 11^{4} 24^{7} 31^{1} Dtn 26^{16-19}, es zusagt. Davon hängt das Wohl des Volkes ab, nicht von einem, noch dazu mißbrauchten Opferkult.

24–27 In einem gerafften Überblick wird das Verhalten des Jahwevolkes vom Auszug bis heute mit dem soeben 22f aufgestellten Maßstab beurteilt und bewertet. Diese ganze Zeit ist durch Ungehorsam, böse Eigenwilligkeit und Abwendung von Jahwe gekennzeichnet. So sieht es im Ganzen auch die dtr Geschichtsschreibung. Auch die Propheten, in denen der Herr unermüdlich mahnte und warnte (vgl. die sog. Unermüdlichkeitsformel 7^{13} 25^{4} u. ö.), haben nichts erreicht, im Gegenteil. Es ist nur noch schlimmer geworden. Auch Jeremia wird nichts bewirken, wie sich gezeigt hat.

28 So ist das Urteil, das der Prophet über das Volk aussprechen soll: Ungehorsam und Untreue, ein Fehlverhalten, das diese Menschen wesensmäßig kennzeichnet, vgl. 5^{1-3}.

Die Unheilsankündigung 7^{29}–8^{3} spricht wieder vom Götzendienst und droht ein fürchterliches Gericht an.

29 Wieder ist ein Wort Jeremias aufgegriffen, in dem Jerusalem aufgefordert wird, die Totenklage unter Zeichen der Trauer anzustimmen, weil der Herr sein Volk verstoßen hat.

30f Der Grund ist die Verehrung fremder Götter im Tempel, die auch nach der Kultreform des Joschija, wie Ez 8^{3} bezeugt, wieder eingesetzt hatte, und das Kinderopfer am Tofet, einer Kultstätte im Ben-Hin-

ist, ihre Scheusale aufgestellt, um es zu entweihen. 31 Auch haben sie
die Kulthöhe des Tofet im Tal Ben-Hinnom gebaut, um ihre Söhne 19^{5-7}
und Töchter im Feuer zu verbrennen, was ich nie befohlen habe und 2 Kön 16^{3} 21^{6}
was mir niemals in den Sinn gekommen ist. 32 Seht, darum kommen
Tage – Spruch des Herrn –, da wird man nicht mehr vom Tofet reden
oder vom Tal Ben-Hinnom, sondern vom Mordtal, und im Tofet
wird man Tote begraben, weil anderswo kein Platz mehr ist. 33 Ja, die
Leichen dieses Volkes werden den Vögeln des Himmels und den Tie-
ren des Feldes zum Fraß dienen, und niemand wird sie verscheuchen.
34 Verstummen lasse ich in den Städten Judas und auf den Straßen Je- 16^{9} 25^{10}
rusalems Jubelruf und Freudenruf, den Ruf des Bräutigams und den 33^{11} Bar 2^{23}
Ruf der Braut; denn das Land wird zur Wüste werden.
8 1 In jener Zeit – Spruch des Herrn – wird man die Gebeine der Kö-
nige von Juda, die Gebeine seiner Beamten, die Gebeine der Priester, Bar 2^{24}
die Gebeine der Propheten und die Gebeine der Einwohner Jerusa-
lems aus ihren Gräbern holen. 2 Man wird sie hinstreuen vor die Dtn 4^{19}
Sonne, den Mond und das ganze Himmelsheer, denen ihre Liebe
galt, denen sie dienten und nachliefen, die sie befragten und anbete-
ten. Sie werden weder gesammelt noch bestattet werden. Dünger auf
dem Acker sollen sie sein. 3 Besser als das Leben wäre der Tod auch
für den Rest, für alle, die übrigbleiben von diesem bösen Geschlecht
an allen Orten, überall, wohin immer ich sie verstoße – Spruch des
Herrn der Heere.

nom-Tal. Es wurde dem Baal 19^{5}, möglicherweise sogar einem kanaanisierten Jahwe, dargebracht, indem die Kinder lebendig oder getötet verbrannt wurden. Gewiß gehören die Erstgeborenen Jahwe Ex 13^{2} 22^{28}, aber sie müssen ausgelöst Ex 34^{20}, nicht geopfert werden. Dieses Opfer ist ein Greuel für Jahwe; dementsprechend furchtbar ist die Strafe.

32–34 Der Ort der Sünde wird zur Stätte des Gerichts. So viele fallen ihm zum Opfer, daß das Tal Ben-Hinnom künftig seinen Namen von diesem Morden hat und die Menschen auch an der dortigen Kultstätte begraben werden müssen, was diese für immer entweihen wird. Ja, man kann die Toten, die dann keine Ruhe mehr finden werden, nicht alle bestatten. Die Verwüstung ist so groß, daß keinerlei Freude mehr aufkommen wird, vgl. 16^{9} 25^{10}.

8^{1-3} Noch einen Anlauf nimmt das Gerichtswort, um die Strafe zu verschärfen. Man plündert die Gräber der Bestatteten und zerstreut ihre Gebeine; wahrscheinlich ist an beutegierige Feinde gedacht, die es schon in alter Zeit auf die reichen Grabbeigaben abgesehen hatten. Sarkastisch wird gesagt, daß diese Menschen, wenn ihre Gebeine unter dem offenen Himmel bleichen und zerfallen, den Gestirnkult weiter ausüben können, den sie im Leben getrieben haben, vgl. 2 Kön $21^{3.5}$ 23^{4f}. Als noch schlimmer sieht ein weiterer Ergänzer 3 das Leben im Exil an. Das Ganze ist eine schreckliche Schilderung der Leiden, die als Strafe Jahwes, wie die Verfasser wissen, über Jerusalem kamen. Ihr Ziel aber ist, zu mahnen und zu warnen und die Menschen zu einem echten, mit einem gottverbundenen und

Abkehr und Strafe: 8^{4-23}

4 Du sollst zu ihnen sagen: So spricht der Herr:
Wer hinfällt, steht der nicht wieder auf?
Wer vom Weg abkommt,
kehrt der nicht wieder zurück?
31^{22} 49^{4} 5 Warum wendet dieses Volk sich ab [Jerusalem]
2^{19} $3^{6.8.11f.22}$ 5^{6} und beharrt auf der Abkehr?
14^{7} Hos 14^{5} Warum hält es am Irrtum fest,
weigert sich umzukehren?
6 Ich horche hin und höre:
Schlechtes reden sie,

8^{5} Wendet sich ab: *šōbeb.* – Jerusalem, ein zweites Subjekt im Satz, fehlt in G und ist wohl verdeutlichende Glosse.

8^{6} M: »Ich horchte hin und hörte«. – Wörtlich: »Jeder wendet sich ab in seinem Laufen«.

nach dem Willen des Herrn gestalteten Leben übereinstimmenden Gottesdienst aufzurufen.

8^{4}–9^{25} Die nächste große Redeeinführung nach dem Redeauftrag von 8^{4} folgt in $10^{1.2a\alpha}$. Daraus darf man schließen, daß der zwischen $8^{4a\alpha}$und 10^{1} stehende Text als ein großer, thematisch von Schelte, Drohung und Klage bestimmter Abschnitt aufgefaßt werden soll, der an 7^{1}–8^{3} mit der formelhaften Einführung in 8^{4} – sie greift wörtlich auf $7^{2.3}$ (»du sollst ihnen sagen« – »sprich« 7^{2}; »so spricht der Herr« 7^{3}) zurück – angeschlossen ist. Die Redaktion sieht also anscheinend diesen Text anläßlich oder im Anschluß an die Tempelrede gesprochen. In 8^{4}–9^{23} sind verschiedene Prophetenworte aneinandergereiht. Vielleicht bilden Schelt- und Drohworte, wie sie in $8^{4-7.13-17}$ 9^{1-8} ausgerufen werden, das Gerüst dieser Sammlung. Möglicherweise hat die klagende Einleitung in 9^{1} die vorausgehende Klage 8^{13-23} und auch 9^{16-21} an sich gezogen. Von der »Rechtsordnung des Herrn« spricht 8^{7}, vom »Gesetz des Herrn« 8^{8}, vom »Weisen« 8^{9} und $9^{11.22}$; 9^{1} und 8^{23} beginnen gleichlautend (*mī jitten[ni]*). Inhaltliche Ähnlichkeit und Anknüpfung mittels Stichwörtern haben demnach anscheinend den Redaktor geleitet.

8^{4-7} Nach der redaktionellen Einleitung, die das Prophetenwort als Jahwewort qualifiziert, beginnt Jeremia – er spricht, siehe $^{6.7}$ – mit einer Frage, die leicht zu beantworten ist und in ihrem zweiten Teil das Leitwort (*šūb* »umkehren«) dieses Ausspruchs bringt: Natürlich steht jemand, der hingefallen ist, sofort auf; ohne Zögern und notwendigerweise entschließt sich einer, der sich verirrt hat, zur Umkehr. Bei Israel ^{5} müßte es ebenso sein. Die Warum-Frage läßt nur die Antwort zu: Das ist unbegreiflich. Abtrünnigkeit, mangelnder Wille zur Umkehr ist das Kennzeichen dieses Volkes. Falsche Erkenntnis und verkehrte Einstellung verursachen den Irrtum, indem die Menschen sich selbst betrügen, ähnlich den falschen Propheten 14^{14} 23^{26}. An diesem irrigen, trügerischen Weg halten sie fest. Jeremia spricht solche schwere Vorwürfe nicht leichtfertig aus. Er hat genau aufge-

keiner bereut sein böses Tun und sagt:
Was habe ich getan?
Jeder wendet sich ab und läuft weg,
schnell wie ein Roß, das im Kampf dahinstürmt.
7 Selbst der Storch am Himmel kennt seine Zeiten;
Turteltaube, Schwalbe und Drossel
halten die Frist ihrer Rückkehr ein;
mein Volk aber kennt nicht
die Rechtsordnung des Herrn. 54f
8 Wie könnt ihr sagen: Weise sind wir,
und das Gesetz des Herrn ist bei uns?
Ja! Aber der Lügengriffel der Schreiber
hat es zur Lüge gemacht.

8[8] Wörtlich: »Fürwahr, siehe zum Trug arbeitet der trügerische Griffel der Schreiber«. Oft wird *h* von *ʿāśāh* als Suffix der 3. sing. fem. verstanden und wie in der EÜ auf das Gesetz Jahwes bezogen. M ist nicht dieser Auffassung, auch nicht G (εἰς μάτην ἐγενήθη σχοῖνος ...) und Aq (διὰ τοῦτο εἰς ἄδικον ἐποίησεν γραφεῖον ...); s. die Auslegung.

paßt und hingehört und täuscht sich nicht, vgl. 5[4] 6[9.27]. Sie reden so, wie es nicht recht ist, ein Zeichen ihrer Gesinnung und ihres Tuns. Sie sehen keinen Grund für Reue und Umkehr. Die Frage: Was habe ich getan?, wird gar nicht gestellt, es sei denn als Ausdruck der Schuldlosigkeit wie 1 Sam 20[1] 26[18] 29[8]: Ich bin mir keiner Schuld bewußt. Man läuft unaufhaltsam von Jahwe weg wie ein Roß, das im Kampfgetümmel nicht mehr zu halten ist. Wir kennen das Bild von der schiefen Bahn, auf der es kein Halten mehr gibt. Ein erneuter Vergleich aus der Tierwelt beleuchtet das unbegreifliche Verhalten des Volkes, das nicht »aufsteht« und nicht umkehrt [4] von einer anderen Seite [7]: Die Vögel in der Luft (hebr.: am Himmel), die niemand zwingen und beeinflussen kann und die weder einer Aufsicht noch eines Mahners bedürfen, kennen ihre Ordnung (*mišpaṭ*), die ihnen von Gott gegeben ist. Hingewiesen wird auf die Zugvögel, die genau wissen, wann sie zurückkehren müssen und ihre Zeit auch einhalten. Das Jahwevolk aber kennt die Rechtsordnung (*mišpaṭ*) nicht, die ihm sein Gott kundgetan hat. Jesaja verwendet das Bild von Ochs und Esel (1[3]), um ebenfalls die Uneinsichtigkeit der Jerusalemer zu tadeln. Man nimmt den Willen Jahwes einfach nicht, wie es naturgemäß bei dem Volk sein müßte, das nach ihm benannt ist, zur Kenntnis. Ein solches Verhalten ist widernatürlich. Unvernünftige Tiere beschämen das Gottesvolk; sie tun von selbst und verläßlich das Richtige.

8[8.9] Im redaktionellen Zusammenhang mit [4–7] erscheint [8] als Widerrede auf den Vorwurf, daß Gottes Wille nicht zur Kenntnis genommen wird. Ursprünglich waren [8.9], die nicht wie [4–7] über das Volk sprechen, sondern die Weisen anreden, selbständig. Das Scheltwort wendet sich gegen eine bestimmte Gruppe, die angeblich die Tora Jahwes besitzt. Es ist der Stand der Weisen, die anscheinend auch als Schreiber, also wohl als hohe königliche Beamte fungie-

9 Zuschanden werden die Weisen,
sie stehen bestürzt da und werden gefangen.
Das Wort des Herrn haben sie verworfen,
und ihre eigene Weisheit, was nützt sie ihnen?
10 Darum gebe ich ihre Frauen an Fremde,
ihre Felder an Eroberer.
6¹³⁻¹⁵ Sind sie doch alle, vom Kleinsten bis zum Größten,
nur auf Gewinn aus;
vom Propheten bis zum Priester
betrügen sie alle.
11 Den Schaden der Tochter, meines Volkes,
möchten sie leichthin heilen, indem sie rufen:
Heil, Heil! Aber kein Heil ist da.
12 Schämen müßten sie sich, weil sie Greuel verüben.
Doch sie schämen sich nicht;

8^9 Ihre eigene Weisheit: *w^eḥòkmātām,* in M Haplographie.
8^{10-12} fehlt in G, wohl nachträgliche Zufügung.

ren. Erst im Judentum sind die Schreiber die sogenannten Schriftgelehrten (γραμματεῖς), die wir z. B. aus dem NT kennen. Die Weisen behaupten, die Tora sei »mit« ihnen. Das ist wohl, anders als 18^{18}, nicht so zu verstehen, daß sie »Weisung« (*tōrāh*) zu erteilen vermögen. Allem Anschein nach haben sie das geschriebene Gesetz in Händen, haben es aufgezeichnet und bearbeitet. Jeremia bestreitet ihren Besitz der Tora nicht. Aber er bestreitet, daß sie wirklich weise sind, weil ihnen die rechte Einsicht und Erkenntnis fehlt. Er klagt sie an, daß sie Trug, Lüge aufschreiben und als Weisung Jahwes ausgeben. Es ist nicht gemeint, daß die Weisen, wohl aus den Kreisen der Priester, die mit der Tora umzugehen hatten, die Weisung des Herrn schon durch die schriftliche Fixierung an sich zur Lüge machen, als solle sie nur mündlich weitergegeben werden. Auch an eine Fälschung durch Hinzufügung unheilvoller Gesetze und unerträglicher Vorschriften (Jes 10^1), so daß das Ziel der göttlichen Anweisung sinnwidrig verkehrt würde, ist nicht gedacht. Schon gar nicht spricht der Text von Ausführungsbestimmungen im Dtn, die prophetischem Geist widersprochen hätten (Duhm u. a.). Schließlich ist auch nicht die Rede davon, daß die Priester Kultus, Opfergesetze und überhaupt äußeres Getue an die Stelle der sittlichen Anweisungen Jahwes stellten. Der Vorwurf zielt vielmehr darauf, daß diese Leute ihre eigene Ansicht als göttliche Weisung aufschreiben, um sich dann darauf berufen zu können, aber das Wort Jahwes, das aktuell den göttlichen Willen verkündet, ablehnen und zurückweisen ^{9}. Doch ihre eigene Weisheit, die sie fälschlich als Tora ausgeben und an die Stelle des Gotteswortes setzen, wird ihnen nicht helfen. Sie werden vom Gericht des Herrn getroffen. Jeremia sieht es so klar voraus, als sei es bereits geschehen (Perf. im hebr. Text).

In $^{10-12}$ wird dies unter Heranziehung eines prophetischen Gerichtswortes, das fast gleichlautend auch 6^{12-15} steht, verdeutlicht, siehe dort.

Scham ist ihnen unbekannt.
Deshalb müssen sie fallen,
wenn die anderen fallen.
Sobald ich sie zur Rechenschaft ziehe,
werden sie stürzen, spricht der Herr.
13 Will ich bei ihnen ernten – Spruch des Herrn –,
so sind keine Trauben am Weinstock, 2[21f]
keine Feigen am Feigenbaum, Mk 11[13]
und das Laub ist verwelkt.
Darum habe ich für sie Verwüster bestellt.
14 Warum sitzen wir da? Sammelt euch!
Hinein in die befestigten Städte!
Dort werden wir umkommen;
denn der Herr, unser Gott, läßt uns umkommen.
Er läßt uns Giftwasser trinken, 9[14] 23[15]
weil wir gesündigt haben gegen den Herrn.

8[13] Will ich bei ihnen ernten: *'osef '[a]sīfām,* vgl. G. – Der letzte Satz fehlt in G. M ist schwer zu deuten, etwa: »ich gebe ihnen, die über sie kommen (hinweggehen)«. EÜ liest wohl *j[e]ba[ca]rūm* (die sie verwüsten).

[13–17] Mit der Formel »Spruch Jahwes« am Anfang [13] und am Ende [17] gezeichnet, bringt der Abschnitt ein drohendes Jahwewort: [13.(16.)17], in das Aussagen des Volkes [14.15] eingeschoben sind. Jahwe sucht Früchte, Taten, die seinem geoffenbarten Willen entsprechen; doch Weinstock und Feigenbaum sind unfruchtbar und, wie das verwelkte Laub zeigt, in der Wurzel verdorben. Der Weinstock ist ein häufig verwendetes Bild für Israel, vgl. z. B. Ps 80[9] Hos 10[1]. Bei Hos 9[10] werden Israels Väter mit den Feigen am Feigenbaum verglichen, und Jer 24[1–8] werden die Israeliten unter dem Bild zweier Körbe voll Feigen dargestellt. Es kann also nicht zweifelhaft sein, wer [13] gemeint ist: das von Jahwe erwählte Volk, das seiner Berufung nicht entspricht, sondern im Handeln versagt und im Wesen verdorben ist. Darum gibt Gott es preis, ja läßt sogar den Verwüster kommen. Der unfruchtbare Baum soll umgehauen werden, vgl. Lk 13[7]. Schon hört Jeremia den Schrei der Getroffenen, ein Wort der Verzweiflung, wie die aus dem Klagelied des Volkes 14[19–22] entnommene Feststellung 14[19b] in [15] richtig sagt. Die Aufforderung, in die festen Städte zu fliehen [14], ist eigentlich sinnlos. Denn dort wird man höchstens eine Zeit lang sicher sein, dann aber, wenn nicht bei der Eroberung, so doch durch Hunger und Durst zugrundegehen. Hinter dem Feind steht nämlich Jahwe; vor ihm gibt es kein Entrinnen. Wie tödliches Gift, gegen das es kein Gegenmittel gibt, wird sein Gericht wirken. Auch die Einsicht, gegen Jahwe gesündigt zu haben, nützt dann nichts mehr. [16] kann als Jahwewort, das das Heranrücken des Feindes aus dem Norden ansagt, vgl. 4[15], verstanden werden; von Dan her, vom äußersten Ende des davidischen Reiches her, hört man bereits das Getöse des feindlichen Heeres. Nichts bleibt bei dieser Invasion übrig. Das ganze Land samt allen Städten wird verheert, alle Bewohner gehen zugrunde. Noch ein-

1419 15 [Wir hofften auf Heil,
doch kommt nichts Gutes,
auf die Zeit der Heilung,
doch ach, nur Schrecken!]
16 Man hört von Dan her das Schnauben der Rosse,
vom Wiehern seiner Hengste bebt das ganze Land.
Sie kommen und fressen
das Land und seinen Ertrag,
die Stadt und ihre Bewohner.
17 Denn seht, ich sende giftige Schlangen unter euch,
gegen die es keine Beschwörung gibt;
sie werden euch beißen,
[– Spruch des Herrn –] und es gibt keine Heilung.
18 Kummer steigt in mir auf,
mein Herz ist krank.

8^{17} »Spruch des Herrn« fehlt in G.

$8^{17/18}$ Und es gibt keine Heilung: *mibb^{e}lī g^{e}hot* (zu ^{17}), vgl. G, M ist verderbt. – Steigt auf: *ja^{ca}laeh*; M: »auf«.

mal nimmt Jahwe zu einem neuen Bild seines richtenden Handelns das Wort. Wieder ist von Gift, von giftigen Schlangen diesmal, die Rede. Vielleicht haben die Stichworte »Gift« ^{14} und Dan ^{16}, der im Jakobsegen mit der Schlange am Weg verglichen wird (Gen 49^{17}), das Bild von ^{17} hervorgerufen. Dabei mag die Erinnerung an die Schlangenplage in der Wüste mitschwingen (Num 21^{4-9}). Diesmal aber gibt es kein Entrinnen. Da hilft keine Beschwörung (Koh 10^{11}), für die man eigens ausgebildete Leute hatte (Jes 3^{3}), und kein Amulett (vgl. Jes 3^{20}); die Schlangen beißen zu. Und Heilung ist unmöglich.

$^{18-23}$ Es wäre verwunderlich, wenn der Prophet, der schon einmal wegen des drohenden Unheils aufgeschrien hatte 4^{19ff}, bei solcher drohender Vernichtung für sein Volk geschwiegen hätte. Der Abschnitt, der durch die Redaktion hierher gestellt worden ist – er nimmt nicht auf die vorausgehenden Drohworte Bezug –, will die Reaktion zeigen, wie sie Jeremia bei der Unheilsverkündigung überkommt. Er kann nicht distanziert sprechen; er leidet unter den Drohungen, die er im Auftrag Gottes ausrufen muß, denn er weiß sich mit seinem Volk eng verbunden. Bis ins Innerste wird er vom Gericht getroffen, das er ansagen muß, lange bevor es eintritt. Kummer, wie ihn die Bedrängten erleben (Ps 13^{3} 31^{11} 107^{39}), Kummer so schwer, daß er den Tod bringen kann (Gen 42^{38} 44^{31}), erfaßt den Propheten, vgl. auch 20^{18}, wie auch seinen Freund und Helfer Baruch (45^{3}). Kummer wird auf dem Volk nach seiner Verschleppung liegen und sich erst wieder in der Heimkehr lösen (31^{13} Jes 35^{10} 51^{11}). Und nach der Strafe Jahwes wird auch Jerusalem klagen: Mein Herz ist krank (Klgl 1^{22}). So leidet Jeremia ^{21} am Zusammenbruch seines Volkes.

Die ursprüngliche Situation, in der der Prophet die Klage gesprochen hat, wird trotz ^{20} nicht klar. Manche

19 Horch! Die Tochter, mein Volk,
schreit aus einem fernen Land:
Ist denn der Herr nicht in Zion,
oder ist sein König nicht dort?
[Warum haben sie mich erzürnt
mit ihren Götterbildern, mit den fremden Götzen?] 1 Kön 16 13.26
20 Die Ernte ist vorüber, der Herbst ist vorbei,
uns aber ist nicht geholfen worden.
21 Der Zusammenbruch der Tochter, meines Volkes, Klgl 2 11 3 48
hat mich gebrochen,
traurig bin ich, Entsetzen hat mich gepackt.
22 Gibt es denn keinen Balsam in Gilead, 46 11
ist dort kein Wundarzt?
Warum schließt sich denn nicht
die Wunde der Tochter, meines Volkes?

8 19 Aus einem fernen Land: *me'aeraeṣ marḥaqqīm,* eher: »aus dem Land weit und breit«, vgl. Jes 33 17.

denken wegen des Hinweises auf Ernte und Herbst an eine Hungersnot. Andere meinen, es handele sich in 20 um ein Sprichwort: Hilfe, die fest in Aussicht stand, ist nicht eingetroffen. Nach 19.21 ist das Unglück nicht erst zu erwarten; es ist traurige Gegenwart. Das Volk fragt klagend nach der Präsenz seines Gottes in Zion. Dort ist Jahwe, seit der Tempel erbaut ist, zum Heil seines Volkes gegenwärtig. Er ist der eigentliche König seines Volkes, der ihm vorangeht, es führt und ihm zum Recht verhilft, vor allem dadurch, daß er die Feinde überwindet. An ihn appelliert Israel, um seine Hilfe fleht es. So spricht und argumentiert das Volk in der Verbannung nicht. In Babel liegt, wie Ezechiel (33 10 18 2) und Deuterojesaja (Jes 40 27) erlebten, lähmende Verzweiflung auf den weggeführten Judäern. Jahwe hatte sich gegen sie entschieden und sie den Feinden ausgeliefert (Jes 42 24). Sie waren eher in Gefahr, dem Kult fremder Götter zu erliegen (Jes 41 21-29 44 9-20 46 1-7 Ez 14 1-11), als daß sie zu Jahwe geschrien hätten. Das Volk lebt bei diesem Jeremiawort noch in seiner Heimat. Weit und breit im Land 19 ertönt der Hilfeschrei, der den in Zion gegenwärtigen Gott zum Eingreifen bewegen will. Die Antwort Jahwes 19b ist nachträglich eingefügt; sie lehnt mit dtr Interpretation die Hilfe ab.

Jeremia kann das Elend seines Volkes nicht ohne tiefe Trauer und Betroffenheit mitansehen 21. Er bricht zusammen. Das furchtbare Unglück überwältigt ihn. Der Prophet spricht von Erschlagenen 23 und vom Zusammenbruch 21, wie er beim Eindringen eines übermächtigen Feindes eintritt (4 6.20 6 1.22f 48 3.5). Das Volk gleicht nach dem feindlichen Überfall einem Schwerverwundeten 22, vgl. Jes 1 5f; doch Heilung ist nicht in Aussicht. Bildlich gesprochen: Weder Medikamente noch ein Arzt stehen zur Verfügung. Balsam ist ein wohlriechendes Harz, wohl des Mastixstrauchs, vgl. 46 11 Gen 37 25 Ez 27 17. So bleibt nur das dauernde Entsetzen und unaufhörliche Klage 23.

23 Ach, wäre mein Haupt doch Wasser,
mein Auge ein Tränenquell:
Tag und Nacht beweinte ich
die Erschlagenen der Tochter, meines Volkes.

Die Klage über Juda: 9^{1-25}

9^{1} Hätte ich doch eine Herberge in der Wüste!
Dann könnte ich mein Volk verlassen
und von ihm weggehen.
Denn sie sind alle Ehebrecher,
eine Rotte von Treulosen.
2 Sie machen ihre Zunge zu einem gespannten Bogen;
Lüge, nicht Wahrhaftigkeit herrscht im Land.
Ja, sie schreiten von Verbrechen zu Verbrechen;
mich aber kennen sie nicht – Spruch des Herrn.
12^{6} Ps 41^{10} 3 Nehmt euch in acht vor eurem Nächsten,
Mi 7^{5} keiner traue seinem Bruder!

9^{2} Wahrhaftigkeit herrscht: *ʾaemūnāh gābᵉrāh*, vgl. G, M: »und nicht in Wahrhaftigkeit herrschen sie«. – »Spruch Jahwes« fehlt in G, ebenso ^{5}.

9^{1-8} Ganz anderer Art ist der klagende Ausruf, mit dem dieser Abschnitt beginnt. Es ist eine Klage über die Verdorbenheit des Volkes, zu dem Jeremia gesandt ist. In diese klagende Schelte des Propheten ist, wohl nachträglich (^{8} = $5^{9.29}$, zu $^{2.5}$ vgl. $5^{3.5}$ $8^{5.7}$ Hos 5^{4}, zu ^{6} vgl. $6^{27.29}$), ein Scheltwort $^{2b.5b}$ und Drohwort $^{6.8}$ Jahwes eingeblendet, die aussagen sollen, daß die Strafe für die beklagten Vergehen nicht ausbleiben kann. Der Prophet möchte am liebsten weit weggehen, in der Einsamkeit der Wüste verweilen, zufrieden mit einer Hütte, wie sie Reisenden als behelfsmäßiger Unterschlupf dient. Er will sein Volk verlassen, nicht weil er sich selbst bedroht sähe wie Elija (1 Kön 19), sondern um das böse Tun und Treiben nicht mehr mitansehen zu müssen: Ehebruch, Treulosigkeit, Verleumdung, Lüge und Bosheit.
Vor allem sind es Sünden, die mit der Zunge begangen werden $^{2-4.7}$. In alledem zeigt sich eine Mißachtung Jahwes, nicht nur Unkenntnis seines Wesens und Willens; so sagt er selbst. Die Prophetenrede geht in ^{2b} in die Rede Gottes über. Die Zunge, von der anscheinend alles Übel ausgeht, wird im Bild als Bogen ^{2}, der die Pfeile der bösen Worte abschießt, und als todbringender Pfeil ^{7} bezeichnet. Böse Reden stoßen die Untaten an und begleiten sie. Sie richten sich gegen die Glieder des eigenen Volkes $^{3.4}$, die sich wegen der gleichen Beziehung zu Jahwe nahestehen und brüderlich handeln müßten. Aber Vorbehalte und Mißtrauen bestehen und scheinen sogar angebracht zu sein, wie der Prophet sagt; denn wie sollte man sich sonst vor dem vielfältigen betrügerischen Treiben schützen. In dem Satz »denn jeder Bruder betrügt« spielt das Verbum (*ᶜāqōb jaᶜqob*) auf den Namen Jakob an, vgl. Hos 12^{4} Gen 25^{26} 27^{36},

Denn jeder Bruder betrügt,
und jeder Nächste verleumdet. 6^{28}
4 Ein jeder täuscht seinen Nächsten,
die Wahrheit reden sie nicht.
Sie haben ihre Zunge ans Lügen gewöhnt,
sie handeln verkehrt, zur Umkehr sind sie zu träge.
5 Überall Unterdrückung, nichts als Betrug!
Sie weigern sich, mich zu kennen –
Spruch des Herrn.
6 Darum – so spricht der Herr der Heere:
Ja, ich werde sie schmelzen und prüfen;
denn wie sollte ich sonst verfahren
mit der Tochter, meinem Volk?
7 Ein tödlicher Pfeil ist ihre Zunge,
trügerisch redet ihr Mund;
»Friede« sagt man zum Nächsten,
doch im Herzen plant man den Überfall.
8 Sollte ich sie dafür nicht bestrafen $5^{9.29}$
– Spruch des Herrn –
und an einem solchen Volk keine Rache nehmen?
9 Erhebt über die Berge hin Weinen und Klagen,
über die Weideplätze der Steppe ein Totenlied!

$9^{4/5}$ Sie ... träge: *hae^{cae}wū* ... ^{5} *šub tok*, vgl. G; M ist verderbt.
9^{5} Wörtlich: »Bedrückung auf Bedrückung, Betrug auf Betrug«.
9^{6} Besser mit G: »angesichts der Bosheit *(rā^{c}at)* der Tochter, meines Volkes«.
9^{7} Wörtlich: »Betrug redet er mit seinem Mund«.
9^{9} Erhebt: *ś^{e}'ū*,mit G; M: »ich erhebe«.

der seinen Bruder hinterging und seinen Vater täuschte, eine Geschichte, die als Warnung vor dem Volk Gottes steht und sich doch immer wiederholt.
Aussicht auf eine Wandlung besteht nicht. ^{5} Umkehr würde Anstrengung des Willens bedeuten; das scheut man. Jahwes Urteil steht deshalb fest, vgl. ^{2}: Sie verweigern die Anerkennung des Herrn und die Hinwendung zu ihm und seiner Weisung. ^{6} Er wird nicht untätig bleiben, sondern das Böse und die Bösen sorgfältig und restlos durch sein Gericht ausscheiden. Es bleibt ihm, menschlich betrachtet, keine andere Wahl »angesichts der Bosheit der Tochter, meines Volkes«. Zu der Wendung »Tochter, mein Volk« im Mund Jahwes und des Propheten, vgl. 4^{11} $8^{11.19}$ 14^{17}. Von Vernichtung ist hier nicht die Rede, wohl aber von einem Gericht der Läuterung. ^{8} bringt demgegenüber eine Verschärfung, wohl wegen der Anschuldigung in ^{7}, die von Hinterlist und Tücke spricht: Jahwe straft und ahndet das begangene Unrecht, das sich nicht nur gegen den Nächsten, sondern auch gegen ihn richtet.
^{9} Nach dem hebr. Text ist dieser Vers ein Prophetenwort. Vielfach wird er mit G als Aufforderung zur Totenklage verstanden, damit er als Jahwewort in den Zusammenhang –

Denn sie sind verwüstet, niemand zieht hindurch,
und sie hören die Stimme der Herden nicht mehr.
Von den Vögeln des Himmels bis zum Vieh
ist alles geflohen, auf und davon.
26^{18} 10 Jerusalem mache ich zum Trümmerhaufen,
zur Behausung für Schakale.
Judas Städte mache ich zum Ödland,
das niemand bewohnt.

11 Wer ist so weise, daß er dies einsieht? Zu wem hat der Mund des
Herrn geredet, daß er verkünden kann, warum das Land zugrunde
geht, warum es verwüstet ist gleich der Wüste, die niemand durch-
zieht? 12 Der Herr erwiderte: Weil sie meine Weisung aufgaben, die
ich ihnen vorgelegt habe, nicht auf meine Stimme hörten und nicht
3^{17} meine Weisung befolgten, 13 sondern dem Trieb ihres Herzens
folgten und den Baalen nachliefen, an die ihre Väter sie gewöhnt hat-
8^{14} 23^{15} ten. 14 Darum – so spricht der Herr der Heere, der Gott Israels: Ich
gebe ihnen [diesem Volk] Wermut zu essen und Giftwasser zu trin-
ken. 15 Ich zerstreue sie unter die Völker, von denen weder sie noch
49^{37} ihre Väter wußten, und schicke das Schwert hinter ihnen her, bis ich
sie vernichtet habe.

9^{14} Diesem Volk: Zusatz, der in G fehlt.

in $^{8.10}$ spricht Jahwe – eingebunden werden kann, doch kaum mit Recht. Jeremia, der wegen des göttlichen Strafgerichts über sein Volk unter Kummer und Weh zu zerbrechen droht $8^{18.21}$, stimmt unter Tränen 8^{23} das Totenlied an: Totenstille herrscht; Menschen und Tiere sind verschwunden; niemand will das verwüstete Land mehr betreten. Eine schaurige Vorahnung von dem, was kommen wird.

^{10} nennt den Grund. Der Herr selbst droht das Strafgericht an: Jerusalem wird zu einem Steinhaufen, der Wüste gleich, wo die Schakale hausen, vgl. 10^{22} (die Städte) 49^{33} (Hazor) 51^{37} (Babel); Judas Städte werden menschenleer sein, vgl. 2^{15}.

$^{11-13}$ In Frage und Antwort wird das Strafwort ^{10} samt seinen Folgen ^{9b} noch einmal überdacht und in einer von der Nachinterpretation veranstalteten weisheitlich geprägten Reflexion begründet. Der Prophet, zu dem der Mund des Herrn geredet hat, wird gleichsam von den weisen, gelehrten Auslegern unter Zitierung seiner Worte gefragt, warum das Strafgericht über das Land hereinbreche. Jahwe antwortet selbst im dtr Sprachgewand (»meine Weisung aufgeben«, »auf meine Stimme hören«, »die Weisung Jahwes befolgen«). Mit solchen und ähnlichen Wendungen wird im dtr Geschichtswerk Israels Sünde umschrieben. Jahwe hat man verlassen und folgt seinem verhärteten Herzen, also seinem eigenen, von Gott abgewendeten Willen. Man dient den Baalen, den fremden Göttern. Der geschichtliche Zusammenhang ist offenkundig. Es ist kein zufälliges zeitweiliges Versagen. Der Abfall von Gott geschieht seit Generationen.

$^{14.15}$ An diesen Schuldaufweis ist ein Gerichtswort Jahwes angeschlossen, das dem Volk zunächst die Strafe ankündigt, die den falschen Prophe-

16 So spricht der Herr der Heere:
Begreift es! Ruft die Klagefrauen herbei!
Schickt nach den weisen Frauen! Sie sollen kommen.
17 Schnell sollen sie kommen
und Klage über uns anstimmen,
so daß unsre Augen von Tränen fließen
und unsre Wimpern von Wasser triefen.
18 Da, horch, ein Klagelied ist aus Zion zu hören:
Ach, wie sind wir mißhandelt,
in große Schande gestürzt!
Wir müssen die Heimat verlassen,
unsre Wohnungen hat man zerstört.

9^{16} So spricht der Herr der Heere: fehlt zum Teil in G; ebenso fehlt in G: Begreift es; sie sollen kommen. ^{16} lautet wohl ursprünglich: »Ruft die Klagefrauen; sie sollen kommen. Schickt nach den weisen (Frauen); ^{17} sie sollen eilen und Klage ...«

9^{18} Wörtlich: »Denn wir haben das Land verlassen; denn sie haben unsere Wohnungen hingeworfen«.

ten droht (zu ^{14} vgl. 23^{15}): ein bitteres Ende. Es besteht in der Verbannung, der Zerstreuung unter die Völker, wie mit ezechielischer Ausdrucksweise (vgl. Ez 12^{15} 20^{23} 22^{15} 29^{12} 36^{19}) gesagt wird. Aber auch dort werden sie noch vom Schwert bedroht (vgl. 24^{10} 29^{17}). Der Autor von $^{14.15}$ lebt bereits im Exil und fürchtet, daß Jahwes Volk völlig vernichtet werden könnte.

$^{16-21}$ bringen wiederum eine Klage. Sie ist nachträglich überarbeitet worden, wie G noch teilweise bezeugt (s. Anm. zum Text). Wenn man die Zusätze wegläßt, ergibt sich ein klarer metrischer Aufbau: Die Klage in ^{18} und die Totenlieder $^{20.21}$ sind im klagenden Metrum, dem sog. Qina- (= Klage)Vers gesetzt, das übrige im Versmaß 3 + 3. Ursprünglich spricht nicht Jahwe, sondern das Volk, (»Klage über *uns* anstimmen«), mit dem sich Jeremia anscheinend zusammenschließt. Man schickt nach den Klagefrauen, die Verstorbene berufsmäßig beweinen und sich auch auf alles verstehen, was mit den Toten(geistern) zusammenhängt; deswegen werden sie weise genannt. ^{17} Das ganze Volk soll sich an der Klage beteiligen, obwohl es selbst Gegenstand der Klageschreie ist. ^{18} Was aus Zion zu hören ist und den Grund für die Trauerveranstaltung bildet, ist weder dem Inhalt noch der Bezeichnung nach Totenklage. Ein schreckliches Unglück ist über die Menschen hereingebrochen; es wird nicht näher beschrieben. Der Text spricht von Zerstörung und Minderung der Existenz. Die Erläuterung, die begründend (s. Anm. zum Text) beigefügt ist, verweist auf das Exil, in dem sich die in Zion Klagenden noch nicht befinden können. In ^{19} ergeht der Aufruf zum Hören an die Frauen allgemein: Sie sollen einander und ihren Töchtern das folgende Totenlied lehren, so daß es möglichst von allen gesungen werden kann und lange Zeit nicht verstummt. Das hochpoetische Lied $^{20.21}$ zeichnet den Tod als Räuber, der nicht nur im Freien alles zusammenrafft, wessen er habhaft

19 Ja, hört, ihr Frauen, das Wort des Herrn,
euer Ohr vernehme das Wort seines Mundes.
Lehrt eure Töchter die Klage,
eine lehre die andere das Totenlied:
20 Der Tod ist durch unsre Fenster gestiegen,
eingedrungen in unsre Paläste.
Er rafft das Kind von der Straße weg,
von den Plätzen die jungen Männer.
16^{4} 25^{33} 21 Die Leichen der Leute
liegen wie Dünger auf dem Feld,
wie Garben hinter dem Schnitter;
keiner ist da, der sie sammelt.

22 So spricht der Herr:
Der Weise rühme sich nicht seiner Weisheit,
der Starke rühme sich nicht seiner Stärke,
der Reiche rühme sich nicht seines Reichtums
1 Kor 1^{31} 23 Nein, wer sich rühmen will, rühme sich dessen,
2 Kor 10^{17} daß er Einsicht hat und mich erkennt,
daß er weiß: Ich, der Herr, bin es,
der auf der Erde Gnade, Recht und Gerechtigkeit schafft.
Denn an solchen Menschen habe ich Gefallen
– Spruch des Herrn.

9^{19} Das Wort ... Mundes: ist späterer Zusatz; denn auch die Totenlieder $^{20.21}$ sind kein Jahwewort (»unsere Fenster ... unsere Paläste«).

9^{21} Rede, so (ist) der Spruch des Herrn, mit dem ^{21} beginnt: fehlt in G und ist von der EÜ weggelassen; auch ^{21} ist kein Jahwewort. – Dünger: ist metrisch überschüssig und stört das Bild vom Schnitter; das Wort ist nach 8^{2} (16^{4} 25^{33}) zugefügt.

wird, sondern auch durch noch so feste Häuser nicht abgehalten wird. Niemand kann ihm entgehen oder sich vor ihm schützen. Er wird mit dem Schnitter verglichen, der alles niedermäht. Bei dem großen Sterben unter dem Gericht Jahwes ist auch keiner da, der die Garben einsammelt, die Toten begräbt. So werden die Leichen, wie der Zusatz sagt, zum Dünger auf dem Acker. Das Bild vom Schnitter Tod, oft dargestellt und im Trauerlied besungen, bringt besonders die Unerbittlichkeit und Unberechenbarkeit des Todes zum Ausdruck.

Die Klage $^{16-21}$ wurde nachträglich als Wort Jahwes gekennzeichnet (in $^{16.19.21}$), und die Aufforderung »begreift es« ^{16} mahnt, diesem Sachverhalt Aufmerksamkeit zuzuwenden. Ein Klage- und Totenlied schaut auf Vergangenes zurück. Was aber hier beklagt wird, liegt in der Zukunft. Dies und die Tatsache, daß die Klage nach dem richtenden Eingreifen Gottes erfolgt, soll durch die Kennzeichnung als Jahwewort deutlich gemacht werden.

$^{22.23}$ Von der Botenspruchformel und der ausleitenden Formel »Spruch Jahwes« gerahmt, folgt ein Weis-

[24] Fürwahr, es werden Tage kommen – Spruch des Herrn –, da ziehe ich alle Beschnittenen zur Rechenschaft: [25] Ägypten, Juda, Edom, Ammon, Moab und alle mit gestutztem Haar, die in der Wüste wohnen; denn alle Völker gelten mir als unbeschnitten – auch das ganze Haus Israel hat ein unbeschnittenes Herz.

Gott und die Götzenbilder: 10[1–16]

10[1] Hört das Wort, das der Herr zu euch spricht,
ihr vom Haus Israel.

9[24] Wörtlich: »alle Beschnittenen in Vorhaut«, d. h. alles, was unbeschnitten ist trotz Beschneidung (Nötscher: EB); *mūl* wird mit Akk., nicht mit *b*[e] konstruiert; *mūl* pt. pass. steht auch Jos 5[5] ohne Objekt.

9[25] Gelten mir als, wörtlich: »sind«.

heitswort, das der Herr selber spricht, ganz gegen die Gewohnheit der Weisheitslehrer, die ihre eigene Erfahrung ins Wort fassen. Wahrscheinlich ist ein weisheitlicher Spruch [22] zur Grundlage eines mahnenden Jahwewortes genommen worden. Die Weisheit warnt davor, sich rühmend auf den Besitz (Ps 49[7]) auf den morgigen Tag (Spr 27[1]), auf die Götter (Ps 97[7]) oder gar auf eigene böse Machenschaften (Ps 52[3]) zu verlassen. Der Mensch muß sich vielmehr Jahwes rühmen, auf ihn sein Vertrauen und sein Selbstverständnis gründen (Jes 41[16] 45[25] Ps 34[2] 44[9] u. ö.), nicht auf Weisheit, Stärke und Reichtum. Wahre Weisheit, Einsicht [23] in die wirklichen Zusammenhänge und Erfordernisse eines glücklichen Lebens ist – so sagt die prophetische Jahwerede (vgl. 9[2.5]) – Gotteserkenntnis. Diese aber besteht vor allem darin, daß der Mensch Jahwes Handeln nachahmt, daß er, seinen Mitmenschen verbunden, Recht und Gerechtigkeit übt, vgl. auch 22[15]. Ihm schenkt Gott seine Gunst, wenn er sich daran hält.
[24.25] Mit der »eschatologischen« Formel »Tage werden kommen« eingeleitet, wird eine Drohung Jahwes nachgetragen, die sich zur wahren Verbindung mit Jahwe äußert; Juda und eine Reihe seiner Nachbarvölker vollziehen die Beschneidung wie auch die Leute »mit gestutztem Haarrand«. Damit sind die Araber (vgl. 25[23] 49[32]) gemeint, die sich die Kopfhaare seitlich (die Schläfenhaare: Herodot III 8) abschnitten, was den Israeliten verboten war (Lev 19[27]) und vielleicht eine kultische Bedeutung hatte. Die Beschneidung ist nach Gen 17[11] das Bundeszeichen, das die enge Verbindung mit Jahwe bezeugt. Aber, obwohl beschnitten, stehen alle Völker nicht in dieser engen Gottesgemeinschaft, was für die Nichtisraeliten ohne weiteres klar ist. Doch auch ganz Israel ist nicht mit seinem Gott verbunden; denn die Beschneidung hat nur eine äußerliche Reinigung bewirkt. Das Herz ist von all dem voll, was von Jahwe trennt; es ist »unbeschnitten« (4[4]). Es fügt sich nicht dem göttlichen Willen (Dtn 10[16]) und liebt den Herrn, seinen Gott, nicht mit ganzem Herzen und mit ganzer Seele (Dtn 30[6]). So straft Jahwe die trotz Beschneidung unbeschnittenen (Israeliten).
10[1–16] Mit dem erweiterten Aufmerksamkeitsruf [1] und der Botenspruch-

2 So spricht der Herr:
Gewöhnt euch nicht an den Weg der Völker,
erschreckt nicht vor den Zeichen des Himmels,
wenn auch die Völker vor ihnen erschrecken.
3 Denn die Gebräuche der Völker sind leerer Wahn.
Jes 44^{12-17} Ihre Götzen sind nur Holz,
das man im Wald schlägt,
ein Werk aus der Hand des Schnitzers,
mit dem Messer verfertigt.

10^{2} Gewöhnt euch, wörtlich: »lernt«.
10^{3} Die Götzen: sinngemäß von EÜ eingefügt.

formel ^{2} eingeleitet, warnt eine Mahnrede aus exilischer Zeit (s. Jes 40^{19f} 41^{6f} 44^{9-20} 46^{5-7} Dtn 4^{28}) vor dem Götzendienst $^{2-5.9}$ mit sarkastischer Polemik (vgl. Ps 115^{4-8} 135^{15-18}), geht in hymnischem Lob zum Aufweis des wahren Gottes ^{12f} über und schließt mit der Gegenüberstellung des Geschicks, das die Götzendiener und die Verehrer Jahwes zu erwarten haben $^{14-16}$. Später eingefügt sind $^{6-8}$, die in G fehlen und im Blick auf $^{10.12-14}$ Israels Gott den Götzen gegenüberstellen. ^{11}, in aramäischer Sprache abgefaßt und ein in seinem chiastischen Aufbau in sich geschlossenes Stück, ist ebenfalls ein Zusatz. ^{9} hinkt nach und ist wohl eine Randnotiz zu ^{4}, wie G bezeugt, die ^{9} in ^{5} hineinstellt. Doch auch $^{2-5}$ sind nicht einheitlich: $^{2-3a}$ bilden ein Wort über Himmelserscheinungen, an das die Götzenpolemik $^{3b.4.(9)5(8)}$ angeschlossen ist. $^{2.3a}$ kritisiert ein Verhalten (»Weg«) und damit zusammenhängende Bräuche der Völker, die mit Zeichen am Himmel zu tun haben, wertet sie ab und warnt davor. Zeichen sollen nach Gen 1^{14} die Gestirne sein, jedoch nur, um »Festzeiten, Tage und Jahre« zu bestimmen. In unserem Text sind neben dem Lauf der Sterne auffallende Himmelserscheinungen gemeint, die Menschen beunruhigen. Mit Astrologie und Kult der Gestirne versuchte man, die Gesetze des Himmels zu erkennen und ihnen wirksam zu begegnen. Jahwes Volk wird vor solchen Verfahren gewarnt; sie sind »Windhauch« (*haebael*), besagen und bewirken nichts.

$^{3b.4.9.5.8.}$ Die Götzenpolemik faßt die Stichworte »Weg« und »Bräuche« als Bezeichnungen für die heidnische Religion auf, deren Pracht die Verschleppten in Babel erlebten. Sie versteht anscheinend *haebael* »Windhauch« (EÜ: leerer Wahn) nach dtr Verständnis (2 Kön 17^{15} Dtn 32^{21} 1 Kön $16^{13.26}$, vgl. Jer 2^{5} 8^{19} 14^{22}) als »Götzen« im Sinn von »Nichtigkeit«. Die Götzen sind totes Material, das von Menschenhand geformt ist: Ein Holzkern wird mit Gold- oder Silberblech überzogen und fürstlich (mit Purpur) bekleidet. Das Silber kommt aus Tarschisch (Spanien oder Tunis), das Gold aus Ofir (? Arabien, Indien, Ost- oder Südafrika?), also von weither. Dieses prächtige Gebilde ist so schwach, daß es nicht einmal stehen, gehen und reden kann. Es hat nur den Wert eines harmlosen Schreckmittels, tut weder Böses noch Gutes, bewirkt weder Unheil noch Heil. Es vermag nicht zu wirken und hat daher keine wirkliche Existenz. Nach Auffassung der Antike war im Götterbild etwas vom

4 Er verziert es mit Silber und Gold,
mit Nagel und Hammer macht er es fest,
so daß es nicht wackelt.
5 Sie sind wie Vogelscheuchen im Gurkenfeld.
Sie können nicht reden;
man muß sie tragen, weil sie nicht gehen können.
Fürchtet euch nicht vor ihnen;
denn sie können weder Schaden zufügen
noch Gutes bewirken.
6 Niemand, Herr, ist wie du:
Groß bist du, und groß an Kraft ist dein Name.
7 Wer sollte dich nicht fürchten,
du König der Völker?
Ja, das steht dir zu.
Denn unter allen Weisen der Völker
und in jedem ihrer Reiche
ist keiner wie du.
8 Sie alle sind töricht und dumm.
Was die nichtigen Götzen zu bieten haben –
Holz ist es.
9 Sie sind gehämmertes Silber aus Tarschisch
und Gold aus Ofir,
Arbeit des Schnitzers und Goldschmieds;
violetter und roter Purpur ist ihr Gewand;
sie alle sind nur das Werk kunstfertiger Männer.

10[5b] Können: *'ittām* »ist nicht mit ihnen«, d. h. »steht nicht in ihrer Macht«.
10[8] Wörtlich: »Zusammen(gefaßt): Sie sind dumm und töricht. Lehre: Die Götzen Holz ist es«.
10[9] Aus Ofir: *me'ōfīr;* M: »aus Ufas«, noch Dan 10[5] genannt, unbekannt.

Fluidum, von der Macht des betreffenden Gottes gegenwärtig. Selbst davon kann nach [5] keine Rede sein. – Auch [8] ist eine Glosse. [8a] könnte sich auf »die Weisen der Völker« [7] beziehen, wodurch die Stellung des Verses im Textgefüge erklärlich wird. Aber dagegen spricht der resümierende Versanfang und vor allem [8b]: Das Fazit der ganzen bisherigen Darlegung wird gezogen: Die Götzen sind völlig unfähig, ohne Kenntnisse und in ihrer Torheit keine Hilfe zur Gestaltung eines glücklichen Lebens. So ergibt sich als Lehre und Warnung, wie anfangs [3] gesagt: Die Götzen sind Holz, lebloser Stoff, nicht übermenschliche Mächte. Wer ihnen dient, wird wie sie, s. [14].

[6.7] in die lehrhafte Darlegung über den Unwert der Götzen ist im Stil der Psalmen (vgl. z. B. Ps 97) ein hymnischer Lobpreis Jahwes, des unvergleichlichen, alleinigen Gottes, eingeblendet. Sein Wesen, seine Offenbarung, sein Handeln werden gerühmt; auf die ihm gebührende Ehrfurcht wird hingewiesen. Er ist König über alle Völker; er allein ist weise; er allein lenkt und bestimmt alles.

10 Der Herr aber ist in Wahrheit Gott,
lebendiger Gott und ewiger König.
Vor seinem Zorn erbebt die Erde,
die Völker halten seinen Groll nicht aus.
11 Von jenen dagegen sollt ihr sagen:
Die Götter, die weder Himmel noch Erde erschufen,
sie sollen verschwinden von der Erde
und unter dem Himmel.
51^{15-19} 12 Er aber hat die Erde erschaffen durch seine Kraft,
den Erdkreis gegründet durch seine Weisheit,
durch seine Einsicht den Himmel ausgespannt.
13 Läßt er seine Stimme ertönen,
dann rauschen die Wasser am Himmel.
Ps 135^{7} Wolken führt er herauf vom Rand der Erde;
er läßt es blitzen und regnen,
aus seinen Kammern entsendet er den Wind.
14 Töricht steht jeder Mensch da, ohne Erkenntnis,
Jes 45^{16} beschämt jeder Goldschmied mit seinem Götzenbild;
denn seine Bilder sind Trug,
kein Atem ist in ihnen.
15 Nichtig sind sie, ein Spottgebilde.
Zur Zeit ihrer Heimsuchung gehen sie zugrunde.
16 Anders der Gott, der Jakobs Anteil ist.
Denn er ist der Schöpfer des Alls
und Israel der Stamm, der ihm gehört.
Herr der Heere ist sein Name.

10^{12-16} : steht als Zusatz auch 51^{15-19}.
10^{14} Seine Bilder: *n^esākāw;* M: »sein Bild«.
10^{15b} Zusatz aus 8^{12}.
10^{16} Wörtlich: »Nicht wie sie (ist) der Anteil Jakobs«.

$^{10.12-16}$ Was $^{6.7}$ vorweggenommen hatten, sprechen $^{10.12}$ in einem (erneuten) Lobpreis Jahwes aus. Als wahrer, lebender und daher stets wirkender Gott, als ewiger König, der seine Herrschaft nie verliert, erweist sich Jahwe durch sein Gericht über die Völker, durch die Erschaffung der Welt und durch sein ständiges Wirken in der Schöpfung: Donner und Blitz, Regen, Wind und Sturm sind sein Werk. ^{14} Es ist töricht, nicht ihn, sondern die Götzen zu verehren. Es zeugt von mangelnder Einsicht. Wer Götzenbilder herstellt und auf sie sein Vertrauen setzt, ist in seiner Existenz gefährdet. Sie sind Betrug, ein Nichts, leblos, dem Spott preisgegeben. ^{16} Israels Gott ist ganz anders, kein Gebilde von Menschen, sondern der Bildner der Welt. Sein Volk ist sein Erbbesitz, ihm in besonderer Weise verbunden und teuer. Er ist der Herr aller himmlischen und irdischen Mächte: Jahwe Zebaot.

$^{17-25}$ bestehen aus zwei Abschnitten: $^{17-22}$ einem Drohwort mit eingefügter Klage $^{19-21}$ und $^{23-25}$ einem Gebet, das der Prophet Jerusalem in den Mund legt.

Klage und Bitte: 10[17–25]

17 Raff dein Bündel zusammen! Fort aus dem Land,
du schwer bedrängte Stadt!
18 Denn so spricht der Herr:
Fürwahr, diesmal schleudere ich
die Bewohner des Landes hinweg
und bringe sie in Bedrängnis,
damit sie mich finden.
19 Weh mir ob meines Zusammenbruchs!
Unheilbar ist meine Wunde. 14[17] 30[12]
Ich aber hatte gedacht:
Das ist doch nur eine Krankheit,
die ich ertragen kann.
20 Nun ist mein Zelt verwüstet,
alle meine Zeltstricke sind zerrissen.
Meine Kinder gingen von mir fort
und sind nicht mehr.
Niemand schlägt mein Zelt wieder auf
und breitet darüber die Zeltdecken aus.
21 Denn töricht waren die Hirten,
den Herrn suchten sie nicht;
deshalb hatten sie keinen Erfolg,
und ihre ganze Herde wurde zerstreut.

10[17] Wörtlich: »in Belagerung sitzend«.
10[18] Damit sie mich finden: *jimṣā'ūnī,* vgl. [21]; M: »damit sie finden«.

[17–22] Jerusalem ist angesprochen; es wird aufgefordert, sein Bündel zu packen, da es in die Gefangenschaft ziehen muß. »Die Bewohner einer eroberten Stadt, namentlich die Frauen, durften, wie assyrische Darstellungen zeigen, bei der Wegführung in einem Sack oder Bündel einige Habseligkeiten mitnehmen« (Nötscher EB). Jahwe selbst steht hinter der Verschleppung; er wirft sein Volk wie mit einer Schleuder aus dem Land hinaus. Das hat er bisher bei allem strafenden Eingreifen noch nie getan. Das Ziel, das Jahwe verfolgt, wenn er Jerusalem in Bedrängnis bringt, ist nach dem hebr. Text nicht klar. Vielleicht darf man mit Blick auf [21] annehmen, es geschehe, damit sich das Volk seinem Gott wieder zuwendet.

Die Klage [19–21] bereitet die entsprechende Einsicht vor. In zwei Bildern wird der Schlag, der das Volk getroffen hat, ausgemalt: Jerusalem ist wie ein schwer Verwundeter, der kaum auf Genesung hoffen kann. Die Stadt ist wie ein Zelt, das samt seinen Bewohnern vernichtet wurde und nicht mehr wieder hergestellt werden kann. Die führenden Leute, in altorientalischer Bildsprache Hirten genannt, sind an dem ganzen Elend schuld. Sie haben ihre Aufgabe nicht wahrgenommen und ihren Auftrag verfehlt. Statt nach dem Willen Gottes zu fragen, verfolgten sie in ihrer Torheit eigene, wie sich

[22] Horch, eine Kunde trifft eben ein,
großes Getöse vom Nordland her:
9^{10} 26^{18} Judas Städte sollen zum Ödland werden,
zur Behausung für Schakale.
[23] Ich weiß, Herr, daß der Mensch seinen Weg
nicht zu bestimmen vermag,
daß keiner beim Gehen seinen Schritt lenken kann.
30^{11} [24] Herr, züchtige mich, doch mit rechtem Maß,
nicht in deinem Zorn,
sonst machst du mich allzu elend.
[25] Gieß deinen Zorn aus über die Völker,
die dich nicht kennen,
und über die Stämme,
die deinen Namen nicht anrufen.
Denn sie haben Jakob verschlungen und vernichtet,
seine Wohnstätte verwüstet.

Der gebrochene Bund: 11^{1-17}

7^{1} 11^{1} Das Wort, das vom Herrn an Jeremia erging: [2] Hört die Worte
Dtn 17^{19} dieses Bundes! Du sollst sie den Leuten von Juda und den Einwoh-

10^{25} *wa'akāluhū* »sie haben ihn gefressen« ist von der EÜ mit Recht als Doppelschreibung weggelassen.

11^{2} Hört ... Bundes: eingefügt in Vorwegnahme von [6].

nun herausstellt, schädliche Ziele. Das ganze Volk muß es büßen. Aber die Einsicht kommt zu spät; der Feind aus dem Norden [22] rückt schon heran; er wird alles zerstören. [23–25] Wichtiger und wirksamer als die bloße Klage ist die Bitte an Gott, der allein die Not wenden kann. Jeremia spricht sie seinem Volk vor. Er geht davon aus, daß der Mensch sein Geschick nicht in der Hand hat (Spr 20^{24}) und nicht fähig ist, stets richtig und gut zu handeln. »Der Herr lenkt die Schritte eines jeden« (Spr 20^{24}). Darum ist die Bitte berechtigt: Wenn Gott schon strafen muß, möge er dies berücksichtigen, es in sein Urteil einbeziehen und nicht seinem verheerenden Zorn freien Lauf lassen, damit das Volk nicht durch Verminderung vernichtet wird. In [25] ist eine Bitte gegen die anderen Völker angefügt, die sich beinahe wörtlich auch Ps 79^{6f} findet und dort richtig im Zusammenhang steht. Israels Feinde sind doppelt schuldig: Sie verehren Jahwe nicht und vergreifen sich an seinem Volk und seinem Land. Aber eben das Letztere ist nach den vorangehenden Strafandrohungen beabsichtigt: Die fremden Völker sind vom Herrn gerufen, um sein Strafgericht durchzuführen. Die Bitte ist im Sinn exilischer Theologie ein Ruf um Errettung und Befreiung. 11^{1-14} ist eine Rede in dtr Stil, vergleichbar 7^{1-15}, mit drei Abschnitten [1–5.6–8.9–14], die durch die »Wortformel« [1] und die einfache Redeeinführung »Jahwe sagte zu mir« [6.9] eingeleitet bzw. voneinander abgehoben werden. Mit ihr wird ein weiterer

nern Jerusalems verkünden. [3] Du sollst ihnen sagen: So spricht der
Herr, der Gott Israels: Verflucht der Mensch, der nicht hört auf die Dtn 27
Worte dieses Bundes, [4] die ich euren Vätern aufgetragen habe, als ich
sie aus Ägypten herausführte, aus dem Schmelzofen des Eisens: Hört Dtn 4[20]
auf meine Stimme, und handelt in allem nach meinen Geboten; dann Lev 26[12]
werdet ihr mein Volk sein, und ich will euer Gott sein. [5] Nur so kann Dtn 26[17f]
ich den Eid halten, den ich euren Vätern geschworen habe: ihnen ein
Land zu geben, in dem Milch und Honig fließen, wie ihr es heute

11[4] Handelt, M: »tut sie«;»sie« ist mit Recht von EÜ nicht übersetzt; das Wort fehlt in G Vg.

11[5] Ja, Herr, wörtlich: »Amen, Jahwe«. Antwort auf die Fluchformel.

großer Abschnitt im Jeremiabuch eröffnet (11[1] = 7[1]). Die Rede ist fast ganz aus dtn bzw. dtr Wendungen zusammengebaut, ausgenommen [9] und zum Teil [10.11]. In diesen Versen dürfte auch der jeremianische Kern liegen. Das Jeremiawort lautet vermutlich: »[9] (Der Herr sagte zu mir): Es gibt eine Verschwörung unter den Leuten von Juda und den Einwohnern Jerusalems. [10] Sie weigerten sich, meinen Worten zu gehorchen. [11] Darum – so spricht der Herr: Siehe, ich bringe Unheil über sie, dem sie nicht entgehen können.« Dieses Wort wurde aufgenommen und im Sinn dtr Theologie interpretiert. Der Kommentator greift die Wendung »meinen Worten (gehorchen)« auf und versteht unter ihr »die Worte dieses Bundes« [2.3.6.8], sicher im Sinn von Dtn 28[69] 29[8] 2 Kön 23[3], wo der nämliche Ausdruck verwendet wird. Jeremia selbst wirft den Judäern und Jerusalemern [9] Verschwörung vor. Der Begriff bezeichnet die Aufkündigung des Untertanenverhältnisses und die Beseitigung der Herrschaft eines Königs, vgl. z. B. 2 Kön 15[10.15.25.30] (die Thronwirren gegen Ende des Reiches Israel). So bestreiten und lehnen die führenden Leute im Staat Juda die Herrschaft Jahwes ab. Das geschieht dadurch, daß sie Jahwes Wort ablehnten. Der Herr antwortet mit Unheil, dem man nicht entrinnen kann. Dem Gotteswort kann sich das Volk entziehen, nicht aber dem Wirken des Herrn, nicht seiner bestimmenden Macht. Das Jeremiawort äußert sich grundsätzlich; auf Einzelheiten geht es nicht ein.

Dies gab dem Kommentator Anlaß und Möglichkeit, konkret zu werden. Er entfaltet das Scheltwort, zunächst, indem er die Schuld des Volkes als Rückfall in die Sünde der Väter von ehedem qualifiziert [10]: Schon diese mißachteten »die Worte dieses Bundes«, das dtn Gesetz, das durch die Reform des Joschija (2 Kön 23) in Kraft gesetzt wurde. Nun aber wird diese Willenskundgabe Jahwes erneut abgelehnt. Die Bestrebungen Joschijas und die gegenüber dem Gott Israels eingegangene Verpflichtung (2 Kön 23[3]) sind vergessen.

[3–5] Darum erinnert der Verfasser [3] mit Recht an die Fluchformulierungen von Dtn 27[15–26], die als Sanktion für den Bruch des dtn Bundes (Dtn 26[16–19]) ausgerufen, und vom Volk, wie hier vom Propheten, mit Amen [5] beantwortet und zustimmend bekräftigt werden. »Hören« [3] heißt: in allem nach den Geboten des Herrn handeln, wie sie die »Stimme des Herrn« (Dtn 5[24–33]) am Gottesberg verkündet und das Volk im dtn Bun-

habt. Ich antwortete: Ja, Herr. 6 Darauf sprach der Herr zu mir: Ver-
künde alle diese Worte laut in den Städten Judas und auf den Straßen
7^{25f} Jerusalems: Hört die Worte dieses Bundes, und handelt danach!
7 Denn ich habe eure Väter, schon als ich sie aus Ägypten herauf-
führte und bis zum heutigen Tag, immer wieder beschworen: Hört
18^{12} 25^{4} auf meine Stimme! 8 Sie aber haben nicht gehört und mir ihr Ohr
3^{17} nicht zugeneigt; alle folgten dem Trieb ihres bösen Herzens. So
mußte ich an ihnen alle Worte dieses Bundes erfüllen, den zu halten
ich ihnen geboten habe, den sie aber nicht gehalten haben. 9 Der Herr
sagte zu mir: Es gibt eine Verschwörung unter den Leuten von Juda
und den Einwohnern Jerusalems. 10 Sie sind zurückgekehrt zu den
Sünden ihrer Väter, die sich weigerten, meinen Worten zu gehor-
chen. Auch sie sind fremden Göttern nachgelaufen, um ihnen zu die-
nen. Das Haus Israel und das Haus Juda haben meinen Bund gebro-
chen, den ich mit ihren Vätern geschlossen habe.
11 Darum – so spricht der Herr: Jetzt bringe ich Unheil über sie, dem
sie nicht entgehen können. Schreien sie dann zu mir, so werde ich

11^{10} M: »ihrer früheren (bzw. ersten) Väter«.

desschluß akzeptiert hat. Dieses Ziel hatte die Herausführung aus der harten und aufreibenden (Bild des Eisenschmelzofens) ägyptischen Knechtschaft. Durch das Halten des (dtn) Gesetzes wird verwirklicht, was die »Bundesformel« sagt: Ihr werdet mein Volk sein, und ich will euer Gott sein. Es ist auch die Voraussetzung dafür, daß Jahwe an seiner mit einem Eid fest zugesagten Verheißung weiterhin festhalten und somit das Volk in dem verliehenen Land bleiben kann. Der Fluch ist zu einer eindringlichen Mahnung umgestaltet.

$^{6-8}$ Erneut wird zum Gehorsam ^{6} gegenüber den »Bundesworten«, dem dtn Gesetz aufgerufen. Die Mahnung wird $^{7.8}$ mit dem warnenden Rückverweis auf den Exodus ^{7} und das Schicksal des Reiches Israel (722) (zu ^{8}, vgl. 2 Kön 17^{13-15}) und vielleicht auch schon Judas (597/586) verschärft: Die Fluchworte (Dtn 28^{15-68}, bes. ^{63ff}) müssen sich erfüllen; Gott muß sie, durch den Trieb, den Starrsinn des bösen Herzens herausgefordert, in Gang setzen, wie er es bereits in der Geschichte seines Volkes getan hat.

$^{9-14}$ Jeremia selbst ist kaum »in den Städten Judas« ^{6} aufgetreten; davon wird im Prophetenbuch nichts berichtet. Ob er zur joschijanischen Reform Stellung genommen hat, ist umstritten. Der Verfasser von 11^{1-14} sieht ihn in Auslegung eines jeremianischen Wortes (s. ^{10}) sich dafür einsetzen: Der Dienst fremder Götter ist Abfall von Jahwe, Bruch des Bundes ^{10}, der Verpflichtung, die Israel nach dtn Sicht am Gottesberg Horeb (Dtn 5^{2-10}), d. h. am Sinai (so Ex 20^{1-7}) übernahm. Dort verpflichtete es sich, Jahwe, der allein es befreit und gerettet hatte, allein zu verehren. In der Begründung des Strafwortes $^{11b-13}$ wird darum ^{13} aus der Verkündigung Jeremias 2^{28} zitiert, wobei diese allerdings (s. Thiel 154f) in dtr Sinn (vgl. $2^{27b.28a}$ mit Ri $10^{13b.14}$) abgewandelt ist (»hingehen und zu den Göttern schreien«), aber wohl auch noch in der Ablehnung des Opfers für Baal (vgl. 7^{9}) durch-

nicht auf sie hören. [12] Wenn aber die Städte Judas und die Einwohner
Jerusalems hingehen und zu den Göttern schreien, denen sie Opfer
darbringen, dann werden diese zur Zeit der Not ihnen ganz gewiß
nicht helfen können. [13] Denn so zahlreich wie deine Städte sind auch 228
deine Götter, Juda, und so zahlreich wie die Straßen Jerusalems sind
die schändlichen Altäre, die ihr errichtet habt, um dem Baal zu op-
fern. [14] Du aber bete nicht für dieses Volk! Fang nicht an, für sie zu 716 1411
flehen und zu bitten. Denn ich höre nicht, wenn du zu mir rufst we-
gen ihrer Not.
[15] Was hat mein Liebling in meinem Haus zu suchen, wenn er nur
Schlimmes verübt? Können Zehnt und Opferfleisch das Unheil von
dir fernhalten, so daß du dann jubeln könntest? [16] Einen üppigen Öl-
baum von schöner Gestalt hatte der Herr dich genannt. Wenn der ge-
waltige (Kriegs-)Lärm ertönt, legt er Feuer an ihn, so daß seine
Zweige häßlich werden. [17] Der Herr der Heere, der dich pflanzte, hat
Unheil über dich verhängt wegen der bösen Taten, die das Haus Is-
rael und das Haus Juda verübten; dem Baal opferten sie, um mich zu
erzürnen.

Die Mordpläne gegen Jeremia: 11[18–23]

[18] Der Herr ließ es mich wissen, und so wußte ich es; damals ließest

11[13] Die schändlichen Altäre, wörtlich: »Altäre für die Schande, Altäre um den Baal zu opfern«. »Altäre für die Schande« (d. h. für Baal, dessen Namen man durch *bošaet* »Schande« ersetzte), ist Glosse.

11[14] Wenn du rufst: *qòr^{ă}kā*, vgl. 7[16]; M: »sie (rufen)«.

11[15] EÜ deutet *(hā)rabbīm* »Zehnt«. – M *kī* »denn«: als Doppelbeschreibung zu tilgen.

11[16] »Frucht« *(p^{e}rī)* neben »Gestalt« *(to'ar)* im hebr. Text ist Glosse, von EÜ weggelassen.

schlägt. Angesichts solch schwerer Schuld wird dem Propheten die Fürbitte verboten [14], die das verhängte Unheil [11] noch abwenden könnte. Der Verfasser spricht auch hier aus der Erfahrung des Untergangs Jerusalems, der Situation des Exils.

[15–17] Ein Jeremiawort, in dem Jahwe [15] und der Prophet [16] reden, und das aus zwei thematisch verschiedenen Drohsprüchen besteht, wird vom Verfasser von [1–14] angebunden. Wenn sie (vgl. Anm. zu [14]), Jahwes Lieblingsvolk, zu ihrem Gott rufen und auch mit kultischen Leistungen vor ihn hintreten, wird er das Unheil nicht fernhalten; es wird keinen Grund zum Jubel geben. Sodann wird Israel mit einem stattlichen, schön gewachsenen Ölbaum verglichen, den das Strafgericht des Herrn verdirbt. Auch [16] mag im Tempel, vgl. Ps 52[10], vielleicht mit Blick auf den Ölberg gesprochen sein. In [17] wird das Bild der Sache nach ausgelegt und begründet. Der Grund für die Strafe sind die bösen Taten des Volkes, bes. der Baalskult, vgl. [13].

Der Abschnitt 11[18]–12[6] wird vielfach unter der Voraussetzung, daß es sich

du mich ihr Treiben durchschauen. [19] Ich selbst war wie ein zutrauli-
Jes 53^{7} ches Lamm, das zum Schlachten geführt wird, und ahnte nicht, daß
sie gegen mich Böses planten: Wir wollen den Baum im Saft verder-
ben; wir wollen ihn ausrotten aus dem Land der Lebenden, so daß
man seinen Namen nicht mehr erwähnt. [20] Aber der Herr der Heere
20^{12} Ps 7^{10} richtet gerecht, er prüft Herz und Nieren. Ich werde sehen, wie du
Rache an ihnen nimmst; denn dir habe ich meine Sache anvertraut.
[21] Darum – so spricht der Herr gegen die Leute von Anatot, die mir
$26^{9.11-15}$ nach dem Leben trachten und sagen: Du darfst nicht als Prophet im

11^{19} im Saft: b^{e}*lehō,* vgl. Dtn 34^{7}; M: »in seinem Brot«.
11^{20} Anvertraut: wohl *gallōtī;* M: »ich habe entblößt«.
11^{21} Mir: *nafšī* mit G, M: »dir«.

12^{6} um die Verwandten Jeremias zu Anatot 11^{21-23} handelt, als eines der »Bekenntnisse« des Propheten (s. Einleitung) betrachtet: Jeremia bittet, von seinen eigenen Angehörigen mit dem Tod bedroht, den Herrn um Rettung. Aber um einen logisch sinnvoll voranschreitenden Text zu erhalten, müssen dann Umstellungen vorgenommen werden, z. B. 11^{18} 12^{6} $11^{19.20a}$ 12^{3} 11^{20b-23} $12^{1.2.4b\beta.5}$ (Rudolph). Im Text folgt, jeweils auf eine Klage $11^{18.20}$ 12^{1-5} ein Gerichtswort über die Leute von Anatot 11^{21-23} und eine Warnung vor den Verwandten 12^{6}.

11^{18-23} ist kein einheitlicher Text. Die Botenspruchformel erscheint zweimal ($^{21.22}$); ^{20} steht auch 20^{12}; die anfangs nicht genannten Feinde werden ab ^{21} zu den »Leuten von Anatot«; ihr Vorhaben wird zweimal $^{19.21}$, und dabei verschieden, ausgesprochen. Der ursprüngliche Text mag umfaßt haben: $^{18.19}$, dazu ^{21}: »Darum – so spricht der Herr: ^{22} Seht, ich werde sie zur Rechenschaft ziehen«. ^{18f} Jeremia ahnt nicht, daß er Gegner hat, die ihm nach dem Leben trachten. Da macht er eine entsprechende Erfahrung, die er auf Jahwes fürsorgliches Wirken zurückführt: Er hat ihm die Augen geöffnet, so daß er die Taten und Pläne der Feinde durchschaut. Der Vergleich mit dem Lamm, das noch auf dem Weg zum Schlachten nichts fürchtet, zeichnet die Ahnungslosigkeit, nicht wie Jes 53^{7} die Ergebung in das Verfügte. Die Pläne gehen auf Vernichtung: Man will den Propheten mitten in seinem aktiven Leben vernichten, ihn vorzeitig in den Tod bringen. Wie ein Baum gefällt wird, so soll er aus dem Land Jahwes (Kanaan) »herausgeschnitten« und ins Totenreich gestoßen werden. Niemand soll mehr an Jeremia denken; Existenz und Wirken sollen ausgelöscht werden, vgl. Ps 83^{5}. Der Prophet antwortet mit Jahwes Urteil: Seine Feinde werden, nachdem der Herr die Angelegenheit untersucht hat, bestraft werden.

$^{20.21*.22b.23}$ Die Nachinterpretation nennt ein »Vergehen«, dessentwegen Jeremia sterben soll: Er hat im Namen Jahwes als Prophet gesprochen. Dieser Vorwurf ist aus den Vorgängen nach der Tempelrede 7 entliehen, vgl. 26^{11-15}. Die Jerusalemer wollten nicht hören und nicht zu Jahwe umkehren, so auch die Leute von Anatot. Auch sie lehnen wie die »Leute von Juda« (11^{2}) die Botschaft Jeremias ab, die er 11^{1-14} verkündet. Selbst in seiner Heimatstadt erreicht der Prophet nichts. In diesem Streit

Namen des Herrn auftreten, wenn du nicht durch unsere Hand sterben willst. 22 Darum – so spricht der Herr der Heere: Seht, ich werde sie zur Rechenschaft ziehen. Die jungen Männer sterben durchs Schwert, ihre Söhne und Töchter sterben vor Hunger. 23 So wird den Leuten von Anatot kein Rest mehr bleiben, wenn ich Unheil über sie bringe, das Jahr ihrer Bestrafung.

Der Prophet in seelischer Not: 12¹⁻⁶

12¹ Du bleibst im Recht, Herr,
wenn ich mit dir streite;
dennoch muß ich mit dir rechten.
Warum haben die Frevler Erfolg, Ps 73³⁻¹²
weshalb können alle Abtrünnigen sorglos sein? Ijob 21⁷⁻¹³
2 Du hast sie eingepflanzt, und sie schlagen Wurzel,
sie wachsen heran und bringen auch Frucht.

12¹ Dennoch ... rechten, wörtlich: »nur muß ich Rechtsvorschriften gegen dich reden«.
12² Sie wachsen heran: *jelaḥū?;* M: »sie gehen«.

(vgl. 26) wendet sich Jeremia 20 an Jahwe Zebaot, den gerechten Richter und Kenner aller menschlichen Regungen und Pläne. Er übergibt ihm seinen Streitfall, bittet um Bestrafung der Gegner und damit um seine Rettung. Der Verfasser schaut bereits auf die Folgen des Widerstandes gegen die prophetische Verkündigung zurück: Tod durch Hunger und Schwert, kein Rest, der Juda blieb 42¹⁵·¹⁶ 44¹⁴·²⁸. Das war auch die Strafe für die Leute von Anatot.
12¹⁻⁶ Ein Gerechter (hier im Sinn der Redaktion: Jeremia) bringt vor den Richter Jahwe einen »Rechtsstreit«, 1.2 der sich mit dem weisheitlichen Problem befaßt: Warum das unverdiente Glück der Bösen (vgl. Ps 37 49 73, bes. Ijob). Von vornherein erkennt »Jeremia«, im Gegensatz etwa zu dem aufbegehrenden Ijob an, daß Jahwe gerecht und im Recht ist. Von dieser Basis aus bringt er seine Frage vor, die damit zugleich zu einer Bitte um Rettung mittels der Bestrafung der Bösen 3b wird. Die Frevler, die Gott die Treue aufgekündigt haben (vgl. 3⁸·¹¹·²⁰ 5¹¹ 9¹), haben Glück; es gelingt ihnen, was sie unternehmen. Sie erfahren wie Jahwes Volk bzw. in ihm die Heilszuwendung des Herrn, »eingepflanzt« in seinem Land (vgl. Jer 2²¹ 11¹⁷ 24⁶ u. ö.). Sie sind wie ein Baum mit festen tiefen Wurzeln, der Frucht trägt – ein Bild, das für den Gerechten gelten sollte (vgl. Ps 1). Aber es scheint nur so, als ob der Herr ihnen nahe wäre. Sie führen zwar Gott in ihrem Mund, ehren ihn mit den Lippen (Jes 29¹³), halten aber ihr Herz, ihr Wollen und Trachten weit von ihm fern. Ihre Entscheidungen entziehen sie seinem Einfluß; in ihrem Inneren hat er keinen Platz. 3 Der Beter beteuert seine Rechtschaffenheit und Gottverbundenheit, wie es nach der Beschreibung der Not auch in den Klageliedern geschieht. Er verweist darauf, daß Jahwe ihn kennt (vgl. 15¹⁵), sein Wollen und seine Gesinnung geprüft – er prüft ja alle Menschen, gerechte und ungerechte (Ps 11⁴·⁵) – und kein Unrecht an ihm gefunden hat (Ps 17³); denn er hat ohne Schuld gelebt

Nur ihrem Mund bist du nah,
ihrem Herzen aber fern.
[3] Du jedoch, Herr, kennst und durchschaust mich;
du hast mein Herz erprobt
und weißt, daß es an dir hängt.
Raff sie weg wie Schafe zum Schlachten,
sondere sie aus für den Tag des Mordens!
[4] Wie lange noch soll das Land vertrocknen,
das Grün auf allen Feldern verdorren?
Weil seine Bewohner Böses tun,
schwinden Vieh und Vögel dahin.
Denn sie denken: Er sieht unsre Zukunft nicht. –
[5] Wenn schon der Wettlauf mit Fußgängern dich ermüdet,
wie willst du mit Pferden um die Wette laufen?
Wenn du nur im friedlichen Land dich sicher fühlst,
wie wirst du dich verhalten
im Dickicht des Jordan?
93 [6] Selbst deine Brüder und das Haus deines Vaters
handeln treulos an dir;
auch sie schreien laut hinter dir her.
Trau ihnen nicht,
selbst wenn sie freundlich mit dir reden.

12^{4} Unsere Zukunft, wörtlich: »unser Ende«. Vielfach wird nach G vorgeschlagen, *òrḥōtēnū* zu lesen: »Er (Jahwe) sieht unsere Pfade (d. h. unser Tun und Lassen) nicht«.

und auf Gott vertraut (Ps 26^{1f}). Daran schließt der Betende die Bitte um Bestrafung seiner Gegner an. [4] ist ein Zusatz. »Wie ... dahin« paßt nicht in den Zusammenhang, spricht von der Bosheit aller und ihrer Auswirkung auf die Schöpfung, wohl durch das Gericht Gottes, vgl. 4^{28} 23^{10}. Die angeschlossene Begründung ist in ihrer Beziehung unklar: Er (Jeremia? Jahwe?) sieht unser (der Frevler [1]? der Bewohner [4]?) Ende nicht. Bezogen auf Jeremia, kann der Satz bedeuten: Wir werden ihn überleben (Nötscher), wobei man einen Anschlag auf den Propheten vermuten könnte. Ist Jahwe gemeint, wird geleugnet, daß er um den Menschen weiß [3] und gerecht zu handeln [1] versteht.

[5] Ohne Angabe des Sprechenden wird ein sprichwortartiges Stück angefügt, das wohl als Antwort Jahwes verstanden werden soll. Es mahnt fragend in weisheitlichem Stil, in einer unguten Situation standzuhalten. Im Kontext soll es wohl die Zurückweisung des Vorwurfs von [1] bedeuten: Der Erfolg der Frevler ist kein Problem, das dich (, Jeremia,) erschüttern darf. [6] führt die Fragesätze nach einer anderen Richtung weiter: Du wirst Schlimmeres erleben. Was wirst du tun, wenn sogar deine Verwandten heimlich oder offen gegen dich vorgehen, vgl. 11^{21-23}? In der Tat mußte der Prophet erleben, daß sich alle gegen ihn wandten (15^{10}) sogar seine Freunde (20^{10}).

Die Klage Gottes über sein Land: 12^{7-13}

7 Ich verlasse mein Haus,
ich verstoße mein Erbteil.
Meinen Herzensliebling gebe ich preis
in die Hand seiner Feinde.
8 Mein Erbteil wandte sich gegen mich
wie ein Löwe im Wald.
Es erhob gegen mich seine Stimme;
deshalb bin ich ihm feind.
9 Ist mir mein Erbteil zur Höhle einer Hyäne geworden,
daß Raubvögel es umlagern?
Auf, sammelt euch, alle Tiere des Feldes, Jes 56^{9}
kommt zum Fraß!
10 Hirten in großer Zahl
haben meinen Weinberg verwüstet,
mein Feld zertreten,
mein prächtiges Feld zur öden Wüste gemacht.
11 Man hat es in dürres Ödland verwandelt,

12^{9} Zur Höhle einer Hyäne: EÜ folgt mit »Höhle« anscheinend G σπήλαιον *(mā*^{c}*ōr?)* ὑαίνης (wohl Hyäne) und deutet *ṣābūa*^{c} als »Hyäne«, vgl. KBL, wo allerdings vorgeschlagen wird *h*^{a}*ṣābūa*^{c} für *ha*^{c}*ajiṭ ṣābūa*^{c} zu lesen: »ist mir mein Erbteil eine Hyäne geworden«. EB interpretiert, wie es meist geschieht: »ein Buntvogel«.

12^{11} Man hat es verwandelt: wohl eher *śāmuhā* als *śāmāh.*

$^{7-13}$ Bis ^{11a} klagt Jahwe, danach $^{11b-13}$ der Prophet. Der Herr beklagt die aggressive Untreue seines Volkes und ihre Folgen, Jeremia klagt über die Verwüstung des Landes. Vielleicht bezieht sich die Klage auf das Eindringen der Räuberscharen aus den Nachbarn Judas (2 Kön 24^{2}), die zur Zeit Jojakims von der Steppe her ^{12} eindrangen und das judäische Land verheerten.

$^{7-11a}$ Diese Verwüstung konnte nur geschehen, weil Jahwe sein Volk und Land (hier auch Haus, Erbteil, Feld, Weinberg genannt) den Feinden ausgeliefert hat. Daran kann kein Zweifel sein, wie die drei Verben »verlassen« (vgl. Jes 49^{14} 54^{7}), »verstoßen« (vgl. Ri 6^{13} 2 Kön 21^{14} Jer 7^{29}), »preisgeben« sagen. Das fiel Jahwe nicht leicht; denn Israel ist, von ihm erwählt, sein Liebling. Aber er mußte sein Volk ablehnen, das ihm – so das Löwenbild – zum Feind geworden ist. ^{9} ist textlich und damit auch inhaltlich schwierig. Wenn »Höhle der Hyäne« richtig ist, sagt ^{9}, daß die Feinde sich wie die Geier um das von der Hyäne zu ihrer Höhle geschleppte Aas sammeln, sich in Juda einfinden, um zu »fressen«, d. h. zu rauben. Das Bild von den zum Fraß herbeigerufenen wilden Tieren ^{9b} paßt dazu. Der »Buntvogel« (siehe Anm. zum Text), der von den Geiern zerrissen wird, fügt sich nur schlecht zu ^{9b}. Die in ^{10} genannten Hirten sind die Anführer der eingefallenen feindlichen Scharen. Die Verwüstung muß groß gewesen sein; dreimal steht dieses Wort ^{11a}.

$^{11b-13}$ Der Prophet nimmt das Wort

verwüstet liegt es vor mir.
Das ganze Land ist verödet,
doch keiner nimmt sich das zu Herzen.
12 Über alle Hügel der Steppe drangen Verderber ein;
denn das Schwert des Herrn
frißt von einem Ende des Landes zum andern.
Kein Mensch bleibt unversehrt.
13 Sie haben Weizen gesät und Dornen geerntet,
sie haben sich abgemüht, doch ohne Ertrag.
Enttäuscht sind sie von ihrer Ernte;
(sie ist vernichtet) durch den glühenden Zorn des Herrn.

Gericht oder Heil für die Nachbarn: 12,14–17

14 So spricht der Herr: Alle meine bösen Nachbarn, die das Erbteil antasten, das ich meinem Volk Israel zum Erbe gegeben habe, fürwahr, ich reiße sie von ihrem Boden weg; doch auch das Haus Juda

12,13 Von ihrer Ernte, M: »von eurer Ernte«.
12,14 Alle, M: »über alle«, vielleicht in Angleichung an 11,21.

auf. Das Land ist verödet, aber niemand fragt nach dem wahren Grund, dem Zorn des Herrn 13, der durch das Verhalten seines Volkes verursacht wurde 8. Die Feinde sind im Auftrag Jahwes gekommen; sie sind sein strafendes Schwert 12. Nicht nur die Menschen sind durch die feindlichen Überfälle unmittelbar betroffen und gefährdet, sondern auch das Ackerland 13: Die Ernte ist vernichtet, der Hunger steht vor der Tür. Der Herr hat diese Not als Strafe verhängt.

14–17 Der Abschnitt besteht aus einem Gerichtswort 14, einem Heilswort 15 und einem bedingten Heilswort 16, das mit einem Drohwort 17 schließt; 15 und 16 beginnen jeweils neu mit *w^ehājāh* »und es wird geschehen«. Er stammt aus der Zeit nach Jeremia; das Exil ist 15 oder war 16 bereits Wirklichkeit. Die Stichworte »aus(weg-)reißen«, »vernichten« und »aufbauen« (EÜ: wiederherstellen) verweisen nach 1,10, auf den dort formulierten Auftrag des Völkerpropheten. Die Nachbarn Jahwes, die Völker, die rings um sein Land wohnen, haben schlecht gehandelt, als Juda, wie es der Herr hier androht, in die Verbannung geführt wurde (vgl. Dtn 29,27 1 Kön 14,15). Sie haben sich an Jahwes Erbbesitz, an seinem Land vergriffen (vgl. Ez 25). Deshalb bereitet ihnen der Herr das gleiche Schicksal: Sie werden aus ihrer Heimat »herausgerissen«. Jahwe allein verfügt über sein Land; niemand kann sich eigenmächtig davon nehmen. 15 Doch wird er sich wieder erbarmen (Dtn 30,3), indem er sein Volk und alle, die und weil sie das gleiche Los getroffen hat, zurückführt: Israel in seinen ihm verliehenen Erbbesitz, die anderen Völker in ihr Land. 16 Diese Heilszuwendung wird jedoch an eine Bedingung geknüpft: Die Nachbarvölker müssen den »Weg« (die Religion) Israels, das allerdings nach dem Urteil Jeremias andere, böse »Wege« gegangen

reiße ich aus ihrer Mitte. 15 Aber nachdem ich sie weggerissen habe,
will ich mich ihrer wieder erbarmen und sie zurückbringen, einen je-
den in sein Erbteil und in seine Heimat. 16 Lernen sie dann die rechte
Lebensweise meines Volkes, so daß sie bei meinem Namen schwören:
So wahr der Herr lebt!, wie sie vorher mein Volk gelehrt hatten, beim 42
Baal zu schwören, dann sollen sie inmitten meines Volkes wiederher-
gestellt werden. 17 Gehorchen sie jedoch nicht, so werde ich dieses
Volk völlig ausreißen und vernichten – Spruch des Herrn.

Gottes Strafe im Gleichnis: 13^{1-14}

13^{1} So hat der Herr zu mir gesagt: Geh, kauf dir einen leinenen Gür-
tel, und leg ihn dir um die Hüften, aber tauch ihn nicht ins Wasser!
2 Da kaufte ich, wie der Herr mir aufgetragen hatte, den Gürtel und
legte ihn mir um die Hüften. 3 Nun erging das Wort des Herrn zum
zweitenmal an mich; er sagte: 4 Nimm den gekauften Gürtel, den du
um die Hüften trägst, mach dich auf den Weg an den Eufrat, und
verbirg ihn dort in einer Felsspalte! 5 Ich ging hin und verbarg ihn am
Eufrat, wie mir der Herr befohlen hatte. 6 Nach längerer Zeit sprach
der Herr zu mir: Mach dich auf den Weg an den Eufrat, und hol den
Gürtel zurück, den du dort auf meinen Befehl hin verborgen hast.

12^{16} Die rechte Lebensweise, wörtlich: »die Wege«, oder wohl besser mit G: »den Weg«.

13^{1} Gürtel, besser: »Hüftschurz«, »das innerste, zuletzt ausgezogene Kleidungsstück« (KBL [3]).

war, annehmen; sie müssen, wie das Dtn (4^{10} u. ö.) sagt, die Furcht Jahwes lernen, die Mose im dtn Gesetz gelehrt hat ($4^{1.5}$). Sichtbares und bestätigendes Zeichen ist der Schwur im Namen Jahwes, der den Schwörenden mit seiner Existenz, auf Gedeih und Verderb an diesen Gott bindet. So können die Völker, die Israel zum Baalsdienst und zum Abfall von Jahwe verleitet haben, vgl. 10^{2}, diese Schuld gut machen. 17 Gehorsam gegen Jahwe und seinen Willen wird auch von ihnen verlangt.

13^{1-11} Symbolische Handlung Jeremias, die in ihrem Ablauf und in ihrer Deutung stark umstritten ist. Daß Jeremia zweimal an den Eufrat reiste und dort im babylonischen Schwemmland eine Felsspalte fand für ein Kleidungsstück, das er nicht der Feuchtigkeit aussetzen sollte[1], ist nicht gut möglich. Die Zeichenhandlung, die doch wohl Zuschauer haben und ein Überraschungsmoment bergen sollte (die nicht erwartete Verdorbenheit des »Gürtels«), wäre ohne Sinn und Ziel. Daß die Handlung, wie vielfach angenommen wird, eine Vision gewesen sei, widerspricht dem Text. Dieser ist stark überarbeitet: 10 ist voll von dtr Wendungen (»... und läuft anderen Göttern nach, um ihnen zu dienen und sie anzubeten«), »anschmiegen (festhalten) an Jahwe« 11 ist in der dtn Mahnung beliebt (Dtn 10^{20} 11^{22} 13^{5} 30^{20} Jos 23^{8}) und das Ende von 11a (Ruhm, Preis, Schmuck) ist Dtn 26^{19} entnommen.

[7] Da ging ich zum Eufrat, suchte den Gürtel und holte ihn von der
Stelle, wo ich ihn verborgen hatte. Doch der Gürtel war verdorben,
zu nichts mehr zu gebrauchen. [8] Nun erging das Wort des Herrn an
19^{11} mich: [9] So spricht der Herr: Ebenso verderbe ich die stolze Pracht Ju-
das und Jerusalems, wie groß sie auch sei. [10] Dieses böse Volk weigert
11^{8} 31^{7} sich, auf meine Worte zu hören, es folgt dem Trieb seines Herzens
und läuft anderen Göttern nach, um ihnen zu dienen und sie anzube-
ten; es soll daher wie dieser Gürtel werden, der zu nichts mehr zu ge-
brauchen ist. [11] Denn wie sich der Gürtel den Hüften des Mannes an-
schmiegt, so wollte ich, daß sich das ganze Haus Juda mir an-
schmiegte – Spruch des Herrn – , damit es mein Volk und mein
Ruhm, mein Preis und mein Schmuck wäre. Sie aber haben nicht ge-
horcht. [12] Du sollst ihnen das folgende Wort ausrichten: So spricht

13^{7} Suchte, wörtlich: »grub« nach (und nahm den Gürtel). Demnach wäre der Hüftschurz am Eufrat eingegraben, eine Nachricht, die nicht zu [5.6] paßt. *lek* »mach dich auf den Weg« war als prophetisches Auftragswort ursprünglich ohne Ortsangabe, vgl. 2 Sam 19^{8} Jes 6^{9} 20^{2} 21^{6} ohne Ortsangabe.

13^{11} M: »das ganze Haus Israel und das ganze Haus Juda«.

13^{12} Du ... ausrichten, G besser: »Du sollst zu diesem Volk sagen«. Die Bo-

Die Zielrichtung und Aussageabsicht der symbolischen Handlung besteht (so [10]) darin, daß das böse Volk, das nicht auf Jahwes Worte hörte, wie der unbrauchbare Hüftschurz wird. Jeremia erhält also von Jahwe den Befehl, sich einen leinenen Hüftschurz (Gürtel) zu kaufen [1aαβ]. Er tut es und zieht ihn an [2]. Doch der Herr hat es anders bestimmt [3]: Jeremia soll das Kleidungsstück in einer Felsspalte verbergen, deponieren [4] (»Eufrat«, auch in [5–7], und wohl ebenso »den du um die Hüften trägst« sind Zusätze). Der Prophet führt den Befehl aus und erhält nach geraumer Zeit den Auftrag, den Hüftschurz zu holen [6]. Jeremia tut es und stellt fest, daß dieser verdorben und völlig unbrauchbar ist [7]. Die Deutung ergeht im Jahwewort: »So spricht Jahwe: Dieses böse Volk weigert sich, auf meine Worte zu hören; es soll daher wie dieser Gürtel werden, der zu nichts mehr zu gebrauchen ist«. Jahwe gibt sein Volk preis, das dadurch ins Verderben stürzt.

Die Nachinterpretation macht zunächst die Schuld in dtn Terminologie deutlicher [10.11], entfaltet in [1aγ.b] und in [3] die Nachricht, daß Jeremia das Kleidungsstück getragen hat: Dies wird zu einem Zeichen dafür, daß Jahwe Israel an sich binden wollte [11]: So wie ein Gürtel für den Mann, sollte das Volk für Jahwe ein »Schmuck« sein; aber es hat nicht gehorcht. Ein zweiter Zug der Nachinterpretation spielt auf das Gericht an, das deshalb über Juda und Jerusalem [9] erging: Jahwe selbst bringt das Verderben über all das, worauf Land und Hauptstadt stolz sind. Die Ortsangabe Eufrat soll auf das Exil verweisen. Jahwes »Gürtel« (das Volk), an den kein Wasser [1] (nichts Schädliches) herankommen sollte, wird an den Eufrat versetzt, dem verderbenbringenden Exil preisgegeben.

[12–14] bieten ein Bildwort, das an [1–11] angeschlossen ist. Es handelt sich anscheinend um ein überliefertes Prophetenwort, das nachträglich (vgl.

der Herr, der Gott Israels: Jeden Krug kann man mit Wein füllen.
Wenn sie dir darauf erwidern: Wissen wir nicht selbst, daß man jeden
Krug mit Wein füllen kann?, [13] dann sollst du ihnen antworten: So
spricht der Herr: Seht, ich fülle alle Bewohner dieses Landes mit Jes 51 17
Trunkenheit, die Könige, die auf Davids Thron sitzen, die Priester,
die Propheten und alle Einwohner Jerusalems. [14] Ich zerschmettere
sie, den einen am andern, Väter und Söhne zugleich – Spruch des
Herrn. Keine Schonung, kein Mitleid und kein Erbarmen hält mich 21 7
ab, sie zu vernichten.

Die Warnung vor Hochmut: 13 15–17

[15] Hört und merkt auf!
Seid nicht hochmütig; denn der Herr redet.
[16] Erweist dem Herrn, eurem Gott, die Ehre,
bevor es dunkel wird,
bevor eure Füße straucheln
auf dämmrigen Bergen.

tenspruchformel »So ... Israels« fehlt richtig in G. Das Jahwewort steht erst in [13].

13 16 Macht es: *w^e šāt.*

auch Anm. zum Text [12]) mit Redeauftrag [12.13] versehen und [13.14] erweitert worden ist. Eine geläufige Redensart, »wohl ein Zecherscherzwort« (Giesebrecht), wird vom Propheten aufgegriffen und zum Anknüpfungspunkt für ein Gerichtswort gemacht. Vielleicht geschah es bei einem Fest in Anwesenheit fröhlicher Zecher. Mit ihnen kommt Jeremia durch das hingeworfene Wort ins Gespräch: »Was ein Krug ist, das gehört mit Wein gefüllt.« Er erhält lebhafte Zustimmung. Die Anwesenden beziehen das Wort auf sich und verstehen es als Anlaß und Berechtigung zum Trinken; sie sehen sich als die »Krüge«, die zu füllen sind. Der Prophet nimmt den Gedanken auf, ändert ihn aber in eine furchtbare Drohung um: Jahwe wird alle Bewohner des Landes, die nachträglich nach Ständen aufgezählt werden (vgl. 1 18), mit Trunkenheit füllen, so daß sie nicht mehr wissen, was sie tun und sich sinnlos gegenseitig vernichten. Anscheinend haben sich die verschiedenen Gruppen bekämpft, Familien sich entzweit. Der Prophet sieht darin eine von Gott verhängte Strafe. Nachträglich wurde die Drohung noch [14b] verschärft vgl. 21 7: Der Herr straft, ohne zu schonen und sich zu erbarmen. Die verhängte Verblendung wirkt sich furchtbar aus; sie wird von ihm nicht gemildert.

In [15–27] sind eine Reihe von Prophetenworten aus verschiedener Zeit und Situation angefügt. Gleiche Stichworte (»hören« [15.10], »Herde« [17.20], »prächtig« bzw. »Schmuck« [11.18.20]) mögen Anknüpfungspunkte geboten haben.

[15–17] sprechen eine Warnung gegen den Hochmut aus, der sich nicht beugen will, das Gotteswort zurückweist und den Gehorsam verweigert.

Wartet ihr dann auf das Licht –
er verwandelt es in Finsternis
und macht es zur Dunkelheit.
17 Wenn ihr aber darauf nicht hört,
14^{17} so muß ich im Verborgenen weinen
über den Hochmut,
und mein Auge muß ohne Unterlaß
Tränen vergießen,
da die Herde des Herrn weggeführt wird.

Die drohende Wegführung: 13^{18-19}

18 Sag zum König und zur Herrin:
Setzt euch tief hinunter;
denn eure prächtige Krone
sinkt euch vom Haupt.
19 Die Städte im Negeb sind verschlossen,
und niemand kann sie öffnen.
Weggeführt wird ganz Juda, vollständig weggeführt.

13^{18} Euch vom Haupt: *merā'šekaem;* M: »der Platz auf euren Häuptern«.

Eine solche Einstellung erkennt Jahwe nicht als den bestimmenden und Heil gewährenden Herrn an. Der Prophet mahnt eindringlich, Gott diese Anerkennung nicht zu verweigern, sondern auf sein Wort zu hören, bevor es zu spät ist. Schon kündigt sich das Verderben an. Die Mahnung ist vielleicht kurz vor 597, vor der ersten Wegführung nach Babel [17] gesprochen. Finsteres Unheil senkt sich bereits auf das Land herab. Dann ergeht es dem Volk wie einem Reisenden, den die Nacht in unwegsamem Berggelände überrascht hat; es gibt keine Möglichkeit mehr, heil davonzukommen. Weil Jahwe selbst diese undurchdringliche Finsternis herbeiführt, ist jede Hoffnung vergeblich. [17] Der Prophet weiß – er betont es noch einmal –, daß es nur einen Weg in eine glückliche Zukunft gibt: dem Wort Jahwes gehorchen. Geschieht es nicht, bleibt ihm, der sein Volk liebt, nur Trauer, Schmerz und Weh, wenn der Herr sein Volk, das er als Hirte bisher geleitet hat, preisgibt.

[18.19] König Jojachin und seine Mutter Nehuschta (2 Kön 24^{8}) verlieren (597 v. Chr.) ihre Stellung und mit dem ganzen Volk ihre Heimat (2 Kön 24^{15}). Schon sind die Städte Judas in feindlicher Hand, und jede Fluchtmöglichkeit ist versperrt. Aber nicht alle Bewohner von Jerusalem und Judäa wurden (2 Kön 24^{15f}) nach Babel verschleppt. Der Prophet sprach seine Drohung wohl unmittelbar vor der Eroberung Jerusalems aus. Die Königinmutter wird »Herrin« (*g^ebīrāh*) genannt, weil sie eine besondere Stellung am Königshof innehatte (1 Kön 2^{19} 15^{13}) und während eines Interregnums die Herrschaft führte (vgl. 2 Kön 11^{1-3}).

[20–22] Nach [21f] ist (bildlich) eine Frau, konkret Jerusalem, angesprochen. Anscheinend sind mit den Freunden die Chaldäer (Babel) gemeint, mit

Die Schändung Jerusalems: 13 20–27

20 Blick auf [Jerusalem],
und schau, wie sie kommen vom Norden!
Wo bleibt da die Herde,
die dir anvertraut war,
deine prächtigen Schafe?
21 Was wirst du sagen,
wenn man die Freunde,
die du selbst an dich gewöhnt hast,
als Herren über dich setzt?
Werden dich nicht Wehen ergreifen
wie eine gebärende Frau?
22 Und wenn du dich fragst:
Warum hat mich das alles getroffen?,
so wisse: Wegen deiner großen Schuld
wird deine Schleppe aufgehoben
und dein Leib vergewaltigt. Ez 16 37
23 Ändert wohl ein Neger seine Hautfarbe
oder ein Leopard seine Flecken?
Dann könntet auch ihr euch noch bessern,
die ihr ans Böse gewöhnt seid.
24 So aber zerstreue ich euch wie Spreu,
die verfliegt, wenn der Wüstenwind weht.

13 20 Blick auf, wörtlich: »erhebe deine Augen«: *ᶜēnajik.* – Jerusalem: ergänzt mit G.

13 22 Dein Leib, wörtlich: »deine Fersen«, wohl Euphemismus, vgl. [26].

denen man, statt sich an Jahwe zu halten, während der Herrschaft Assurs paktierte: Joschija stand sicherlich auf seiten Babels, als er dem Pharao Necho entgegentrat, der dem untergehenden Assur zu Hilfe kommen wollte. Nun gerät Juda unter babylonische Herrschaft, wird unterdrückt, geknechtet und übel mißbraucht [22]. Jeremia gibt der Hauptstadt, die das Land hätte »hüten«, schützen und für es sorgen müssen, die Schuld. Sie wird hier wohl im politischen Bereich gesehen. Schmerzen und Leiden werden beim Einfall der Feinde sehr groß sein, sprichwörtlich wie bei einer gebärenden Frau.

[23.24] Hier werden die Bewohner (»ihr«) Jerusalems und Judas angeredet mit einem Schelt- [23] und einem Drohwort [24]: Sie sind völlig verdorben. Die Sünde ist ihnen sozusagen in Fleisch und Blut übergegangen, zur zweiten Natur geworden. Sie können sich nicht mehr ändern – ein Wort voll Härte, Bitterkeit und Pessimismus. Die ständige Verfehlung, der immer wieder praktizierte Widerstand gegen Jahwe und seinen Willen, wird zu einer festen Gewohnheit. Welche Hoffnung bleibt dann noch? Menschlich gesehen, keine. Die Strafe ist unausweichlich. Der Herr muß und wird sein Volk verstoßen: Spreu kann sich vor ei-

25 Das ist dein Los, dein Lohn,
von mir dir zugemessen – Spruch des Herrn –,
2^{32} 3^{21} weil du mich vergessen
und dich auf Lügen verlassen hast.
26 Nun hebe auch ich deine Schleppe auf,
bis über dein Gesicht,
so daß deine Schande offenbar wird,
5^{8} 27 deine Ehebrüche, dein geiles Wiehern,
deine schändliche Unzucht.
Auf den Hügeln und auf dem Feld
habe ich deine Greuel gesehen.
Weh dir, Jerusalem,
weil du dich nicht reinigst –
wie lange noch?

Die große Dürre: 14^{1-9}

14^{1} Das Wort des Herrn erging an Jeremia
wegen der großen Dürre:

13^{25} Dir zugemessen: *mdjk* ist von *mdd* »abmessen« abgeleitet.
13^{27} Wörtlich: »nach wie lange noch?«
14^{1} Wörtlich: »was als Wort Jahwes an Jeremia erging«, vgl. 46^{1} 47^{1} 49^{34}.

nem kräftigen Wind nicht behaupten, ebensowenig die Sünder vor Jahwe.

$^{25-27}$ Wiederum wechselt die Anrede; sie geht wieder an Jerusalem ^{22}. Die Strafe ist nicht ein bloßes Verhängnis; sie ist von Jahwe herbeigeführt für den Abfall von ihm, der mit dem Bild des Ehebruchs dargestellt ist. Das Volk vertraut auf seinen Treubruch (*šaeqaer;* EÜ: Lügen) und handelt so, als ob es Jahwe, sein Tun, seinen erklärten Willen nicht gebe. Es erhält als Anteil, der ihm folglich zusteht, die Strafe, die eine Treulose verdient: die Entehrung. Sie entspricht dem schamlosen Treiben des Fruchtbarkeitskultes. Dennoch schließt sich an das drohende Wehe noch einmal ein fragender Anruf an, rein zu werden, sich in den rechten Zustand zu bringen, damit die Verbindung mit Jahwe wiederhergestellt werden kann. Das bedeutet: jedes böse Treiben aufgeben.

14^{1}–15^{4} wird als eine große Liturgie bezeichnet (v. Reventlow): »In zwei parallelen Redegängen ergeht auf eine Zustandsschilderung ($^{2-6/17-18}$) und eine Volksklage ($^{7-9/19-22}$) eine schroffe Ablehnung Jahwes (14^{17}–15^{4}), wobei der Ton der Klage und Antwort im zweiten Teil (14^{17}–15^{4}) gegenüber dem des ersten als gesteigert erscheint« (Thiel 178). Angeschlossen sind ein Gerichtswort ($^{5-9}$) und eine Klage Jeremias, das zweite der »Bekenntnisse« des Propheten ($^{10-21}$).

14^{1-6} Mit einer späten redaktionellen Einleitung ^{1} wird das folgende insgesamt, wobei sicherlich auf 14^{10-16} und 15^{1-4} abgezielt ist, als Jahwewort bestimmt und das Thema angegeben. Dieses wird allerdings dann auf die Kriegsnot hin ausgeweitet (ab 14^{12}).

2 Juda ist ausgedörrt; Joël 1^{10-12}
seine Tore verfallen,
sie sinken trauernd zu Boden,
und Jerusalems Klageschrei steigt empor.
3 Die Vornehmen schicken ihre Diener nach Wasser;
sie kommen zu den Brunnen,
finden aber kein Wasser;
sie kehren mit leeren Krügen zurück.
[Sie sind bestürzt und enttäuscht
und verhüllen ihr Haupt.]
4 Die Bauern sind um den Ackerboden besorgt;
denn es fiel kein Regen im Land.
Sie sind bestürzt
und verhüllen ihr Haupt.
5 Selbst die Hirschkuh im Feld
läßt ihr Junges im Stich,
weil kein Grün mehr da ist.
6 Die Wildesel stehen auf den kahlen Höhen;
sie schnappen nach Luft wie Schakale.
Ihre Augen erlöschen;
denn nirgends ist Gras.
7 Unsre Sünden klagen uns an.
Doch um deines Namens willen handle, o Herr!

14^{3} Sie ... Haupt: fehlt in G; im M nach ^{4} eingefügt.
14^{4} Sind besorgt: *ḥattū.* Doch auch M ergibt einen Sinn: »Wegen des Ackerbodens, der erstarrt ist, weil kein Regen im Land fiel, sind die Bauern bestürzt ...«
14^{6} Wie Schakale: fehlt in G, wo es später mit ὡς δράκων »wie ein Drache« (Krokodil?, das aus dem Wasser gestiegen, sein Maul aufsperrt, vgl. Herodot II 68) nachgetragen wird.

Regenmangel und folglich eine Dürrekatastrophe ist der Anlaß für die Notschilderung $^{2-6}$, die der Prophet vorträgt. Das ganze Land leidet unter der Trockenheit, Menschen und Tiere. Juda und seine Städte, hier Tore genannt, weil sich auf dem freien Platz am Stadttor das öffentliche Leben abspielte, sind betroffen; sie veröden. Auch die Hauptstadt bleibt nicht verschont. ^{3} Die Not wird in ihr noch größer; denn auch von außerhalb ist kein Wasser mehr zu erhalten. Die ausgedörrten Felder können nicht mehr bestellt werden. Tiere sind in ihrer Existenz bedroht, versuchen zu überleben. Sie können ihre Jungen nicht mehr ernähren. Auch die zähesten, wie etwa die Wildesel, überstehen die Trockenzeit nicht. »Wie Schakale« ist wohl späterer Zusatz; der Vergleich sieht diese Tiere beim Heulen mit erhobenem Kopf ihr Maul aufsperren, wie wenn sie um Luft ringen. Glanzlose Augen sind ein Zeichen tiefer Erschöpfung, vgl. 1 Sam 14^{27}.
$^{7-9}$ Das Volk klagt und fleht nach einem Sündenbekenntnis um Gottes Hilfe, anscheinend in einem Bußgot-

Ja, zahlreich sind unsre Vergehen;
gegen dich haben wir gesündigt.
17^{13} 50^{7} 8 Du, Israels Hoffnung,
Jes 43^{3} 45^{15} sein Retter zur Zeit der Not,
warum bist du wie ein Fremder im Land
und wie ein Wanderer,
der nur über Nacht einkehrt?
9 Warum bist du wie ein ratloser Mann,
wie ein Krieger, der nicht zu siegen vermag?
Du bist doch in unsrer Mitte, Herr,
und dein Name ist über uns ausgerufen.
Verlaß uns nicht!

Von Gott verworfen: 14$^{10-18}$

10 So spricht der Herr von diesem Volk: Haltlos hin und her zu
schweifen, das lieben sie; ihren Füßen gönnen sie keine Ruhe. Doch
Hos 8^{13} 9^{9} der Herr hat kein Gefallen an ihnen. Jetzt denkt er an ihre Schuld

14^{9} Verlaß uns nicht, wörtlich: »Laß uns nicht liegen«.
14^{10} Doch ... Sünden = Hos 8^{13}.

tesdienst ^{12} im Tempel, über dem der Name des Herrn ausgerufen ist ^{9}, vgl. 1 Kön 8^{43} Jer 7$^{11.14.30}$: Jahwe soll so handeln, wie es sein Name aussagt; er soll sich als der heilswillige Gott erweisen. Er muß tätig werden, wenn sein Name nicht geschmäht und er nicht als ein Gott bezeichnet werden will, der nicht wirken und helfen kann. Auf ihn richtet sich alle Hoffnung seines Volkes. Er ist der Helfer in jeder Bedrängnis. Doch zur Zeit handelt er ganz anders; dies wird ihm in der Warum-Frage als Vorwurf wie auch als Motiv, nun tätig zu werden, vorgehalten. ^{8} Es scheint, als ob er nicht da wäre, sein Volk nur flüchtig besucht hätte. ^{9} Es ist, als sei er von der Not der Seinen überrascht und verwirrt, als habe er nicht mehr die Kraft zum Handeln. Aber er muß doch bei seinem Volk sein; denn er selbst hat seinen Namen über sein Volk ausgerufen, das dadurch sein Eigentum geworden ist und die Zusage seiner Nähe und Hilfe erhalten hat. Er darf es nicht im Elend liegen lassen. Mit diesem drängenden Appell schließt die Klage.

$^{10-16}$ Jahwe antwortet in zwei Ansätzen ($^{10.11f}$) recht allgemein. Und als der Prophet entschuldigend einwirft ^{13}, an dem sündigen Tun und Verhalten des Volkes seien die falschen Propheten schuld, ergeht ein Schelt- ^{14} und Gerichtswort über die Propheten ^{15} und ihre Hörer ^{16}. Ein Zitat ^{10b} aus Hos 8^{13} wird in ^{12} unter Heranziehung der formelhaften Wendung »Schwert, Hunger, Pest« (21$^{7.9}$ u. ö. Ez 6^{11} 12^{16}) und im Blick auf Jes 1^{15} Jer 7^{16} 11^{14} (»ich höre nicht«) wie auch Dtn 28^{21} Jos 24^{20} (»ein Ende machen«) kommentiert. Das Thema »falsche Propheten« wird gemäß 23$^{25f.32}$ aufgenommen, Wendungen aus Jer werden herangezogen (»Straßen Jerusalems« 5^{1} 7$^{17.34}$ u. ö.; »nicht begraben werden« 8^{2} 16$^{4.6}$ 25^{33}). Dies alles zeigt, daß der Abschnitt spät ist und wohl erst bei der Zusammenstel-

und straft ihre Sünden. 11 Und der Herr sprach zu mir: Bete nicht um 7^{16} 11^{14}
das Wohlergehen dieses Volkes! 12 Auch wenn sie fasten, höre ich
nicht auf ihr Flehen; wenn sie Brandopfer und Speiseopfer darbrin-
gen, habe ich kein Gefallen an ihnen. Durch Schwert, Hunger und
Pest mache ich ihnen ein Ende. 13 Da sagte ich: Ach, Herr und Gott,
die Propheten sagen doch zu ihnen: Ihr werdet das Schwert nicht se-
hen, der Hunger wird nicht über euch kommen, sondern beständiges
Heil gewähre ich euch an diesem Ort. 14 Aber der Herr erwiderte mir:
Lüge ist, was die Propheten in meinem Namen verkünden. Ich habe 27^{14f} 29^{8f}
sie weder gesandt noch beauftragt, ich habe nicht zu ihnen gespro-
chen. Erlogene Visionen, leere Wahrsagerei und selbsterdachten Be-
trug verkünden sie euch. 15 Darum spreche ich, der Herr, so gegen
die Propheten, die in meinem Namen weissagen, obwohl ich sie nicht
gesandt habe, und die behaupten, Schwert und Hunger werde es
nicht geben in diesem Land: Durch Schwert und Hunger werden
diese Propheten enden. 16 Die Leute aber, denen sie weissagen, wer-
den auf den Straßen Jerusalems liegen, hingestreckt durch Hunger
und Schwert. Niemand wird sie begraben, sie, ihre Frauen, Söhne
und Töchter. So gieße ich das verdiente Unheil über sie aus. 10^{25}

17 Du sollst zu ihnen dieses Wort sagen:
Meine Augen fließen über von Tränen 13^{17}
bei Tag und bei Nacht
und finden keine Ruhe.

lung der »Liturgie« verfaßt wurde. Der Autor nimmt eine Klage über Regenmangel, dem unweigerlich Hunger folgen wird, zum Anlaß, um sein Thema einzubringen.

10 Jahwe weist nach der an ihn gerichteten Klage auf das unstete Verhalten des Volkes hin, das zwischen ihm und den anderen Göttern hin- und herschwankt und von einem zum anderen läuft. Darum lehnt er das Volk samt all seiner doch nur unechten Frömmigkeit ab und verbietet dem Propheten die Fürbitte; denn er hat sich zur vernichtenden Strafe entschlossen. Dieser bringt, da er nicht direkt für das Volk bitten darf, wenigstens einen Entschuldigungsgrund vor: Die Heilspropheten täuschen das Volk. Sie verheißen mit Hinweis auf den Tempel von Jerusalem, diesem Ort (7^{6f}), an dem Jahwe für immer zugegen ist, beständiges Heil. 14 Der Herr lehnt den Einspruch ab. Diese Propheten reden ohne Auftrag, verkünden nicht sein Wort und täuschen ihre Hörer. 15 Sie werden (vgl. Dtn 18^{20}) zuerst von dem Unheil, dessen Herannahen sie bestritten haben (vgl. 5^{12}), hinweggerafft, 16 ebenso aber auch alle, die auf sie gehört haben, samt ihren Familien. Der Verfasser des Textes hat den Untergang Judas und Jerusalems vor Augen. Er gibt die Hauptschuld an der Katastrophe den falschen Propheten.

17.18 ist trotz der nachträglich eingefügten Redeeinführung kein Jahwewort, sondern eine Klage Jeremias um sein geliebtes Volk, dessen Untergang er wie in einer schrecklichen Vision voraussieht. Der Krieg hat bereits viele Tote gefordert; in der Stadt herrscht der Hunger. Niemand weiß, wie es weitergehen soll. Sogar

Denn großes Verderben brach herein
über die Jungfrau, die Tochter, mein Volk,
eine unheilbare Wunde.
18 Gehe ich aufs Feld hinaus –
seht, vom Schwert Durchbohrte!
Komme ich in die Stadt –
seht, vom Hunger Gequälte!
Ja, auch Propheten und Priester werden verschleppt
in ein Land, das sie nicht kennen.

Die Klage des Volkes: 14^{19-22}

19 Hast du denn Juda ganz verworfen,
wurde dir Zion zum Abscheu?
Warum hast du uns so geschlagen,
daß es für uns keine Heilung mehr gibt?
8^{15} Wir hofften auf Heil,
doch kommt nichts Gutes,
auf die Zeit der Heilung,
doch ach, nur Schrecken!

14^{18} Werden verschleppt: EÜ folgt wohl G ἐπορεύθησαν εἰς γῆν, ἣν οὐκ ᾔδεισαν. M: »bewegen sich über Land und wissen nicht«. Sym εκυκλωσαν.

Priester und Propheten, bei denen man sich sonst Rat holen konnte, irren ratlos umher. Vom Exil ist hier nicht die Rede. Sie ziehen, bildlich gesprochen, wie Hausierer über Land: planlos, ohne Konzept. Juda ist aufs schwerste getroffen, vgl. 10^{19} 30^{12}.

$^{19-22}$ Nach der Schilderung der Not bringt das Volk seine Klage vor Gott. Der Abschnitt ist mit Blick auf $^{2-6}$ hierher gesetzt, s. ^{22}. Er spricht aus exilischer Zeit: »Hast du uns denn ganz verworfen?«, fragt Klgl 5^{22}, vgl. ^{19}. Des Bundes gedenken, ihn nicht lösen (brechen) ist Sprachgebrauch der Priesterschrift (Gen 9^{15f} Ex 6^{5}, vgl. Lev $26^{42.45}$ und Gen 17^{14}, auch Lev $26^{15.44}$). Die Schuld der Väter bekennen Daniel (9^{16}) und die nachexilische Gemeinde (Neh 9^{2}); sie sagen: »Wir haben gegen dich gesündigt« (Dan 9^{8} Neh 1^{6}). Am Ende nimmt das Volk ein Wort aus Jes 45^{7} auf: »Ich bin der Herr, der das alles vollbringt.«

Lehnt Jahwe Juda völlig ab und löst er seine Beziehung zum Zion? So fragt das Volk und verweist auf das erlebte Unheil. Nur Jahwe kann heilen; Heil ist sein Geschenk. Er allein vermag, die Not zu wenden. ^{20} Ein Sündenbekenntnis schließt sich in dem Bewußtsein an, daß die Schuld des Volkes trennend zwischen ihm und seinem Gott steht. ^{21} Die Bitte appelliert an Jahwes Ehre: Er darf seinen Namen, der selbst eine Zusage von Hilfe ausdrückt, nicht verleugnen. Er kann seinen Bund, sein Heilsversprechen, mit dem er sich Israel verpflichtet hat, weder vergessen noch brechen. Er muß doch, trotz aller Sünde, wieder zu Jerusalem, dem Thron seiner Herrlichkeit (vgl. 17^{12} 3^{17}), den er sich erwählt hat, ste-

20 Wir erkennen, Herr, unser Unrecht,
die Schuld unsrer Väter:
Ja, wir haben gegen dich gesündigt.
21 Um deines Namens willen verschmäh nicht,
verstoß nicht den Thron deiner Herrlichkeit!
Gedenke deines Bundes mit uns,
und löse ihn nicht!
22 Gibt es etwa Regenspender
unter den Götzen der Völker?
Oder ist es der Himmel, der von selbst regnen läßt?
Bist nicht du es, Herr, unser Gott?
Wir setzen unsre Hoffnung auf dich;
denn du hast dies alles gemacht.

Das unabänderliche Strafgericht: 15^{1-4}

15^{1} Doch der Herr sprach zu mir: Selbst wenn Mose und Samuel vor
mein Angesicht träten, würde sich mein Herz diesem Volk nicht
mehr zuneigen. Schaff sie mir aus den Augen, sie sollen gehen. 2 Fra-
gen sie dich dann: Wohin sollen wir gehen?, so sag ihnen: So spricht
der Herr: Wer der Pest verfallen ist, zur Pest! Wer dem Schwert, 43^{11}

15^{1} Schaff sie: *šall*^{e}*ḥem* mit Vg; Ausfall des *m* durch Haplographie im M.
15^{2} Wer ... Pest, M: »Wer dem Tod verfallen ist, zum Tod!« Deutet EÜ *mā-waet* »Tod« mit KBL^{3} als »tödliche Krankheit, Seuche, spez. Pest«?

hen. ^{22} Mit einem Bekenntnis zur Schöpfermacht Jahwes, die sich deutlich am Spenden des Regens zeigt, endet das Klagelied. Die Götter der Völker sind nichtig 2^{5}; sie können nicht regnen lassen, wie es auch der Himmel nicht aus sich selbst kann. Israels Gott allein hat die Macht. An ihn muß sich jede Hoffnung wenden.
15^{1-4} ergreift in der negativen Antwort Jahwes wiederum der Autor der »Liturgie« das Wort. Wieder blickt er auf das vielfache, hier ^{2} vierfach bezeichnete Unheil zurück, das bei der Zerstörung Jerusalems über das Volk hereinbrach. Er betrachtete es ^{4} als eine Folge des von Manasse wieder eingeführten Götzendienstes (s. 2 Kön 24^{3}), wobei der Herr sein Volk in Erfüllung des Fluchs von Dtn 28^{25} »zu einem Bild des Schreckens für alle Reiche der Erde« machte. Die ganze furchtbare Erfahrung von Not und Verderben ist hier ins drohende Jahwewort eingebracht. Man darf annehmen, daß viele schaurige Gerichtsworte erst auf Grund schrecklichen Erlebens so formuliert wurden. Sie führen das erlebte Unheil auf Jahwe zurück, der letzten Endes nach dem Glauben Israels alles bewirkt, Heil und Unheil (Jes 45^{7}). Es als Ausfluß seines Wesens und seiner Intention zu verstehen, den Gott des AT als grausam, ja rachsüchtig zu bezeichnen, würde menschliches Versagen ihm anlasten, der mit Recht, gegründet auf die Rettung Israels und seine Heilstaten, von sich sagen darf: »Ich, ich kenne meine Pläne, die ich für euch habe,

zum Schwert! Wer dem Hunger, zum Hunger! Wer der Gefangen-
Ez 14,21 schaft, zur Gefangenschaft! 3 Vier Plagen biete ich gegen sie auf –
Spruch des Herrn: Das Schwert zum Morden, die Hunde zum Fort-
schleifen, die Vögel des Himmels und die Tiere des Feldes zum Fres-
sen und Vertilgen. 4 Ich mache sie zu einem Bild des Schreckens für
2 Kön 21,1-16 alle Reiche der Erde wegen des Manasse, des Sohnes Hiskijas, des
Königs von Juda, zur Strafe für das, was er in Jerusalem verübt hat.

Jerusalems Ende: 15,5-9

5 Wer wird mit dir, Jerusalem, Mitleid haben,
und wer wird dich bedauern?
Wer wird kommen,
um nach deinem Ergehen zu fragen?

15,3 Plagen, wörtlich: »Arten«.
15,5 Im M beginnt 5 mit »denn wer«, ein redaktioneller Anschluß.

Pläne des Heils und nicht des Unheils; denn ich will euch eine Zukunft und eine Hoffnung geben« (Jer 29,11).
Die Warnung, die Jahwes Wort ausspricht, ist sehr ernst. Bei fortwährendem Abfall von ihm, wie er z. B. durch Manasse geschah, kommt einmal der Zeitpunkt, wo er nicht mehr bereit ist, sich in seiner Ablehnung und seinem Zorn umstimmen zu lassen. Auch wenn die großen Fürbitter Mose (Ex 32 Num 14,20-30 Ex 17,11f) und Samuel (1 Sam 7,9 12,19) mit dem Volk im Tempel stünden und für es einträten, würde es nichts nützen. Es bleibt bei der verhängten Strafe, vgl. 43,11 (Tod, Gefangenschaft, Schwert). Sie erscheint noch dadurch als verschärft, daß den Menschen ein ehrenvolles, für das Weiterleben in der Scheol wichtiges Begräbnis versagt bleibt. Der Prophet hat nach dieser göttlichen Antwort keine Möglichkeit mehr, sich für sein Volk beim Herrn einzusetzen.
5-9 ist Klage 5 (mit Notschilderung 6-9a) und Drohung (Ende 9) Jahwes zugleich, hier angefügt, um die Gedanken von 1-4 mit dem Hinweis auf bereits Geschehenes zu untermauern. Vielleicht wurde das Jahwewort ursprünglich vor 597 gesprochen, wo das Land 7 mit seinen Städten bereits verheert war und Jerusalem der Untergang drohte. Jahwe hat in Juda Gericht gehalten und wird auch den Rest des Volkes noch verderben.
Keinen Trost zu erfahren, verschärft Leid und Trauer, vgl. Klgl 1,2.16.21.9, auch Klgl 1,12. Jerusalem ist wie eine Witwe (Klgl 1,1), der der Tod auch noch die Kinder genommen hat. Jahwe selbst hat es getan durch das Schwert der Feinde (Dtn 32,25 1 Sam 15,33). Im Worfeln wird die Spreu vom Korn getrennt; hier meint das Bild die Minderung des Volkes durch Tod oder Flucht der Menschen. Die Männer sind im Krieg gefallen, die Söhne traf dasselbe Schicksal, oder sie kamen, wenn noch nicht waffenfähig, bei der Zerstörung der Ortschaften um. Die Witwen, traurige Wirklichkeit und Bild für das in seinem Umland schwer mitgenommene Jerusalem, werden in ihrem schweren Schicksal besonders beklagt. Auch eine Mutter, deren Glück durch viele Söhne

6 Du selbst hast mich verworfen – Spruch des Herrn –,
du hast mir den Rücken gekehrt.
Deshalb streckte ich meine Hand gegen dich aus
und zerstörte dich;
ich bin der Nachsicht müde geworden.
7 Die Bewohner habe ich mit der Schaufel geworfelt Mt 3^{12}
auf den freien Plätzen des Landes.
Ich habe mein Volk kinderlos gemacht
und es dem Untergang geweiht,
weil es von seinen schlimmen Wegen
nicht umkehren wollte.
8 Seine Witwen wurden zahlreicher
als der Sand am Meer;
ich brachte über sie
[die Mütter der jungen Männer]
am hellen Mittag den Verwüster,
ließ jählings auf sie fallen
Angst und Schrecken.
9 Die Mutter, die sieben Söhne gebar,
welkte dahin, verhauchte ihr Leben.
Ihr sank die Sonne mitten am Tag,
sie fiel in Schande und Schmach.
Den Rest des Volkes gebe ich dem Schwerte preis
vor den Augen seiner Feinde – Spruch des Herrn.

Die Klage des Propheten: 15^{10-21}

10 Weh mir, Mutter, daß du mich geboren hast, 20^{14}

15^{7} Die Bewohner, wörtlich: »sie«. – Auf den freien Plätzen, wörtlich: »in (an) den Toren«, besser wohl: »in den Ortschaften«. – Dem Untergang geweiht, wörtlich: »zugrunde gerichtet«.

15^{8} M: »mir zahlreicher«. – Über sie: ^{ca}*lēhaem*, M: »ihnen«. – Die ... Männer: Glosse nach ^{9}.

sprichwörtlich war (Rut 4^{15} 1 Sam 2^{5}) geriet ins Verderben. Ihre Freude ist erloschen, ihr Glück vernichtet, die Schmach der Kinderlosigkeit ist ihr angetan: Ihre Söhne sind tot. Sie selbst überlebte den furchtbaren Schlag nicht. Der Herr nennt den Grund für das Unheil, sagt, warum er sein Volk zugrunde richtet: Es hat sich von ihm abgewendet und sein Verhalten nicht geändert. Einmal hat die Geduld Gottes ein Ende; er konnte nicht mehr davon ausgehen, daß sein Volk Einstellung und Tun ändern, ihm wieder angehören werde. Darum hat er seine strafende Hand (vgl. Jes 5^{25} u. ö.) ausgestreckt und zugeschlagen. Sein Strafgericht ist noch nicht zu Ende ^{9b}: Jahwe wird auch die noch Lebenden dem Feind ausliefern.

$^{10-21}$ An die klagende Drohrede Jah-

einen Mann, der mit aller Welt in Zank und Streit liegt.
Ich bin niemands Gläubiger und niemands Schuldner,
und doch fluchen mir alle.
11 Fürwahr, Herr, ich habe dir mit gutem Willen gedient,
ich bin für den Feind bei dir eingetreten
zur Zeit des Unheils und der Bedrängnis.

15[10] Und doch: *kī* (adversativ), nach *bī* ausgefallen.
15[11] Fürwahr ... ich habe dir gedient: *'āmen šeratīkā*. – Für (den Feind): *'ael*.

wes hat der Redaktor des Jeremiabuches eine erschütternde Klage angeschlossen [10–18], die zu den Bekenntnissen Jeremias gerechnet wird. Dabei bot ihm wohl das Stichwort »Mutter« [9.10], etwa auch das Problem der Fürbitte (14[11] 15[11]), den Anknüpfungspunkt. Jeremia spricht (vgl. [16] mit [19]); er erhält Antwort von Jahwe [19–21]. Zumindest [13–14] passen nicht in die Klage des Propheten; sie sind ein Drohwort, das fast wörtlich in 17[3.4] steht und dort am Platz ist. [12] sieht wie eine Randbemerkung aus, die in den Text geraten ist. Schwierig ist [11]. Er ist im M eine schwer zu deutende Rede Jahwes, etwa: »Jahwe hat gesagt: Gewiß habe ich dich zum Guten befreit; gewiß habe ich auf dich treffen lassen zur Zeit des Unglücks und zur Zeit der Not den Feind.« Daran schließen sich [13.14] als Fortführung der drohenden Rede an. EÜ betrachtet [11], wie es heute meist geschieht, mit G (γένοιτο = *'āmen* »fürwahr«) als Fortsetzung der Rede Jeremias (siehe Anm. zum Text). [15] führt dann [11] weiter; [15] kann aber auch, wenn [11] zum Einschub gerechnet wird, als Fortführung von [10] gelten. Folgt man M in [11], wird die Einfügung von [13.14] verständlich: [11–14] sind dann kaum ein Zitat dessen, was Jahwe wohl gesagt haben könnte, indem er dem Propheten Erfolg [11.12], Juda Unheil [13.14] ansagte, sondern eher ein Zitat der Unheilsverkündigung Jeremias, die ihn [10] in so große Schwierigkeiten bringt. [12] fügt sich in diesem Fall als Hinweis auf den unwiderstehlichen Feind aus dem Norden ein. Eisen aus dem Norden, wo man (in Kleinasien) seine Härtung erfand (BHH 383), galt anscheinend als vorzüglich. Wie man Eisen und Bronze nicht einfach zerbrechen kann, so ist auch ein Sieg über diesen Feind nicht möglich. *šeret* »dienen« [11] wird für den priesterlichen, nicht für den prophetischen Dienst gebraucht. Daß Jeremia für seine Feinde gebetet habe, wird nirgends gesagt. Er ist für das Volk eingetreten; dies aber wird nicht als sein Feind bezeichnet. Mit diesem Begriff sind stets feindliche Völker gemeint. Es spricht also vieles dafür, daß [15] ursprünglich auf [10] folgte. Schließlich ist zu bemerken, daß die Botenspruchformel Anfang [19] von einem Bearbeiter des Textes eingefügt wurde, der die Antwort Jahwes als ein Gerichtswort über den Propheten verstand. Darauf deutet das typische »darum« hin, mit dem die Ankündigung der Strafe eingeleitet wird.

Jeremias erschütternde Klage gewährt Einblick in die innere Not und Qual, die ihm sein prophetischer Auftrag bereitet. Sie sind so übermächtig, daß er ähnlich wie Ijob (3[3–12]) beklagt, geboren worden zu sein. Ein Dasein, wie er es führen muß, ist nicht lebenswert. Mit allen liegt er in Streit und Feindschaft, doch ganz ohne seine Schuld. Letzteres erläutert er mit dem Hinweis

12 [Kann man Eisen zertrümmern,
Eisen vom Norden, und Kupfer?
13 Dein Vermögen und deine Schätze
gebe ich zur Plünderung preis
als Lohn für all deine Sünden
in deinem ganzen Gebiet.
14 Ich mache dich zum Sklaven deiner Feinde
in einem Land, das du nicht kennst.
Denn Feuer lodert auf in meinem Zorn,
gegen euch ist es entbrannt.]
15 Du weißt es, Herr; denk an mich,
und nimm dich meiner an!
Nimm für mich Rache an meinen Verfolgern!
Raff mich nicht hinweg,
sondern schieb deinen Zorn hinaus!
Bedenke, daß ich deinetwillen Schmach erleide.
16 Kamen Worte von dir,
so verschlang ich sie;

15[12] Kupfer: *neḥošaet*, eher: Bronze wie 6[28].
15[14] Ich mache dich zum Sklaven: *w^e ha^ca badtīkā* mit 17[4].
15[15] Raff ... hinaus, wörtlich: »nicht wegen deiner Langmut (besser *'oraek* statt *'aeraek*) raff mich hinweg!«; s. die Auslegung.

auf den Unfrieden, der sprichwörtlich oft von Geldgeschäften ausgeht: Keinem schuldet er etwas; an niemand hat er geldliche Forderungen. Doch alle distanzieren sich von ihm, wollen mit ihm nichts zu tun haben, verwünschen ihn, möchten ihn loswerden. Zugleich steckt in [10b] eine Unschuldserklärung, wie der Beter der Klagelieder sie oft vorbringt. Dasselbe ist [11] nach EÜ: Jeremia darf auf seinen untadeligen Dienst als Prophet hinweisen, der sogar die Fürbitte für die Feinde einschloß. Zu [13.14] s. 17[3.4]. Nach diesem Verständnis von [11] wirkt [12] wie die betroffene Frage eines Lesers: Zerbricht nun der Prophet, den der Herr zu »Eisen« und »Bronze (ehern)« gemacht hat, vgl. 1[18]?

[15] Jahwe weiß von seiner Schuldlosigkeit und von der treuen Erfüllung seines Auftrags. Er soll sich daran erinnern, so daß er von dieser Vergegenwärtigung bewogen wird, nach seinem Beauftragten zu schauen und für ihn tätig zu werden. Er soll zugunsten Jeremias »rächen«, die Belange seines Propheten gegenüber den Widersachern vertreten. Wenn der Herr in seiner Langmut noch zuwartet, seinen Zorn gegen die Widersacher noch hinausschiebt (s. Anm. zum Text), ist es um den Propheten geschehen; er geht zugrunde. Jahwe aber wäre schuld an seinem Tod; er hätte ihn als Folge seiner Untätigkeit weggerafft. Eigentlich geht es um Gottes Sache, für die Jeremia leidet.

Nun verweist er [16] auf seinen treuen prophetischen Dienst, den er gerne, wann immer er, vom ergehenden Wort gefordert, als Bote des Herrn auftreten mußte, ausübte. Er hat mit Freude, also mit innerlicher Zustim-

dein Wort war mir Glück und Herzensfreude;
denn dein Name ist über mich ausgerufen,
Herr, Gott der Heere.
16^{8} 17 Ich sitze nicht heiter im Kreis der Fröhlichen;
von deiner Hand gepackt, sitze ich einsam;
denn du hast mich mit Groll angefüllt.
18 Warum dauert mein Leiden ewig
und ist meine Wunde so bösartig,
daß sie nicht heilen will?
Wie ein versiegender Bach
bist du mir geworden,
ein unzuverlässiges Wasser.

15^{18} Versiegender Bach, wörtlich: »Trugbach«.

mung erlebt, daß er von Gott in Beschlag genommen war, aber damit auch sein Eigentum wurde, für das der Herr besonders verantwortlich ist. Daran erinnert er ihn mit der Nennung seines herrscherlichen Titels, der die göttliche Macht betont.
17 Aber sofort schlägt die Klage über die notvolle Situation wieder durch. Jeremia war kein finsterer Einzelgänger. Es fiel ihm schwer, um seines Auftrages willen auf Ehe und Familie zu verzichten (16^{1-9}) und auf menschliche Gemeinschaft, wie sie im Kreis von Vertrauten, etwa am Abend nach getaner Arbeit bei gelöster, fröhlicher Unterhaltung gepflegt wurde. Die Gerichtsverkündigung, die ihn ganz in Beschlag nimmt, läßt Fröhlichkeit und Geselligkeit nicht zu.
18 Weil sich an all dem nichts ändert und auch keine Aussicht auf Änderung besteht, steigert sich die Not. Die Wunde, die Jeremia geschlagen ist, will nicht heilen, der Schmerz nicht aufhören. Die Klage wird zum Vorwurf, zur Anklage gegen Gott. Er wirft ihm Unzuverlässigkeit vor: Gerade dann, wenn es darauf ankommt, kann man sich auf dich nicht verlassen. Ein Bild aus Palästina spricht es aus: Im Sommer, wenn Wasser besonders notwendig ist, vertrocknen viele Wadis, vgl. Ijob 6^{15-20}, und »täuschen« den durstigen Wanderer. Jeremia gerät mit seinem Vergleich in gefährliche Nähe zu denen, die Jahwe »den Quell lebendigen Wassers« (2^{13}) verlassen haben. Setzt er mit seinem Vorwurf Gott nicht den unnützen Göttern gleich, die nicht zu helfen vermögen?
So kann die göttliche Antwort nur eine Zurechtweisung sein. Jahwe ruft seinen Propheten, wie er es auch beim Volk tut, zur Umkehr und bietet ihm die Rückkehr in seinen Dienst an. Der Prophet darf sich nicht im Abfall seinen Hörern angleichen, sondern muß ihnen Vorbild in Treue und Umkehr sein. Wer als Mund des Herrn fungiert, kann nicht zugleich abträglich über ihn reden. 20 »Sentimentalität kennt der göttliche Dienst nicht« (Nötscher EB). Jahwe verspricht seinem Boten nicht, daß er die Not von ihm nimmt. Er hat ihm auch bei der Berufung nicht ein angenehmes Leben versprochen oder eine normale Existenz garantiert, sondern seinen Beistand zugesagt 1^{18f}. Diese Zusage erneuert und bekräftigt er jetzt mit Worten, die wieder auf den Berufungsbericht zurückgewirkt haben.

19 Darum – so spricht der Herr:
Wenn du umkehrst, lasse ich dich umkehren,
dann darfst du wieder vor mir stehen.
Redest du Edles und nicht Gemeines,
dann darfst du mir wieder Mund sein.
Jene sollen sich dir zuwenden,
du aber wende dich ihnen nicht zu.
20 Dann mache ich dich für dieses Volk 1 18f
zur festen, ehernen Mauer.
Mögen sie dich bekämpfen,
sie werden dich nicht bezwingen;
denn ich bin mit dir,
um dir zu helfen und dich zu retten
– Spruch des Herrn.
21 Ja, ich rette dich aus der Hand der Bösen,
ich befreie dich aus der Faust der Tyrannen.

Jeremias Einsamkeit – ein Zeichen für Israel: 16[1–9]

16 1 Das Wort des Herrn erging an mich: 2 Du sollst dir keine Frau
nehmen und weder Söhne noch Töchter haben an diesem Ort.

Ein Bote Gottes kann den Belastungen nicht entgehen, die seine Aufgabe mit sich bringt; aber er ist nicht alleingelassen und verloren. Ausweichen und aufgeben, ist nach Jahwes Wort keine Lösung für ihn. Im Vertrauen auf Gottes Hilfe muß und kann er seinen Weg gehen.

16[1–13] Mit 16[1] beginnt ein neuer Abschnitt in der Textfolge 11–18, der aber im Sinn der Redaktion des Buches inhaltlich mit 15[10–21] zusammenhängt, insofern er 15[17] mit [1.5.8] sozusagen näher erläutert. Er gliedert sich in drei Worte [1–9] zum zeichenhaften Verhalten Jeremias ([2–4.5–7.8–9]) und einen angefügten Kommentar [10–13], der den Grund für die in [1–9] enthaltenen Drohungen angibt. In [1–9] lassen sich spätere Zusätze erkennen: [3b] erweitert die Strafe auf die Eltern (s. [6.7b]); [4b] (»Durch Schwert ...«) fügt eine Reihe formelhafter Wendungen bei (vgl. 7[33] 15[3] Dtn 28[26]). Vielleicht ist auch »man wird sie nicht beklagen und nicht begraben« Zusatz, der aus [6] genommen ist, dann ebenso das folgende Sätzchen. [5b] bringt, was sonst in [1–9] nicht geschieht, eine Begründung für das Handeln Jahwes. Die Botenspruchformel in [5a] sollte vor [6] stehen, vgl. [3.9]. Fast ganz aus dtr Wendungen sind [10–13] zusammengesetzt, was ihre späte Entstehung beweist und ihre Herkunft anzeigt.

Jeremia berichtet [1–9] von drei Aufträgen des Herrn, die in zeitlichem Abstand voneinander erfolgt sein dürften, hier aber zusammengefaßt dargestellt sind. Sie machen den Propheten zum Zeichen, indem er mit seinem auffallenden Verhalten das göttliche Strafgericht verkündet.

[2–4] Jeremia muß nach Jahwes Befehl auf Ehe und Familie verzichten. Der Text meint nicht, der Prophet habe unter der Last seiner Verkündigung nicht an eine Familiengründung gedacht und dies nachträglich als vom

[3] Denn so spricht der Herr über die Söhne und Töchter, die an die-
sem Ort geboren werden, über ihre Mütter, die sie gebären, und über
ihre Väter, die sie zeugen in diesem Land: [4] Eines qualvollen Todes
9[21] 25[33] müssen sie sterben; man wird sie nicht beklagen und nicht begraben;
8[2] 2 Kön 9[37] sie werden zum Dünger auf dem Acker. Durch Schwert und Hunger
kommen sie um; ihre Leichen werden zum Fraß für die Vögel des
Himmels und die Tiere des Feldes. [5] Ja, so hat der Herr gesprochen:
Ez 24[16] Betritt kein Trauerhaus, geh nicht zur Totenklage, und bezeig nie-
mandem Beileid! Denn ich habe diesem Volk mein Heil entzogen –
Spruch des Herrn –, die Güte und das Erbarmen. [6] Groß und klein
muß sterben in diesem Land; man wird sie nicht begraben und nicht
47[5] beklagen. Niemand ritzt sich ihretwegen wund oder schert sich kahl.
[7] Keinem wird man das Trauerbrot brechen, um ihn wegen eines Ver-
storbenen zu trösten; man wird ihm nicht den Trostbecher reichen
wegen seines Vaters oder seiner Mutter. [8] Auch ein Haus, in dem ein

16[7] *laeḥaem* »Brot«, mit G; M: »ihnen«. – *ʾōtō* »ihm« mit G; M: »ihnen«.
16[8] Mit den Leuten: *ʾittām*.

Herrn auferlegt verstanden. Er legt auch nicht die Vermutung nahe, Jeremia trete »hier in Parallele zu Jesus und Paulus«, insofern »die Gründe in derselben Richtung liegen werden: die große Aufgabe verträgt keine Sorge um und Fürsorge für eine Familie« (Rudolph). Der Text bezeugt aber, daß Gott seinem Boten den Verzicht auf Ehe und Familie zumuten kann und dies auch tut, wenn er damit etwas Wichtiges demonstrieren will. Der kinderlose Jeremia soll zeichenhaft darstellen, daß die Familien bald ohne Söhne und Töchter sein werden, die auf qualvolle Weise umkommen. Ein Ergänzer malt die Ankündigung noch aus. Sicher fiel es dem Propheten nicht leicht, diesem Auftrag zu folgen, weil Nachkommen für das Jahwevolk angesichts der dumpfen Scheol eine Existenz im Land der Lebenden und Zukunft bedeuteten.

5–7 Ein zweiter Auftrag verwehrt dem Propheten Trauer und Anteilnahme, gewiß ein auffallendes Benehmen, das auf völliges Unverständnis stoßen mußte. Jeremia soll dadurch zeigen, daß beim großen Sterben unter dem Strafgericht des Herrn, das Alte und Junge, Vornehme und Geringe treffen wird, Trauerriten nicht mehr stattfinden werden. Niemand ist da, der sie vollziehen und alle Toten begraben könnte. Und die wenigen, die etwa übrigbleiben, sind gelähmt vor Schmerz. Der Text bietet einen Überblick über die üblichen Trauerbräuche. Kahlscheren und sich Einschnitte machen, die eine Bedeutung im Totenkult hatten, war den Israeliten untersagt (Dtn 14[1], vgl. Lev 21[5]). Trauerbrot und Trostbecher, die man in das Trauerhaus brachte, beendeten das Totenfasten (2 Sam 1[12] 3[35]) am Sterbetag, der normalerweise auch der Begräbnistag war.
Das schreckliche Massensterben 6
hat seinen Grund darin, daß der Herr seinem Volk Huld und Erbarmen (vgl. Hos 2[21]), die vor dem Untergang retten (Ps 103[4]), und damit das Heil entzogen hat. Nun schlagen Strafe und Unheil voll durch.

8.9 Jeremia muß (15[17]) auf jegliche Teilnahme am fröhlichen, geselligen Leben verzichten. So soll er anzei-

Gastmahl stattfindet, sollst du nicht betreten, um mit den Leuten bei
Speise und Trank zu sitzen. 9 Denn so spricht der Herr der Heere,
der Gott Israels: Seht, verstummen lasse ich an diesem Ort, vor euren 7^{34}
Augen und in euren Tagen, Jubelruf und Freudenruf, den Ruf des
Bräutigams und den Ruf der Braut.

Die Gründe für das Gericht: 16^{10-18}

10 Wenn du nun diesem Volk das alles verkündest und man dich
fragt: Warum droht der Herr uns all dieses schwere Unheil an? 5^{19}
Worin besteht unsre Schuld, und welche Sünde haben wir gegen den
Herrn, unsern Gott, begangen?, 11 so antworte ihnen: Eure Väter ha-
ben mich verlassen – Spruch des Herrn; sie liefen anderen Göttern
nach, dienten ihnen und beteten sie an. Mich aber haben sie verlassen
und meine Weisung nicht befolgt. 12 Ihr selbst aber habt es noch
schlimmer getrieben als eure Väter. Seht, jeder von euch folgt dem 7^{26}
Trieb seines bösen Herzens, ohne auf mich zu hören. 13 Darum 3^{17}
schleudere ich euch aus diesem Land hinaus, in das Land, das euch Dtn $28^{64.36}$
und euren Vätern unbekannt war. Dort mögt ihr anderen Göttern
dienen Tag und Nacht; ich aber werde euch keine Gnade mehr
schenken. [14 Darum seht, es werden Tage kommen – Spruch des
Herrn –, da sagt man nicht mehr: So wahr der Herr lebt, der die
Söhne Israels aus Ägypten heraufgeführt hat!, 15 sondern: So wahr
der Herr lebt, der die Söhne Israels aus dem Nordland und aus allen

gen, daß alle Festesfreude aufhören wird. Freudenrufe und Jubel, wie sie am Hochzeitstag groß sind und unbeschwert erklingen, werden verstummen. Von ihnen ist die Heilszeit gekennzeichnet (33^{11}). Ihr Aufhören bedeutet Unheil, Not und Trauer. Ein Interpret des Textes hat unter dem Eindruck der erlebten Katastrophe »vor euren Augen und in euren Tagen« hinzugefügt: Das Drohwort des Herrn sollte sich bald in schrecklicher Weise erfüllen.

$^{10-13}$ sind eine weiterführende Auslegung zum vorausgehenden Abschnitt. In dtr Sicht wird mit den entsprechenden typischen Ausdrücken (»mich = Jahwe verlassen; anderen Göttern nachlaufen, ihnen dienen und sie anbeten; Jahwes Weisung nicht befolgen«) die Begründung im menschlichen Tun für das göttliche Strafgericht geliefert. Wieder wird gesagt, daß die jetzt Lebenden die Sünden ihrer Väter fortsetzen (s. 7^{22-26} 11^{7}) und es noch schlimmer treiben (7^{26}). Verhärtung des Herzens und Verweigerung des Gehorsams führen unweigerlich zum Untergang und zur Strafe der Verschleppung ^{13}. Diese wird noch dadurch verschärft, daß die Verbannten dort im fremden Land anderen Göttern dienen müssen, von Jahwe also getrennt sind. So fällt ihr eigenes Tun auf sie selber zurück.

$^{14-15}$ sind ein Heilswort, das $23^{7.8}$ nachgebildet ist und die Heimkehr aus der Verbannung verheißt: Das letzte Wort des Herrn kann nicht Gericht und Verderben, nicht endgültige Verstoßung sein; es wird eine Befreiung geben, ähnlich wunderbar, wie die Errettung aus der ägypti-

Ländern, in die er sie verstoßen hatte, heraufgeführt hat. Ich bringe
sie zurück in ihr Heimatland, das ich ihren Vätern gegeben habe.]
[16] Seht, ich hole viele Fischer – Spruch des Herrn –, die sollen sie fan-
gen; dann hole ich viele Jäger, die sollen sie erlegen auf jedem Berg
und Hügel und in den Felsenklüften. [17] Denn meine Augen sehen alle
ihre Wege; sie können sich vor mir nicht verstecken, und ihre Schuld
ist vor meinen Augen nicht verborgen. [18] So vergelte ich zunächst
nach dem Maß ihrer Schuld und Sünde, weil sie mein Land durch das
Aas ihrer Scheusale entweiht und mein Erbteil mit ihren abscheuli-
chen Götzen angefüllt haben.

Die Bekehrung der Völker: 16[19–21]

[19] Herr, meine Kraft und meine Burg,
meine Zuflucht am Tag der Not!
Zu dir kommen Völker von den Enden der Erde
und sagen: Nur Trug besaßen unsre Väter,
Wahngebilde, die nichts nützen.

16[16] Die sollen sie fangen: *wedāgūm.*
16[18] Abscheulichen Götzen, wörtlich: »Abscheuliches«.

schen Knechtschaft. Für den, der diese heilvollen Worte hierher setzte, haben sie sich wohl schon teilweise erfüllt.

[16–18] aber setzen die Drohungen fort, zunächst mit einem prophetischen Wort über die vollständige Wegführung der Menschen. [16] Wie Fischer, die ihre Netze füllen, wie Jäger, die das Wild auch im letzten Schlupfwinkel aufspüren, werden die Feinde die Masse des Volkes und jeden einzelnen ergreifen. Sie kommen im Auftrag des Herrn und verrichten ihre Aufgabe umfassend und gründlich. [17] Jahwe hat genau zugesehen, das Treiben beobachtet; ihm blieb nichts verborgen. So kann sich auch vor dem Feind niemand verbergen. In [18] werden Schuld und Sünde, die bestraft werden und die der Grund für die Verschleppung des Volkes sind, eindeutig festgelegt: In der Sicht exilischer Theologie war es allein der Götzendienst. Sie nennt die Götter Scheusale (Dtn 29[16] 1 Kön 11[5.7] 2 Kön 23[13.24] Ez 5[11] u. ö.). »Aas ihrer Scheusale« meint die »toten« Götzen, die wie Leichen (Lev 18[25–28] 26[30]) das Land Jahwes verunreinigen. Entsprechend, ein voller Ausgleich (*mišneh*), ist die Strafe: Das Volk hat die Götzen nicht vom Erbe des Herrn ferngehalten; so wird es aus diesem Land entfernt. Das muß zunächst geschehen, wohl um das Land zu reinigen, ehe das [14.15] verheißene Heil eintreten kann. »Zunächst«, das in G noch fehlt, bindet [16–18] mit [14.15] in die Textabfolge ein.

[19–21] Auf einen Lobpreis Jahwes [19a] folgt eine Zukunftsschau von der Bekehrung der Völker [19b.20] und ein Wort des Herrn über eine wichtige Erkenntnis [21]. Oft wird in der Auslegung [21] mit [18] verbunden: Der Herr werde in der vollen Bestrafung seines Volkes seine Macht erweisen. Gewiß kann »Hand« (s. Anm. zum Text) die Handlung des strafenden Gottes meinen, Gewalt (*g^e^būrāh*) aber deutet eher auf die Heilstaten des Herrn

20 Kann ein Mensch sich Götter machen?
Das sind doch keine Götter.
21 Darum seht, ich bringe sie zur Erkenntnis;
ja, diesmal bringe ich sie zur Erkenntnis
meiner Macht und meiner Gewalt,
und sie werden erkennen:
Mein Name ist Jahwe, der Herr.

Judas Sünde und Strafe: 17^{1-4}

17^{1} Judas Sünde ist aufgeschrieben
mit eisernem Griffel,
mit diamantenem Stift eingegraben Ijob 19^{24}
in die Tafel ihres Herzens 31^{33} Spr 3^{3} 7^{3}
und in die Hörner ihrer Altäre,
2 damit auch ihre Söhne noch denken Dtn 12^{2f}
an ihre Altäre und Kultpfähle 1 Kön 14^{23}

16^{21} Meiner Macht, wörtlich: »meiner Hand«.
17^{1} Ihrer Altäre, M: »eurer Altäre«.
17^{2} Damit ... Kultpfähle: ist vielleicht ein Zusatz, der möglicherweise mit Blick auf $^{3.4}$ eingefügt wurde.

hin. So wird man in ^{21} eher einen Nachtrag zu $^{14.15}$ und ein Wort sehen, das sich an die Völker wendet. Der Verfasser, der in der Weise der Psalmen (vgl. Ps 27^{1} 28^{7} 31^{5} 59^{18}) Jahwe preist, hofft, daß die Völker bis an die Enden der Erde (vgl. Jes 52^{10} Ps 98^{3} 67^{8}) Israels Gott als den einzigen anerkennen, ein Anliegen Deuterojesajas (vgl. Jes 45^{22-24}). In seinem Urteil über die nichtigen Götter verwendet er Aussagen vorangehender Texte (vgl. Jer 3^{22f} $2^{5.8.11}$). Er hofft, daß der Herr die Völker diesmal, wenn die Heimkehr der in alle Länder Verstreuten ^{15} nun wirklich erfolgt, zur wahren Gotteserkenntnis führt. Jahwe ist der Gott, der sich in seinen Taten als der allein mächtige erweist. Darin ergeht zugleich das Gericht – ^{21} ist wie ein Gerichtswort mit »darum« eingeleitet – über die Götter ^{20}, die keine sind.
17^{1-4} Das Gerichtswort mit Anklage $^{1.2}$ und Strafankündigung $^{3.4}$ kann anläßlich eines Sündopfers, bei dem Blut auf die Hörner des Rauchopferaltars bzw. Brandopferaltars gestrichen wurde (Lev $4^{7.25.34}$ 8^{15}), vielleicht auch am Versöhnungstag (Lev 16^{18}) gesprochen worden sein. $17^{3.4}$ stehen mit einigen Textabweichungen auch in $15^{13.14}$. In ^{2} erscheint die dtr Aussage vom Götzendienst auf den hohen Hügeln und unter den grünen Bäumen (vgl. 2^{20} $3^{6.13}$). Auch der Sprachgebrauch in ^{4} weist eine Anzahl seltener, in späten Schriften verwendeter Wörter auf. So ist zumindest unsicher, ob $^{1-4}$ von Jeremia stammen.
Jahwes geoffenbarter Wille, der in exemplarischer Formulierung auf den Gesetzestafeln (Ex 32^{15} 34^{1} u. ö.) des Dekalogs aufgezeichnet war, sollte mit einem hörenden Herzen aufgenommen und festgehalten, gleichsam auf den »Tafeln des Her-

2 Kön 17^{10} bei den üppigen Bäumen
13^{27} und auf den hohen Hügeln des Berglands.
3 Dein Vermögen und alle deine Schätze
15^{13} gebe ich zur Plünderung preis
als Lohn für all deine Sünden
in deinem ganzen Gebiet.
4 Du mußt von deinem Erbteil lassen,
das ich dir gegeben habe.
15^{14} Ich mache dich zum Sklaven deiner Feinde
in einem Land, das du nicht kennst.
Denn Feuer lodert auf in meinem Zorn,
für immer ist es entbrannt.

Fluch oder Segen: 17^{5-8}

5 [So spricht der Herr:]
Verflucht der Mann, der auf Menschen vertraut,
auf schwaches Fleisch sich stützt,
und dessen Herz sich abwendet vom Herrn.

17^{3} Des Berglands: *hararē śādaeh.*
17^{4} Du mußt ...: *jād ekā* – Lodert auf: *qâdᵉḥāh:* M: »ihr lodert«.
17^{5} Die Botenspruchformel [ ] ist redaktionelle Überleitung; sie fehlt in G. – Auf ... stützt, wörtlich: »und Fleisch zu seinem Arm macht«.

zens« (Spr 3^{3} 7^{3}) aufgeschrieben werden. Jetzt aber steht auf den Herzen, im Gewissen des Volkes unauslöschlich, wie in Stein und Bronze eingegraben, die Sünde. Sündopfer können sie, weil die Menschen nicht zur Umkehr bereit sind, nicht tilgen, machen sie vielmehr vor Jahwe erst recht sichtbar – ein warnender Hinweis auf die Gefährlichkeit eines veräußerlichten Kultes. Sie überdauern die Generation der Schuldigen und werden auch der kommenden noch zum Verhängnis: Sie hat die Strafe der Verbannung ^{4}, die der Herr wegen Judas Sünde, wegen des Götzendienstes verhängt hat, zu tragen. Der herausgeforderte glühende Zorn Gottes wirkt sich in Vertreibung und Knechtschaft unter der Gewalt der Feinde aus.

$^{5-13}$ bringen eine Reihe von Worten, die nach Stil, Inhalt oder Zielrichtung weisheitlich geprägt sind. Alle werden wohl durch das Thema »gerechte göttliche Vergeltung« (Nötscher EB) zusammengehalten und dienen, als Jahwewort qualifiziert ($^{5-11}$, vgl. ^{10}), anscheinend als Kommentar zu 17^{1-4}: Jahwe hat den Menschen, die sein Land zum Götzendienst mißbrauchten, entsprechend vergolten, indem er es ihnen wegnahm und sie in ein schweres Dienstverhältnis unter fremden Herren schickte.

$^{5-8}$ Denn der Mensch erntet, wie auch der weisheitliche Tun-Ergehen-Zusammenhang lehrt, die Frucht seiner Einstellung und seines Tuns. Der Fluchspruch $^{5.6}$ stellt mahnend den Menschen in eine Unheilssphäre, der sich nicht auf den Herrn, sondern auf Menschen (schwaches

6 Er ist wie ein kahler Strauch in der Steppe,
der nie einen Regen kommen sieht;
er bleibt auf dürrem Wüstenboden,
im salzigen Land, wo niemand wohnt.
7 Gesegnet der Mann, der auf den Herrn sich verläßt
und dessen Hoffnung der Herr ist.
8 Er ist wie ein Baum, der am Wasser gepflanzt ist Ps 1 3
und am Bach seine Wurzeln ausstreckt:
Er hat nichts zu fürchten, wenn Hitze kommt;
seine Blätter bleiben grün;
auch in einem trockenen Jahr ist er ohne Sorge,
unablässig bringt er seine Früchte.

Weisheitssprüche: 17$^{9-11}$

9 Arglistig ohnegleichen ist das Herz
und unverbesserlich.
Wer kann es ergründen?
10 Ich, der Herr, erforsche das Herz Ps 7 10
und prüfe die Nieren,
um jedem zu vergelten, Röm 2 6

17^{6} Regen, wörtlich: »Gutes«. Schlägt hier die Sachhälfte des Vergleichs durch?
17^{8} Er hat nichts zu fürchten: *jīrā';* M: »er sieht«.
17^{10} Um zu vergelten: *lātet;* M: »und um ...«

Fleisch) stützt. Ein solcher gleicht einem dürren Strauch (Wacholder?), der in der salzigen Wüste mühsam um eine kümmerliche Existenz ringt. So erlebt der nichts Gutes, der sich im Vertrauen auf Menschen den falschen Standort wählt; er hat die unheilvollen Folgen zu tragen. – Der Segensspruch $^{7.8}$ stellt werbend den in einer Heilssphäre, der auf Jahwe vertraut. Er gleicht einem im Garten gepflanzten Baum, der gut mit Wasser versorgt (vgl. Ps 1), eine sichere Existenz und steten Erfolg hat. Hinter dieser Ausrufung von Segen und Fluch wird das Anliegen dtn Predigt sichtbar, die zum Halten der Gebote mahnt und vor Götzendienst warnt (Dtn 11$^{26-29}$, vgl. 30^{19}).

$^{9.10}$ Unter dem Stichwort »Herz« ($^{1.5.9-10}$) wird erneut das Problem der Vergeltung angeschnitten, diesmal mit Blick auf den vergeltenden Gott. Der Verfasser geht wohl von der Frage aus: Wenn der Mensch in seinem sichtbaren Verhalten und Tun richtig, sachgerecht und nach der vorgegebenen göttlichen Ordnung verfährt, wenn er etwa auch im Kult korrekt handelt (vgl. ^{1}) und dennoch Unheil erlebt, handelt dann Gott gerecht? Die Antwort verweist in echter Menschenkenntnis darauf, daß das Wollen und Planen, die Einstellung und die Ziele oft ganz andere sind. Der Mensch versteht es, sie zu verbergen und zu täuschen, wie das schon der Erzvater Jakob tat (Gen 27^{36} Hos 12^{4}). Dieser Schaden in der Personmitte ist anscheinend nicht zu heilen, wie sich am Volk des Herrn zeigt – ein Rätsel, das nicht zu lösen

wie es sein Verhalten verdient,
entsprechend der Frucht seiner Taten.
11 Wie ein Rebhuhn, das ausbrütet,
was es nicht gelegt hat,
so ist ein Mensch,
der Reichtum durch Unrecht erwirbt.
In der Mitte seiner Tage muß er ihn verlassen,
und am Ende steht er als Narr da.

Das Gebet des verfolgten Propheten: 17,12–18

3,17 12 Ein Thron der Herrlichkeit, erhaben von Anbeginn,
ist die Stätte unsres Heiligtums.
13 Du Hoffnung Israels, Herr!
Alle, die dich verlassen, werden zuschanden,
die sich von dir abwenden,
Joh 8,6 werden in den Staub geschrieben;
2,13 denn sie haben den Herrn verlassen,
den Quell lebendigen Wassers.
Ps 6,3 14 Heile mich, Herr, so bin ich heil,

17,13 Die sich von dir abwenden: *w^esûrāēkā.*

ist. Jahwe, der Herzenskenner aber prüft den Menschen im Inneren bis in die feinsten Regungen (vgl. 11,20 12,3 20,12) ganz genau. Er übersieht hier nichts und bezieht das Ergebnis in sein vergeltendes Handeln mit ein. 11 Als ein Beispiel dafür wird der ungerechte Reichtum angeführt, den jemand durch betrügerische Machenschaften erwarb, ohne daß die unlauteren Methoden zu bemerken waren. Als reichen Mann hält man ihn für gesegnet von Gott. Aber er verliert seine Reichtümer; sie bleiben ihm nicht, eine Folge seiner ungerechten Taten beim Erwerb. Die Bildhälfte wird man so verstehen können: »Die Weibchen des Rebhuhns brüten in flachen Mulden, die nahe beieinanderliegen; es kommt vor, daß ein Weibchen sich der Eier einer anderen Henne bemächtigt und sie bebrütet. Aber ihr kleiner Körper reicht nicht aus, diese größere Zahl zu erwärmen und am Schluß sterben alle Küken in den Eiern« (J. Feliks in BHH 1558). Es kann auch auf die Schutzlosigkeit des brütenden Rebhuhns angespielt sein, das sich gegen die vielen Gefahren nicht zu wehren vermag.

12f Aber Israels unverlierbarer Besitz ist die Gegenwart Jahwes, die der Herr zugesagt hat, ist er also im Grund selber, der sich mit seinem Volk verbunden hat. Um so unverständlicher ist es, wenn Israel seinen Gott verläßt und damit das aufgibt, was ihm Existenz, Hoffnung 13 und Zukunft verheißt. Das wäre wie ein Schreiben in den Sand, die Schrift wird vom Wind sofort wieder verweht. Die Mahnung nimmt Wendungen aus Jer 2,13 3,17 14,8 auf und richtet sich wie Jes 65,13 66,5 in nachexilischer Zeit gegen jene, die sich von Jahwe abwenden und seinen Dienst aufgeben. Sie werden zuschanden, nicht bestehen, das Leben nicht meistern. Die Gemeinde des

hilf mir, so ist mir geholfen; Ps 3^{8} 6^{5} 7^{2}
ja, mein Lobpreis bist du. Ps 109^{1}
15 Jene sagen zu mir: Jes 5^{19}
Wo bleibt denn das Wort des Herrn?
Soll es doch eintreffen!
16 Ich aber habe dich nie gedrängt wegen des Unheils
und habe den Unglückstag nicht herbeigewünscht. 5^{12}
Du weißt es selbst;
was mir über die Lippen kam,
liegt dir offen vor Augen.
17 Werde nicht zum Schrecken für mich,
du meine Zuflucht am Tag des Unheils! Ps 61^{4} 71^{1} 91^{2}
18 Meine Verfolger sollen zuschanden werden, 142^{6}
nicht aber ich. 15^{15} 26^{11}
Sie sollen erschrecken,
nicht aber ich. 1^{17}
Bring über sie den Tag des Unheils, Ps 27^{5} 41^{2}
zerbrich sie im verdienten Zusammenbruch!

Die Sabbatheiligung: 17^{19-27}

19 So sprach der Herr zu mir: Geh und stell dich in das Tor der Söhne $7^{1.2}$ 19^{1-3} $22^{1.2}$ 26^{2}

17^{16} Wegen des Unheils: *l^erā^cāh;* M: »Weg vom Hirte-sein«.

Herrn soll sich vielmehr geschlossen um das altehrwürdige Zionsheiligtum scharen. Dort fließt »die Quelle des Lebens« (Ps 36^{10}).

$^{14-18}$ ist ein Gebet Jeremias, Klage und Bitte um Hilfe, die sich an den Gott richten, der Hoffnung und Leben ist. Hilferuf und Dankversprechen ^{14}, Beschreibung der Not ^{15}, Beteuerung der Unschuld ^{16} und Bitte um Wende der konkreten Bedrängnis (durch Bestrafung der Feinde) $^{17.18}$ entsprechen dem Stil der Klagepsalmen. Der Prophet leidet unter dem Vorwurf, daß seine Unheilsverkündigung sich nicht erfüllt habe ^{15} (vgl. Jes 5^{19} Ez 12^{27}). Man spottet über ihn, vielleicht um 605 v. Chr., als scheinbar überhaupt keine Gefahr für den Staat Juda drohte. Die Vorwürfe, er wolle das Verderben des Volkes, dränge finster und böswillig Jahwe, den Untergang herbeizuführen, und lasse nicht locker, treffen ihn tief. Sie machen ihn krank, zermürben ihn, zerstören ihm die Möglichkeit zu wirken. Er wendet sich an Jahwe, der allein heilen, seine Not wenden, ihm helfen kann ^{14}. Nie hat er das Unheil mit seinen Worten herbeireden wollen; sie waren nur in göttlichem Auftrag und als dringende Warnung gesprochen ^{16}. Rettung kann dem Propheten und seinem Auftrag nur zuteil werden, wenn seine Feinde nicht Recht behalten, wenn sie beschämt werden. Darum, nicht aus Rachsucht, bittet er um ihre volle, entsprechende (vgl. 16^{18}) Bestrafung ^{18}. An ihnen soll sich erweisen, daß seine Worte sich erfüllen.

$^{19-27}$ Die Rede über die Sabbatheiligung, die man als Alternativpredigt

des Volkes, durch das die Könige von Juda aus- und einziehen, und
in alle Tore Jerusalems. [20] Sag zu ihnen: Hört das Wort des Herrn,
ihr Könige von Juda, ganz Juda und alle Einwohner Jerusalems, die
Neh 13[15–22] ihr durch diese Tore kommt. [21] So spricht der Herr: Hütet euch um
Jos 23[11] Dtn 4[15] eures Lebens willen, am Tag des Sabbats eine Last zu tragen und
durch die Tore Jerusalems hereinzubringen. [22] Auch dürft ihr am Sab-
Ex 20[8.10] bat keine Last aus euren Häusern hinaustragen und keinerlei Arbeit
Dtn 5[12.14] verrichten. Vielmehr sollt ihr den Sabbat heiligen, wie ich es euren
7[24.26] 11[4.8] Vätern geboten habe. [23] Doch sie haben nicht gehört und ihr Ohr mir
Dtn 9[6.13] nicht zugeneigt, sondern ihren Nacken versteift, ohne zu gehorchen
7[28] 2[30] 5[3] und ohne Zucht anzunehmen. [24] Ihr aber, wenn ihr bereitwillig auf
mich hört – Spruch des Herrn – und am Sabbat keine Last durch die
Tore dieser Stadt bringt, sondern den Sabbat heiligt und an ihm kei-
nerlei Arbeit verrichtet, [25] dann werden durch die Tore dieser Stadt
1[18] 8[1] 13[13] 22[4] Könige einziehen, die auf dem Thron Davids sitzen; mit Wagen und
Rossen werden sie fahren, sie und ihre Beamten, die Männer von
Juda und die Einwohner Jerusalems, und diese Stadt wird für immer
bewohnt sein. [26] Dann kommen von den Städten Judas und aus der
Umgebung Jerusalems, vom Land Benjamin, von der Schefela, vom

17[25] Könige, M: »Könige und Fürsten«, sachlich unzutreffend, vielleicht Dittographie zu *jošᵉbīm*.

(s. [24] und [27a]) bezeichnet hat (Thiel), greift ein Thema der nachexilischen Zeit (Neh 13[15–22]) auf. Sie ist, von dtr Wendungen durchsetzt, nach wiederholt gebrauchtem Schema (7[1f] 22[1f] 26[1f]) dem Propheten umständlich [19.20] in den Mund gelegt, an dieser Stelle wohl, um zu beweisen, daß er keineswegs nur Unheil verkündete und daß er den Untergang nicht wollte, s. 17[16]. Er soll die Predigt allen, an jedem Stadttor halten. Das in [1] genannte Tor ist unbekannt. Zur Zeit des Verfassers gibt es weder König noch Fürst [25]. Die Verbindung zwischen der Hauptstadt und ihrem Umland war anscheinend gestört, so daß auch der Kult am Tempel davon betroffen war [26]. Am Sabbat aber, den man als Markttag betrachtete, herrschte reges Treiben. Waren wurden in die Stadt gebracht, deren Erzeugnisse ebenfalls feilgeboten wurden. Die rechte Ordnung mußte dem Prediger zum Schlechten verkehrt erscheinen. Im Exil hatte das Volk den Sabbat schätzen gelernt; damals wurde die Sabbatruhe in Gottes Tun begründet (Ex 20[11] Gen 2[3]). In der Kultgemeinde von Jerusalem sollte er genauso gelten, und er sollte gehalten werden mit absoluter Arbeitsruhe einschließlich Marktverbot. Wenn das geschieht, kommen die Verhältnisse in Ordnung [25f], wobei der Wunsch nach Selbständigkeit und Blüte des Staates mitschwingt. Die Alternative, die Mißachtung des Gebots bringt die Zerstörung Jerusalems [27]. Wahrscheinlich schaut der Verfasser schon darauf zurück. So hat seine Mahnung, daß sich in dtn Sinn (Dtn 30[15f]) an der Befolgung des Sabbatgebots Leben und Tod entscheidet [21], einen ernsten Hintergrund: Das Volk des Herrn hat nur Bestand und eine glückliche Zukunft, wenn es dem Dienst, dessen

Gebirge und vom Negeb her Wallfahrer, die Brandopfer, Schlachtop-
fer und Speiseopfer samt Weihrauch bringen; auch Dankopfer brin-
gen sie dar im Haus des Herrn. [27] Wenn ihr aber nicht auf mein Ge-
bot hört, den Sabbat zu heiligen, keine Last zu tragen und am Sabbat
durch die Tore Jerusalems zu bringen, dann lege ich Feuer an seine
Tore, das Jerusalems Paläste verzehrt und nie mehr erlischt.

Das Gleichnis vom Töpfer: 18[1–17]

18[1] Das Wort, das vom Herrn an Jeremia erging: [2] Mach dich auf, 71
und geh zum Haus des Töpfers hinab! Dort will ich dir meine Worte
mitteilen. [3] So ging ich zum Haus des Töpfers hinab. Er arbeitete ge-
rade mit der Töpferscheibe. [4] Mißriet das Gefäß, das er in Arbeit
hatte, wie es beim Ton in der Hand des Töpfers vorkommen kann, so
machte der Töpfer daraus wieder ein anderes Gefäß, ganz wie es ihm

18[4] Wie es beim Ton ... vorkommt: *kaḥomaer,* M: *baḥomaer.* Die Lesart des M ist besser: »und mißriet das Gefäß, das er aus dem Ton machte ...«

sichtbares Zeichen für alle die Sabbatruhe ist, und dem Gehorsam gegenüber Gott nichts vorzieht.

18[1–12] Mit 18[1] wird eine kompositorische Einheit eröffnet, die 18–20 umgreift (s. 21[1]). Sie umfaßt »zwei parallele große Einheiten (18 und 19 20), die einen analogen Aufbau zeigen: konkreter Anlaß zur Verkündigung (18[2–6]/19[1f]), Gerichtspredigt (18[11f.13–17]/19[3–15]), anschließende Verfolgung des Propheten (18[18]/20[1–6]) und seine Klage (18[19–23]/20[7–17])« (Thiel).

In 18[2–6] berichtet Jeremia über seinen Gang zum Töpfer, ein von Jahwe angeordnetes [2] und mit seinem Deutewort [6] versehenes Erlebnis, das nach Struktur, Inhalt und Aussage einer symbolischen Handlung nahesteht. Die Töpferwerkstatt lag wohl im südlichen Stadttal, wo Quellen und Ton vorhanden waren. Jeremia sieht dem Töpfer zu, der die Doppelscheibe mit der linken Hand oder mit den Füßen (Sir 38[29]) in Bewegung setzt und seine Gefäße formt. Zu dem Motiv von Töpfer und Ton vgl. Jes 29[15f] 45[9f] 64[7f]. Das Wort des Herrn deutet, was Jeremia sieht: Israel ist wie Ton in der Hand Jahwes; er kann und darf mit ihm verfahren, wie er will. Vom Bild her, das die Arbeit des Töpfers bietet, könnte das Jahwewort so verstanden werden. Vom Ziel des Werkens auf der Töpferscheibe aus betrachtet, wäre das Wort des Herrn [6] in dem Sinn aufzufassen, daß Jahwes Werk, der Israel zu einem brauchbaren Gefäß machen will, immer gelingt, auch wenn es manchmal nicht so scheint. Es komme eben vor, daß ein Versuch mißglückt, wie es beim Töpfer üblich ist. Aber der Text weist in eine andere Richtung. Er will nicht entschuldigen und auch nicht Gottes absolute Souveränität verkünden wie Jes 45[9] Röm 9[21]. Jeremia beobachtet vielmehr, wie das Gefäß mißrät, wieder zum Klumpen zusammengedrückt und ein anderes daraus gemacht wird (s. auch Anm. zum Text). So ist das Haus Israel in der Hand des Herrn. Er kann und wird es, wenn es mißraten ist, zerstören. Erlebnis und Wort laufen auf Gericht und Strafe hinaus, die sie zu-

Jes 45[9] gefiel. [5] Da erging an mich das Wort des Herrn: [6] Kann ich nicht mit
Röm 9[21] euch verfahren wie dieser Töpfer, Haus Israel? – Spruch des Herrn.
Seht, wie der Ton in der Hand des Töpfers, so seid ihr in meiner
Ez 33[11-20] Hand, Haus Israel. [7] Bald drohe ich einem Volk oder einem Reich, es
1[10] auszureißen, niederzureißen und zu vernichten. [8] Kehrt aber das
Volk, dem ich gedroht habe, um von seinem bösen Tun, so reut mich
26[3.13.19] das Unheil, das ich ihm zugedacht hatte. [9] Bald sage ich einem Volk
1[10] oder einem Reich zu, es aufzubauen und einzupflanzen. [10] Tut es
aber dann, was mir mißfällt, und hört es nicht auf meine Stimme, so
reut mich das Gute, das ich ihm zugesagt habe. [11] Und nun sag zu
den Leuten von Juda und zu den Einwohnern Jerusalems: So spricht
der Herr: Seht, ich bereite Unheil gegen euch vor und fasse einen
7[3] 26[13] 23[3] Plan gegen euch. Kehrt doch um, ein jeder von seinem bösen Weg,
und bessert euer Verhalten und euer Tun! [12] Aber sie werden sagen:
6[16] 11[8] Vergebliche Mühe! Wir wollen unseren eigenen Plänen folgen, und
3[17] jeder von uns will nach dem Trieb seines bösen Herzens handeln.
13–17: 2[10–13.32] [13] Deshalb spricht der Herr: Fragt unter den Völkern, wer je Ähnli-
8[7] ches gehört hat. Ganz Abscheuliches hat die Jungfrau Israel getan.

18[6] Spruch des Herrn: fehlt in G, wohl späterer Zusatz.
18[13] Wörtlich: »Deshalb so spricht der Herr.«

gleich mit dem Mißraten des Volkes, mit der göttlichen Verfügungsgewalt und mit der Tatsache, daß Gott sich sein Volk nach seinem Plan und Willen schafft, rechtfertigen.

[7–10] generalisieren das ambivalent ausgelegte Wort [6], so daß Jahwe Gutes und Unheilvolles wirkt und dabei alle Völker erfaßt. Wieder wird mahnend eine Alternative aufgebaut [7f] und [9f]. Die Sprache ist dtr gefärbt (»hören auf die Stimme« [10]; »mir mißfällt«, wörtlich: »böse in meinen Augen« Ri 2[11] 3[7.12] u. ö.), das Anliegen eine positive Auslegung von [6] und der Versuch, das Handeln des völlig freien Gottes verstehbar zu machen. Jedem Volk ist Umkehr, Hinwendung zu Jahwe und seinem Willen möglich. Es steht genauso wie das dem Gericht überantwortete Israel unter dem drohenden und verheißenden Wort Gottes. Er wird entsprechend den Taten, die als Antwort gegeben werden, handeln. Jahwe konnte bei Israel keine Ausnahme machen und hat es nicht getan. Gerade dies gibt allen Völkern, da sie nicht von vornherein verloren sind, und unter ihnen auch wieder dem gestraften Israel die Möglichkeit, sich dem göttlichen Heilswillen in Umkehr und Gehorsam gegenüber seinen Geboten anzuvertrauen.

[11–12] So wendet sich der dtr Prediger an Jahwes Volk. Er sieht den Propheten ihm die Forderung umzukehren verkünden, unterbaut von der Drohung des Herrn. Die Hörer aber weigern sich (vgl. 2[25]). Im Starrsinn ihres bösen Herzens verfolgen sie weiter ihre schlimmen Pläne. Die Aufforderung zur Umkehr kommt nicht an. Darum muß sich das Drohwort erfüllen.

[13–17] Tatsächlich hat Israel nicht gehört und gehorcht. Das sagt ein Jeremiawort mit Schelte [13–15a] und Strafankündigung [15b–17], das wie ein Gerichtswort an [12] angeschlossen ist. [13]

[14] Weicht denn das Felsgestein von der Landschaft, der Schnee vom
Libanon, oder versiegen immerströmende Wasser, sprudelnde Quel-
len? [15] Mein Volk aber hat mich vergessen; nichtigen Götzen bringt 2^{32} 3^{21} 13^{25}
es Opfer dar. Doch ich lasse sie straucheln auf ihren Wegen, den alt- 2 Chron 25^{8}
gewohnten Bahnen, so daß sie auf ungebahnten Pfaden gehen müs-
sen. [16] Ich will ihr Land zu einem Ort des Entsetzens machen, zum 19^{8} 49^{17}
Gespött für immer. Jeder, der dort vorbeikommt, wird sich entsetzen 50^{13}
und den Kopf schütteln. [17] Wie der Ostwind zerstreue ich sie vor dem
Feind. Ich zeige ihnen den Rücken und nicht das Gesicht am Tag ih-
res Verderbens.

Die Bitte um Bestrafung der Gegner: 18^{18-23}

[18] Sie aber sagten:
Kommt, laßt uns gegen Jeremia Pläne schmieden!
Denn nie wird dem Priester die Weisung ausgehen,
dem Weisen der Rat und dem Propheten das Wort.

18^{14} Felsgestein: *ṣūr;* M: »vom Felsen«. Versiegen: *jinnāšᵉtū,* M: »werden ausgerissen«. – Immerströmende: *zārîm,* gewöhnlich: »fremde«.

18^{15} Nichtigen Götzen, wörtlich: »dem Nichts«. – Ich lasse sie straucheln: *wᵉakšīlem;* M: »sie ließen ...«

18^{16} Gespött, wörtlich: »Pfeifen«.

18^{17} Ich zeige: *'ar'em;* M: »ich sehe sie«.

Das Jahwevolk hat seinen Gott vergessen, eine ganz abscheuliche Tat (5^{30} 23^{14}), ein unerhörter Vorgang, und hat die wertlosen Götter verehrt. Israel hat das Gottesverhältnis aufgegeben, das es zu dem machte, was es war. Das ist so unnatürlich, wie wenn sich Felsbrocken vom Feld, der Schnee sich vom Libanon entfernen, immer fließende Quellen sich aus dem Boden herauslösen (so M) bzw. versiegen wollten. Doch Jahwe läßt sie durch ihr Verhalten, das sie nun schon gewohnt sind, zu Fall kommen und zwingt sie in einen ungesicherten, gefährlichen Zustand, indem er ihr Land zur Wüste und zu einem Bild des Grauens macht. Wer dort vorbeikommt, pfeift, um die dort hausenden Dämonen abzuwehren, und schüttelt den Kopf höhnisch und schadenfroh. Der Herr wird sie durch die Feinde forttreiben und verstreuen, wie der Sturm aus dem Osten Sand und Staub vor sich hertreibt. Er wendet sich von seinem Volk ab, wenn das Unheil kommt. Nach M bewirken die Götzen, daß das Volk auf dem einst begonnenen Heilsweg zu Fall kommt, und bringen es auf einen gefährlichen Weg. An dessen Ende steht die Zerstörung des Landes. Jahwe verhängt zudem die Strafe der Verbannung. In keinem Fall aber wird er sich erbitten lassen.

[18] bildet die Überleitung zur Klage Jeremias, indem der Anschlag auf den Propheten als Antwort auf seine vorausgehende Gerichtspredigt aufgefaßt wird. Das Stichwort »Pläne« weist auf [11.12] zurück. Der Plan der Widersacher ist, Jeremia mit der Zunge zu schlagen und nicht auf seine Worte zu achten (s. Anm. zum Text). Sie wollen ihn mit Worten,

Kommt, wir wollen ihn mit seinen eigenen Worten schlagen
und achtgeben auf alles, was er sagt.
19 Gib du, Herr, acht auf mich,
Ps 35^{1} 14^{27} und höre das Gerede meiner Widersacher!
Ps 35^{12} 38^{21} 20 Darf man denn Gutes mit Bösem vergelten?
Ps 71^{6} 57^{7} [Denn sie haben (mir) eine Grube gegraben.]
$15^{1.15.19}$ Denk daran, wie ich vor dir stand,
Num 25^{11} um zu ihren Gunsten zu sprechen
Ps 106^{23} und deinen Zorn von ihnen abzuwenden.

18^{18} Und achtgeben, M: »und nicht lauschen«.
18^{20} [ ] stammt aus ^{22}.

die sie vorbringen, treffen, damit niemand mehr auf seine Verkündigung achtet. Sie sind dazu in der Lage; denn sie sind viele und haben Priester, Weise und Propheten auf ihrer Seite, wie sie mit einem Sprichwort (Duhm, vgl. Ez 7^{26}) sagen. So planen sie, den Propheten, den Unheilsverkünder, aus dem Feld zu schlagen und seine Botschaft wirkungslos zu machen. Vor allem wird an die Heilspropheten gedacht sein (23^{31}), die ihre Aussagen den Worten Jeremias entgegensetzen. So spielt hier die Auseinandersetzung mit den falschen Propheten hinein. Das Sprichwort als solches nennt die Bereiche, in denen die verschiedenen Stände der geistigen Führungsschicht zuständig waren: Tora (Gesetz und seine Auslegung), Rat (im privaten und politischen Leben), Jahwewort. Sie alle, Priester, führende Männer und Propheten stellten sich gegen Jeremia, wie der Verfasser des Verses schon hier betonen will. Besonders während der Belagerung Jerusalems kommt es zur Auswirkung.

$^{19-23}$ Mit dem Stichwort »achten auf« angebunden, folgt ein erneutes Klagegebet des Propheten, das allerdings aus einer anderen Situation stammt, als ^{18} sie voraussetzt. Es bestehen Mordpläne gegen Jeremia; man will ihn beseitigen ^{23}. Deshalb bittet er dringend um Rettung. Zweimal $^{20.22}$ wird als Begründung für den Hilferuf und als Notschilderung angegeben: »Denn sie haben (mir) eine Grube gegraben.« Das ist ein Zeichen dafür, daß der Text gestört ist. Damit ist eine Nahtstelle im Aufbau des Textes bezeichnet: ^{20a} setzt sich in ^{22b} fort. Nach dem Anruf an Jahwe ^{19} folgt eine Unschuldsbeteuerung in ^{20}, ein Gerichtswort $^{21.22a}$, die Anklage gegen die Feinde $^{22b.23a\alpha}$und die Bitte um ihre Bestrafung. Das Gerichtswort kommt, mit »darum« eingeleitet, zu früh und verdoppelt die Bitte, die Gegner zu bestrafen. Wenn von ihren Kindern, Frauen, Männern, jungen Männern und Häusern die Rede ist, paßt dies eher auf die Israeliten als auf die persönlichen Gegner Jeremias. Das Gerichtswort ist wohl nachträglich eingefügt im Blick auf 15^{8} 11^{22}, ebenso der Hinweis auf die Fürbitte Jeremias, die ihn in der Rolle des Mose sieht. Im übrigen spricht der Prophet in Ausdrücken der Klagepsalmen (bes. Ps 35) und eigene Worte. Der Unterschied zu 15^{10-21} und $20^{7-10.\ 14-18}$ ist unverkennbar. 18^{19-23} ist in Parallele zu $20^{7-10.14-18}$ abgefaßt und Jeremia in den Mund gelegt.

Der Prophet bittet in harten, rachsüchtig erscheinenden Worten ^{23} um die Bestrafung seiner Rechtsgegner

21 Darum gib ihre Kinder dem Hunger preis,
und liefere sie der Gewalt des Schwertes aus!
Ihre Frauen sollen der Kinder beraubt Ps 63[11]
und zu Witwen werden, 15[8]
ihre Männer töte die Pest, 11[22]
ihre jungen Männer
erschlage das Schwert in der Schlacht.
22 Geschrei soll man hören aus ihren Häusern,
wenn du plötzlich plündernde Horden
über sie kommen läßt.
Denn sie haben (mir) eine Grube gegraben,
um mich zu fangen; Ps 35[8]
meinen Füßen haben sie Schlingen gelegt. Ps 35[7f] 140[6] 142[4]
23 Du aber, Herr,
du kennst all ihre Mordpläne gegen mich. 15[15] 26
Nimm für ihre Schuld keine Sühne an, Lk 23[34]
lösch bei dir ihre Sünde nicht aus! Ps 51[11] 78[38]
Laß sie zu Fall kommen vor deinen Augen, 6[15] 8[12] 20[11]
handle an ihnen zur Zeit deines Zorns!

Drohreden und ihre Folgen: 19[1]–20[6]

19[1] Der Herr sprach zu mir: Geh und kauf dir einen irdenen Krug,
und nimm einige Älteste des Volkes und der Priester mit dir! [2] Dann
geh hinaus zum Tal Ben-Hinnom am Eingang des Scherbentors!

18[23] Lösch aus: *timaḥ.*
19[1] Der Herr sprach zu mir, vgl. G; M: »so spricht Jahwe«. – Irdenen Krug, M: »einen Geschirrmacherkrug«. – Nimm mit dir: *wᵉlāqaḥtā 'ittᵉkā* mit GST; M: »und«.

(*jᵉrībāj* [19]), die ihm wegen seiner Tätigkeit den Prozeß machen wollen (vgl. 7.26), und damit um die eigene Rettung: Jahwe soll ihnen die Schuld nicht vergeben, wodurch Jeremia als schuldig dastehen würde, sondern sie am Tag des Gerichtes ahnden. Der Zusatz [20b–22a] erklärt, was der Prophet Gutes getan hat, und sieht das ganze Volk als schuldig an, das die furchtbare Strafe in vollem Ausmaß treffen muß. – So wird in [19–23] die Härte der Unheilsbotschaft und des Prophetenschicksals veranschaulicht.

19[1]–20[6] enthalten eine symbolische Handlung mit Gerichtspredigt [1–13] eine Szene am Tempel [14f] und einen Bericht über eine Mißhandlung durch den Oberaufseher am Tempel. Schon die doppelte Ortsbezeichnung [2] weist darauf hin, daß in [1–13] zwei Stücke miteinander verbunden sind: eine symbolische Handlung am Scherbentor ([1.2a*.10.11a]) und eine Predigt zum Thema Tofet im Hinnom-Tal ([2a*b–9.11b–13]) (vgl. schon Giesebrecht, jetzt Thiel), die sich durch dtr Ausdrücke und die Einfügung in die Symbolhandlung als später er-

$7^{2.27}$ 22^{1f} Dort verkünde die Worte, die ich dir sage. [3] Du sollst sagen: Hört
17^{20} das Wort des Herrn, ihr Könige und ihr Einwohner Jerusalems! So
spricht der Herr der Heere, der Gott Israels: Seht, ich bringe solches
6^{19} 11^{11} Unheil über diesen Ort, daß jedem, der davon hört, die Ohren gellen.
1 Sam 3^{11} [4] Denn sie haben mich verlassen, mir diesen Ort entfremdet und an
2 Kön $21^{12.16}$ ihm anderen Göttern geopfert, die ihnen, ihren Vätern und den Köni-
gen von Juda früher unbekannt waren. Mit dem Blut Unschuldiger
7^{31-33} haben sie diesen Ort angefüllt. [5] Sie haben dem Baal eine Kulthöhe
gebaut, um ihre Söhne als Brandopfer für den Baal im Feuer zu ver-
7^{22} brennen, was ich nie befohlen oder angeordnet habe und was mir nie-
mals in den Sinn gekommen ist. [6] Seht, darum werden Tage kom-
men – Spruch des Herrn –, da wird man diesen Ort nicht mehr Tofet
oder Tal Ben-Hinnom nennen, sondern Mordtal. [7] Dann vereitle ich

19^{7} Vereitle ich (*ūbaqqotī*]klingt an *baqbuq* »Krug« an. Durch das Wortspiel wird die Nachinterpretation auch vom Wortlaut her in den Text eingebunden.

weist. 20^{1-6} setzen den Tempel als Ort der Handlung voraus, zu dem $^{13.14}$, wo Jeremia nur nachträglich seine Gerichtsbotschaft wiederholt, überleiten.

Über die symbolische Handlung berichtet der Prophet selbst (vgl. 13^{1} 16^{1} 27^{2} 32^{6}): »[1] Der Herr sprach zu mir: Geh und kauf dir einen irdenen Krug und nimm einige Älteste des Volkes und Priester mit dir! [2] Dann geh hinaus zum Eingang des Scherbentors! [10] Dann zerbrich den Krug vor den Augen der Männer, die mit dir gehen. [11] Sag ihnen: So spricht der Herr der Heere: Ebenso zerbreche ich dieses Volk und diese Stadt, wie man Töpfergeschirr zerbricht, so daß es nie wieder heil werden kann.« Der Bericht teilt nur den Auftrag und das deutende Wort mit, die Ausführung wird als selbstverständlich geschehen betrachtet. Jeremia wird von Jahwe zum Scherbentor gesandt, das wahrscheinlich mit dem Misttor (Neh 2^{13} $3^{13.14}$ 12^{31}) »am Ausgang des Tyropöontales in das Hinnomtal« gleichzusetzen ist (BHH 840). Dort soll er vor den genannten qualifizierten Zeugen ein Tongefäß zerbrechen und das ihm aufgetragene Deutewort sprechen. Es besagt und bewirkt als wirkmächtiges, unwiderstehliches Jahwewort die vollständige und unheilbare Zerstörung, die der Herr über sein Volk und seine Hauptstadt bringen wird. Wie eine herbeigerufene unheilbringende Macht wartet das Wort auf seine Stunde, in der es sich auswirken wird.

Die Tofet-Predigt knüpft an die Ortsangabe »Scherbentor« an, handelt aber von einer anderen Örtlichkeit im Hinnomtal. Tofet bezeichnet wohl eine Feuerstätte, an der Opfer dargebracht wurden. Dort opferte man Söhne oder Töchter, anscheinend sogar für Jahwe (vgl. 7^{31f}). Joschija hatte die Opferstätte zerstört (2 Kön 23^{10}). Nach ^{5} dient sie nun wieder dem Baalskult. Die Predigt nimmt nach einer Einleitung ^{3} diese Sünde $^{4.5}$ zum Anlaß, das Gericht über das Tofet und über Jerusalem anzukündigen $^{6-9.11b-13}$, wobei sie sich $^{5-7}$ ähnlich wie in 7^{31-33} äußert und besonders in der Anklage an die Zeit des Königs Manasse (2 Kön 21) denkt. Damals wurden (2 Kön 21^{16})

die Pläne Judas und Jerusalems an diesem Ort. Ich bringe sie vor den
Augen ihrer Feinde durch das Schwert zu Fall und durch die Hand
derer, die ihnen nach dem Leben trachten. Ich gebe ihre Leichen den 22[25] 21[7] 34[20f]
Vögeln des Himmels und den Tieren des Feldes zum Fraß. 8 Ich ma-
che diese Stadt zu einem Ort des Entsetzens und zum Gespött; jeder, 18[16]
der dort vorbeikommt, wird sich entsetzen und spotten über alle
Schläge, die sie getroffen haben. 9 Ich gebe ihnen das Fleisch ihrer Lev 26[29]
Söhne und Töchter zu essen; einer wird das Fleisch des andern ver- Dtn 28[53]
zehren in der Not und Bedrängnis, mit der ihre Feinde und alle, die Bar 2[3]
ihnen nach dem Leben trachten, sie bedrängen. – 10 Dann zerbrich
den Krug vor den Augen der Männer, die mit dir gehen. 11 Sag ihnen:
So spricht der Herr der Heere: Ebenso zerbreche ich dieses Volk und
diese Stadt, wie man Töpfergeschirr zerbricht, so daß es nie wieder
heil werden kann. Im Tofet wird man Tote bestatten, weil sonst kein 6[14] 7[32]
Platz ist zum Begraben. 12 So werde ich mit diesem Ort verfahren –
Spruch des Herrn – und mit seinen Bewohnern, um diese Stadt dem
Tofet gleichzumachen. 13 Die Häuser Jerusalems und die Häuser der
Könige von Juda sollen unrein werden wie der Ort des Tofet, alle
Häuser, auf deren Dächern man dem ganzen Heer des Himmels 32[29]
Rauchopfer und anderen Göttern Trankopfer dargebracht hat. –
14 Als nun Jeremia vom Tofet zurückkam, wohin der Herr ihn zum

auch viele unschuldige Menschen in Jerusalem getötet. Jahwe hat mit dem Tofet und mit dem Morden nichts zu tun, hat all das weder angeordnet noch akzeptiert. Durch diese bösen Taten und die Hinwendung zu anderen Göttern haben die Bewohner Jerusalems, allen voran die Könige, die Stadt, die Israels Gott sich als den Ort seiner besonderen Gegenwart erwählt hatte, Jahwe abspenstig gemacht [4], ihm sein Eigentum entzogen. Der Herr wehrt sich dagegen; er bringt schwerstes Unheil [3] über Jerusalem [8], wie es schon dem König Manasse (2 Kön 21[12]) angekündigt war. Jeden, der davon hört, packt das Entsetzen, viele zeigen Schadenfreude. Die Bewohner des Landes und der Stadt werden im Hinnom-Tal, nun Mordtal genannt, umkommen [6.7]. Die Kultstätte des Tofet wird durch die Bestattung von Leichen [11b] »unrein«, für kultische Begehungen unbrauchbar (vgl. 2 Kön 23[10]), ebenso die Häuser Jerusalems [13] durch die Toten, die unbestattet liegen bleiben [7], so daß auch der Kult des Himmelsheeres unmöglich wird. Schaurig aber ist die Strafe für die Kinderopfer: Man hat Söhne und Töchter im Brandopfer den Götzen zum Fraß vorgesetzt. Nun müssen die Schuldigen selbst das Fleisch ihrer Nachkommen verzehren [9], wie es Lev 26[29] für den Fall des Ungehorsams dem Volk angedroht und Ez 5[10] für die Belagerung Jerusalems angesagt ist und im Krieg wohl in extremen Situationen auch furchtbare Wirklichkeit war (2 Kön 6[28f]). In dieser Not, wie sie über die Stadt hereinbrechen wird, verschont niemand den anderen. Die Katastrophe, auf die der Verfasser der Predigt schon zurückschaut, ist eine Antwort des Herrn auf das, was sein Volk getan hat. Nur durch diese Einsicht ist sie zu bestehen und zu bewältigen.

Weissagen gesandt hatte, begab er sich in den Vorhof beim Haus des
Herrn und sagte zu allem Volk: [15] So spricht der Herr der Heere, der
7[26] 17[23] Dtn 10[16] Gott Israels: Seht, ich bringe über diese Stadt und über alle ihre
2 Kön 17[14] Nachbarstädte all das Unheil, das ich ihr angedroht habe, weil sie ih-
11[10f] 13[10f] ren Nacken versteift haben und nicht auf meine Worte hören wollen.
21[1] 38[1] Esr 2[37] 20[1] Der Priester Paschhur, der Sohn des Immer, der Oberaufseher
im Haus des Herrn, hörte, wie Jeremia diese prophetischen Worte
V. 10 6[25] verkündete. [2] Da ließ Paschhur den Propheten Jeremia schlagen und
46[5] 49[29] in den Block spannen, der im oberen Benjamintor beim Haus des
Ps 31[14] Herrn war. [3] Als ihn Paschhur am nächsten Morgen aus dem Block
entließ, sagte Jeremia zu ihm: Nicht mehr Paschhur nennt dich der
Herr, sondern: »Grauen ringsum«. [4] Denn so spricht der Herr: Ja, ich
gebe dich dem Grauen preis, dich und alle deine Freunde. Sie werden
unter dem Schwert ihrer Feinde fallen, und du mußt mit eigenen Au-
gen zusehen. Ganz Juda aber gebe ich in die Hand des Königs von
Babel; er wird sie nach Babel wegführen und mit dem Schwert er-
schlagen. [5] Auch allen Besitz dieser Stadt, all ihre Habe, alles Kost-
bare und alle Schätze der Könige von Juda gebe ich in die Hand ihrer
Feinde; sie werden alles rauben, wegschleppen und nach Babel brin-
gen. [6] Du aber, Paschhur, und alle deine Hausgenossen, ihr werdet in
die Verbannung ziehen; nach Babel wirst du kommen, dort wirst du
sterben und dort begraben werden, du und alle deine Freunde, denen
du Lügen geweissagt hast.

[14f] dienen als Überleitung; sie versetzen Jeremia in den Tempel, wo er seine Botschaft vom Hinnom-Tal wiederholt und mit dem Oberaufseher zusammentrifft. Die Nachbarstädte Jerusalems werden hier in das Drohwort einbezogen. Der bewußte und unbeugsame (vgl. den dtr Ausdruck vom »steifen Nacken«) Ungehorsam des Volkes wird hervorgehoben.

20[1–6] berichten von der Mißhandlung des Propheten und seinem Drohwort gegen Paschhur, der ihn mißhandelte. Er ließ ihn schlagen (auspeitschen) und über Nacht in ein Folterwerkzeug spannen, wo er mit »verdrehten« Gliedern – darauf deutet die Bezeichnung hin –, gekrümmt eingeschlossen war. Das geschah am Benjamintor im Norden des Tempels, wohl unweit des gleichnamigen Stadttors. Der Text ist nachträglich überarbeitet worden, wohl in [1] (vgl. 21[1] 38[1], wo Paschhur der Sohn Malkijas ist; [1b] ist im Sinn der Überleitung zugefügt), vielleicht in [2bβ.3a], sicherlich aber im Drohwort. Dieses richtet sich anfänglich nur gegen Paschhur: Jeremia verkündet ihm die Änderung seines Namens [3] und fügt hinzu: »Denn so spricht der Herr: Ja, ich gebe dich dem Grauen preis (doch s. u.): Nach Babel wirst du kommen, dort wirst du sterben und dort begraben werden«. Der Prophet verwendet ein Wortspiel, das ursprünglich wohl lautet: »Jahwe wird deinen Namen nicht mehr Paschhur, sondern *māgūr* rufen«. *māgūr*, abgeleitet von *gūr* »als Fremder weilen« bedeutet hier »Verbannter« (vgl. G: μέτοικον »anderswo wohnend«). Was der geänderte Name besagt, wird seinem Träger geschehen. Er muß nach Babel in die Verbannung

Das Prophetenschicksal: 20,7–18

7 Du hast mich betört, o Herr,
und ich ließ mich betören;
du hast mich gepackt und überwältigt.
Zum Gespött bin ich geworden den ganzen Tag,
ein jeder verhöhnt mich.
8 Ja, sooft ich rede, muß ich schreien,
»Gewalt und Unterdrückung!« muß ich rufen.
Denn das Wort des Herrn bringt mir
den ganzen Tag nur Spott und Hohn.

ziehen. Seine Heimat sieht er nicht mehr wieder. Der Prophet nennt hier zum ersten Mal das Exilsland mit Namen. Babel hat sich als bestimmende Macht durchgesetzt, etwa um 605 v. Chr.

Unter dem Eindruck der Wendung »Grauen ringsum« (6,25 46,5 49,29 Ps 31,14) wurde der Name als *māgōr* »Grauen« gelesen und das beim Fall Jerusalem sich in Paschhurs Umgebung ausbreitende Unheil entsprechend der bitteren Erfahrung ausgemalt. Es wird, wie er selbst mit ansehen muß, seine Gesinnungsgenossen 4.6, wobei vor allem an die Gegner des Propheten gedacht ist, ergreifen, ebenso seine Familie, aber auch ganz Juda und Jerusalem. Auch der Tempel, wo die Schätze der Könige und des Staates verwahrt werden 5, wird nicht verschont. Was Paschhur hüten will, geht verloren. Schließlich wird er 6 vom Bearbeiter des Drohwortes in die Gruppe der schärfsten Gegner Jeremias, unter die falschen Propheten eingereiht (29,9), die noch aus dem Exil gegen ihn vorgehen und verlangen, daß er in den Block gesperrt wird (29,26): Die Mißhandlung Jeremias stärkt die Position dieser Lügenpropheten, die das Volk ins Verderben stürzen.

7–18 bringen als letzte der sogenannten Konfessionen Jeremias in 7–9.14–18 eine erschütternde Klage und Anklage des Propheten, dem sein Beruf zur Last und Qual geworden ist, die er nicht mehr ertragen zu können glaubt. In 10–13 ist ein Klagepsalm eingeschoben, der am Ende in ein Danklied mündet, also die Situation der umgebenden Stücke verläßt. Er schöpft aus Texten des Jeremiabuches und aus Psalmen: 20,12 = 11,20; 10a (»hörte ... ringsum«) = Ps 31,14; als kleinen Hymnus muß man 13 nach Form und Inhalt bezeichnen, wobei auch das Vokabular der Psalmensprache entlehnt ist (»Leben retten« Ps 22,21 u. ö., »Arme« Ps 35,10 37,14 u. ö., »Übeltäter« Ps 22,17 u. ö.). Im überlieferten Text will 7–13 als eine Einheit, als ein Gebet Jeremias verstanden werden mit Klage 7–10, Äußerung der Zuversicht 11, Erhörungsgewißheit 12 und Lob 13. Doch 14 schließt gut an 9 an. Es geht Jeremia nicht um die Verfolgung, der er ausgesetzt ist 10. Dagegen würde er Jahwes Hilfe herbeirufen 11. Was ihn in die Verzweiflung treibt, ist die höhnische Ablehnung, der er nicht entgehen kann, und die ihm das Leben zur ständigen bitteren Qual macht.

7–9 Mit einem Aufschrei und massiven Vorwürfen gegen Jahwe beginnt Jeremia seine Klage. Er wirft seinem Gott vor, daß er seine Unerfahrenheit und Arglosigkeit ausgenützt und mißbraucht habe. Das Wort »betören« (*pth*) hat einen üblen Beige-

9 Sagte ich aber: Ich will nicht mehr an ihn denken
und nicht mehr in seinem Namen sprechen!,
23^{29} so war es mir, als brenne in meinem Herzen ein Feuer,
eingeschlossen in meinem Innern.
6^{11} Ich quälte mich, es auszuhalten,
und konnte nicht;
Ps 31^{14} 10 hörte ich doch das Flüstern der Vielen:
36^{16} Grauen ringsum! Zeigt ihn an!
Wir wollen ihn anzeigen.
Ps 41^{10} Meine nächsten Bekannten
Ps 35^{15} warten alle darauf, daß ich stürze:

schmack; es bezeichnet Ex 22^{15} die Verführung eines Mädchens, Dtn 11^{16} die Verleitung zum Götzendienst, 2 Sam 3^{25} die Täuschung, die 1 Kön 22^{20-22} auch die Lüge zu Hilfe nimmt. Die Beschuldigung, die der Prophet seinem Gott entgegenschleudert, ist schärfer als die von 15^{18}, er sei ihm ein versiegender (eigentlich: trügerischer) Bach geworden. Wie in einem ungleichen Ringen hat Jahwe als übermächtiger Gegner einen schwachen, ahnungslosen Menschen überwältigt und ihm Gewalt angetan. Was drängt Jeremia diese geradezu lästerlichen Worte auf die Lippen? Es ist ^{7b} die Erfahrung, daß er nur noch mit Hohnlachen abgelehnt wird und doch immer wieder Gottes Wort verkünden muß ^{9}. Das quält und verletzt ihn zutiefst. Seine ganze Verkündigung ^{8} ist Gerichtsbotschaft, in der er mit dem Ruf »Gewalt und Unterdrükkung« nicht auf seine Not aufmerksam macht, sondern einerseits die bösen Taten mit dem Hilferuf der Bedrängten (Ijob 19^{7}) im Scheltwort rügt (6^{7} Hab 1^{2f} 2^{17} Am 3^{10}), andererseits das Gericht des Herrn verkündet (Hos 7^{13} Am 5^{9}). Das geht ihm innerlich zuwider; er tut es nur auf Befehl Jahwes. Die Zuhörer antworten mit höhnendem Lachen und verspotten ihn: »Wo bleibt denn das Wort des Herrn? Soll es doch eintreffen!« (17^{15}). Anscheinend droht noch keine unmittelbare Gefahr durch den Feind, von dem der Prophet immer wieder spricht. Dieser aber sieht keinen Ausweg aus seiner schrecklichen Lage. Denn es gelingt ihm nicht, zu schweigen und Jahwes Wort nicht zu verkündigen ^{9}. Das Gotteswort ist auch für ihn unwiderstehlich; es setzt seine Verkündigung durch mit der gleichen Wucht, mit der es, ausgesprochen, wirkt. Er zweifelt nicht an der Wirklichkeit seiner Berufung und leugnet seinen Auftrag nicht. Ihn durch Ungehorsam, durch Verweigerung des Botendienstes zu umgehen, war ihm nicht möglich. So muß er in einer schier unerträglichen Spannung leben. Die Zerreißprobe will er nicht länger ertragen. Der Vorwurf, den der Prophet Gott macht, ist ein Hilfeschrei in äußerster Not. – $^{7-9}$ wird in der erneuerten Liturgie als Lesung im Commune heiliger Männer und Frauen verwendet. Kaum ein anderer Text vermag so eindringlich zu verdeutlichen, was »Prophetenschicksal«, Berufung durch Gott als totale Anforderung sein und verlangen kann.

$^{10-13}$ Dieser Klagepsalm schließt begründend (*kī* »denn«) an die Klage Jeremias an, ändert aber deren Thema: Gewalt und Unterdrückung ^{8} werden ^{10} auf den Propheten bezo-

Vielleicht läßt er sich betören,
daß wir ihm beikommen können
und uns an ihm rächen.
11 Doch der Herr steht mir bei wie ein gewaltiger Held. 32[18] Zef 3[17]
Darum straucheln meine Verfolger und kommen nicht auf. 17[18] 15[15]
Sie werden schmählich zuschanden, 6[15] 8[12]
da sie nichts erreichen,
in ewiger, unvergeßlicher Schmach. 23[40]
12 Aber der Herr der Heere prüft den Gerechten, 11[20] 15[15]
er sieht Nieren und Herz.
Ich werde deine Rache an ihnen erleben;
denn dir habe ich meine Sache anvertraut.
13 Singt dem Herrn, rühmt den Herrn; Ps 96[1f] 98[1] 148[1.7]
denn er rettet das Leben des Armen 149[1]
aus der Hand der Übeltäter. –
14 Verflucht der Tag, an dem ich geboren wurde; Ijob 3[1-12]
der Tag, an dem meine Mutter mich gebar, 15[10]
sei nicht gesegnet.

20[11] Steht mir bei: *'ittī,* M: *'ōti.*

gen, der verfolgt wird. Nach der Beschreibung der Bedrängnis [10] folgt eine Äußerung der Zuversicht [11], in die auch die Bitte um Rettung eingeschlossen ist, darauf eine Beteuerung der Unschuld [12] und schließlich der Ausdruck der Erhörungsgewißheit [13]. Der Verfasser erinnert sich anscheinend der Anzeige, die Jeremia nach Aufzeichnung und Verlesung seiner Drohworte widerfuhr (36). »Betören« [7] wie »können« [9] werden nun von den Feinden [10] ausgesagt. Wieder sind es Menschen aus dem Umkreis des Propheten (vgl. 12[6]), die ihn verfolgen. Die Einsamkeit und das Ausgeliefertsein des Boten Jahwes an übelwollende Zuhörer ist das Bedrängende: Sie spotten nicht mehr, sondern gehen brutal und mit List gegen den Mahner und Verkünder des Unheils vor. Aber auch das weiß der Verfasser des Psalms schon: Jahwe hat seinen bedrohten Propheten errettet, der unschuldig und gerecht war (s. zu 11[20]). Darum ist der Herr mit den Worten der Psalmen zu preisen. Im Textgefüge von [7-18] stellen [10-13] die andere Seite des Jeremiabildes dar. Er ist ein Prophet, der auch noch im Aufbegehren [7-9] und am Rand völliger Verzweiflung [14-18] zu seinem Gott, den er in seinem Schmerz wütend angreift, hält. Und wenn er die Bestrafung der Feinde fordern muß, um selbst gerettet zu werden, geht es ihm doch letztlich um Gottes Sache. Der Verlauf seiner weiteren Tätigkeit wird zeigen, daß der Klagepsalm richtig geurteilt hat. Mit diesem Wissen soll der Leser an [14-18] herantreten.

[14-18] Er stößt, auch wenn die folgende Verwünschung eine konventionelle Äußerung des Leidens widerspiegeln sollte, auf einen erschreckenden Ausbruch maßloser Enttäuschung und tiefster Resignation. Die schiere Verzweiflung scheint aus den Worten Jeremias zu sprechen. Weil er von Gott nicht loskommt und seinem Auftrag wegen der ihn bezwingenden Macht des

15 Verflucht der Mann,
der meinem Vater die frohe Kunde brachte:
Jes 9^{5} Ein Kind, ein Knabe ist dir geboren!,
und ihn damit hoch erfreute.
Gen $19^{21.25.29}$ 16 Jener Tag gleiche den Städten,
die der Herr ohne Erbarmen zerstört hat.
Er höre Wehgeschrei am Morgen
und Kriegslärm um die Mittagszeit,
17 weil er mich nicht sterben ließ im Mutterleib.
So wäre meine Mutter mir zum Grab geworden,
ihr Schoß auf ewig schwanger geblieben.
18 Warum denn kam ich hervor aus dem Mutterschoß,
um nur Mühsal und Kummer zu erleben
und meine Tage in Schande zu beenden?

Der Beginn der Belagerung Jerusalems: 21^{1-10}

71 21^{1} Das Wort, das vom Herrn an Jeremia erging, als König Zidkija

20^{16} Tag: *hajjōm*, M: »Mann«.
20^{17} Im Mutterleib mit GS: *b^erāḥaem;* M: »vom Mutterschoß an«.

Gotteswortes nicht zu entfliehen vermag $^{7-9}$, richtet er seine Angriffe gegen seine eigene Existenz. Nein, das ist kein Leben, das man sich wünschen oder auch nur ertragen kann: Mühsal, Kummer, Schande; keine Hoffnung auf eine Wende. So verflucht der Prophet den Tag seiner Geburt; er steht nicht zu seinem Dasein, lehnt es ab. Damals hat das Unheil begonnen, das sich nun im ständigen Mißerfolg äußert. Der Geburtstag, an dem man mit dem Ausruf »gesegnet sei er« dankbar für das Geschenk des Lebens mit Lob und Bewunderung an die Mutter denkt und Glückwünsche empfängt, war für Jeremia nicht der Beginn einer heilvollen Situation. Von diesem Tag gingen kein Segen und keine Freude aus. Die Meldung von der Geburt eines Knaben war hier eher ein böses Wort. So verwünscht der Prophet den, der sie überbrachte, als könne er dadurch das Ereignis ungeschehen machen. Den Geburtstag betrachtet er wie einen Feind ^{16}, der vernichtet werden muß, ausgelöscht wie die Städte Sodom und Gomorrha. Er wünschte, nicht geboren zu sein ^{17}. Dann hätte er (vgl. 1^{5}) auch die Last seines Auftrags nicht auf sich nehmen müssen. Erschütternder, als es hier geschieht – Ijob hat davon gelernt – kann eine Klage und Schilderung der Not kaum ausgesprochen werden. Ein menschlicher Ausweg bietet sich nicht an, auch keine Hoffnung auf ein glückliches ewiges Leben. Damals war die jenseitige Welt der Toten noch düster, ein dumpfes Dahindämmern ohne jeden Lichtblick und ohne Gemeinschaft mit Gott. Der Text bringt keine Antwort auf den Schrei des Gequälten. Aber Jeremia stand weiterhin im Dienst seines Herrn. Gott ließ ihn nicht fallen. Er hört auch aus den Worten der Verzweiflung noch den Ruf um Hilfe.

21^{1}–24^{10} Mit der Überschrift »Das Wort, das vom Herrn an Jeremia er-

den Paschhur, den Sohn Malkijas, und den Priester Zefanja, den 37[2–10]
Sohn Maasejas, zu ihm sandte mit dem Auftrag: [2] Befrag doch den
Herrn für uns! Denn Nebukadnezzar, der König von Babel, führt ge-
gen uns Krieg; vielleicht handelt der Herr an uns wie bei all seinen
früheren Wundern, so daß Nebukadnezzar von uns abziehen muß.
[3] Jeremia aber antwortete ihnen: Meldet Zidkija folgendes: [4] So
spricht der Herr, der Gott Israels: Fürwahr, ich drehe in eurer Hand
die Waffen um, mit denen ihr vor der Mauer gegen den König von
Babel und die Chaldäer, die euch belagern, kämpft, und hole sie ins
Innere dieser Stadt. [5] Ich selbst kämpfe gegen euch mit hoch erhobe- Dtn 4[34] 5[15]
ner Hand und starkem Arm, mit Zorn, Grimm und großem Groll. 32[37] Dtn 29[27]

21[4] Wörtlich: »So spricht Jahwe [, der Gott Israels]: Siehe, ich wende die Geräte des Krieges [, die in eurer Hand sind], mit denen ihr [gegen den König von Babel und] gegen die Chaldäer kämpft, die euch bedrängen von außerhalb der Mauer [und sammle sie] zur Mitte dieser Stadt hin«: [ ] fehlt in G.

ging« wird auch hier ein großes redaktionelles Textgefüge eingeleitet, das bis 24[10] reicht. In einen Rahmen, der 21[1–10] auf die unter Zidkija drohende und 24[1–10] auf die unter Jojachin erfolgte Wegführung der Jerusalemer und Judäer hinweist, sind Drohworte gegen das Königtum 21[11]–22[30] (mit einem heilvollen Ausblick 23[1–8]) und gegen die falschen Propheten 23[9–32] (samt einer Gerichtsankündigung wegen Mißdeutung des Gotteswortes 23[33–40]) eingefaßt. So wird die zweimalige Eroberung Jerusalems und Verschleppung großer Teile des Volkes insbesondere in der Schuld und dem Fehlverhalten der Könige und der falschen Propheten, ja überhaupt der maßgebenden Leute (23[33]) begründet gesehen, sicher nicht zu Unrecht. Als Stichwort für die Anbindung mag der Name Paschhur 21[1] 20[1–6] gedient haben. Eher aber soll wohl der Kontrast deutlich werden: »der in Kap. 20 um des Wortes Jahwes willen beschimpfte und mißhandelte Prophet erlebt in Kap. 21 den Triumph, daß der König selbst zu ihm schickt, um ein Jahwewort zu empfangen« (Rudolph). Demnach ist und bleibt Jeremia, wenn auch verfolgt und durch Anfeindung zur schieren Verzweiflung getrieben, der wahre Prophet des Herrn.

21[1–10] gliedert sich in einen Bericht über eine Gesandtschaft Zidkijas an Jeremia und dessen Antwort [1–7] und ein Wort an das Volk [8–10]. Die Auskunft, die der Prophet auf die Anfrage des Königs gibt, ist nicht einheitlich überliefert. Teile von [4] fehlen in G, ein Zeichen dafür, daß der Vers nachträglich aufgefüllt wurde. In [5] sagt Jahwe: »Ich selbst kämpfe gegen euch.« Damit stößt sich seine Aussage, daß die Jerusalemer gegen die Chaldäer kämpfen [4]. Der Rest von [5] stammt aus dtr Theologie (s. Randverweise). Von [6] ist nur der Anfang (»ich schlage die Einwohner dieser Stadt«) Jahwewort, das Übrige aber nachträgliche Entfaltung dieser Drohung. Mit [7] beginnt ein Nachtrag (»und danach«), der sich im einzelnen mit dem Schicksal der Überlebenden befaßt. So ergibt sich als ursprüngliches Jeremiawort: »So spricht der Herr: Siehe, ich lenke die Geräte des Krieges von außerhalb

6 Ich schlage die Einwohner dieser Stadt, Mensch und Vieh; an
schwerer Pest sollen sie sterben. 7 Und danach – Spruch des Herrn –
liefere ich Zidkija, den König von Juda, seine Diener und das Volk,
14^{12} das in dieser Stadt der Pest, dem Schwert und dem Hunger entron-
19$^{7.9}$ 20^{4f} nen ist, der Hand Nebukadnezzars, des Königs von Babel, aus, der
Hand ihrer Feinde und der Hand derer, die ihnen nach dem Leben
trachten. Er wird sie mit scharfem Schwert erschlagen, ohne Mitleid,
ohne Schonung, ohne Erbarmen.

der Mauer zur Mitte dieser Stadt hin. Ich selbst kämpfe gegen euch und erschlage die Bewohner der Stadt.« Der Prophet sagt mit diesem Drohwort an, daß Jahwe selbst zum Feind seines Volkes geworden ist, gegen es kämpfen, dazu die Waffen der Feinde benutzen und es schlagen wird.

Ein Interpret jeremianischer Verkündigung griff diese Drohung auf, setzte sie in eine bestimmte Situation und entfaltete sie. Sie schien ihm am besten in die Lage der Stadt am Beginn der Belagerung zu passen, als die Feinde noch nicht an die Mauer herangerückt waren und die Jerusalemer dies durch Kämpfe im Vorfeld zu verhindern suchten. Damals hatte Zidkija eine Gesandtschaft zu Jeremia geschickt (37$^{3-18}$). Darauf bezieht sich der Verfasser des Textes; er übernimmt auch von 37^{3} als Boten den Priester Zefanja, den Sohn Maasejas. Die Kriegsgeräte außerhalb der Mauer versteht er als die Waffen der Belagerten, die Jahwe umwenden, unwirksam machen wird. Daß die Jerusalemer sich gegenseitig umbringen, sagt der Text nicht. Ihre Waffen nützen nichts gegen die belagernden Chaldäer (vgl. 37^{5}), die Jahwe in der Mitte der Stadt im Vollzug ihrer Eroberung versammeln wird.

Der Interpret vertieft aber auch die theologische Dimension des Jeremiawortes. Er verweist darauf, daß Jahwe einst für sein Volk gekämpft hat, bei der Landnahme (Jos 10$^{14.42}$ 23^{10}) und bereits beim Auszug aus Ägypten (Ex 14$^{14.25}$). Auf beide Heilstaten weist das Stichwort »Wunder« ^{2} hin (Ex 3^{20} Jos 3^{5} u. ö.), auf die Rettung aus der ägyptischen Knechtschaft deutet »Pest« ^{6} hin; mit der Pest hat der Herr einst die Ägypter geschlagen (Ex 5^{3}9$^{3.15}$ Num 14^{12}). Einst schlug der Herr bei den Feinden Menschen und Vieh (Ex 8^{13f} 9^{25} 11^{7}), jetzt tut er es bei seinem eigenen Volk ^{6}. Durch diese Gegenüberstellungen von den einstigen rettenden und nun das Volk in der Existenz bedrohenden Taten Jahwes wird der Ernst des Prophetenwortes verstärkt.

Verschärft wird es auch durch die Situationsangabe ^{2} und die Frage nach göttlicher Hilfe; es ist keine allgemeine Strafandrohung, sondern ein Gerichtswort, das sich bereits zu verwirklichen beginnt. Jahwe hat begonnen, seinem Zorn freien Lauf zu lassen und zu strafen. Was das Ende sein wird, führt ^{7} aus. Der Verfasser blickt schon auf die Zerstörung der Stadt zurück und beschreibt das Schicksal des Königs, der führenden Schicht und des Volkes in häufig gebrauchten Wendungen, die das strafende Handeln Gottes ansagen. Der Herr verhängt die dreifach vernichtende Plage Pest, Schwert und Hunger, übergibt in die Hand der Feinde, schlägt mit scharfem Schwert. Sein immer wieder erwiesenes Erbarmen läßt er nicht mehr aufkommen; sein Mitleid drängt er zurück. Schonung wird nicht mehr ge-

8 Zu diesem Volk aber sollst du sagen: So spricht der Herr: Seht, den Dtn 30^{15} 11^{26}
Weg des Lebens und den Weg des Todes stelle ich euch zur Wahl. Spr 6^{23} $16^{14.25}$
9 Wer in dieser Stadt bleibt, der stirbt durch Schwert, Hunger und 38^{2}
Pest. Wer aber hinausgeht und sich den Chaldäern, die euch bela-
gern, ergibt, der wird überleben und sein Leben wie ein Beutestück 39^{18} 45^{5}
gewinnen. 10 Denn ich habe mein Angesicht gegen diese Stadt gerich- 24^{6} 44^{11} Am 9^{4}
tet zu ihrem Unheil, nicht zu ihrem Heil – Spruch des Herrn. Der 34^{2} 37^{8} 38^{3}
Hand des Königs von Babel wird sie ausgeliefert, und er wird sie mit
Feuer verbrennen.

Die Botschaft an die Regierung: 21^{11-14}

11 An das Haus des Königs von Juda:
Hört das Wort des Herrn, Haus David!
12 So spricht der Herr:
Haltet jeden Morgen gerechtes Gericht!
Rettet den Ausgeplünderten 52^{8} 22^{3}
aus der Hand des Gewalttäters!
Sonst bricht mein Zorn wie Feuer los; 4^{4}
er brennt, und niemand kann löschen.

21^{12} M: »wegen eurer bösen Taten«, ein Zusatz am Ende des V. aus 4^{4}.

währt. Es gibt einen Zeitpunkt, an dem die göttliche Langmut zu Ende ist. Für das Volk des Herrn ist er nunmehr gekommen.

$^{8-10}$ Nur dem einzelnen steht noch eine Rettungsmöglichkeit offen: die Stadt verlassen und ins Lager der Feinde gehen. Jeremia hat tatsächlich dazu, nicht nur dem König 38^{17f}, sondern allen im Volk 38^{2} geraten. Sein kurzer Spruch dürfte (vgl. 38^{2}) gelautet haben: »Wer in dieser Stadt bleibt, der stirbt; wer aber zu den Chaldäern hinausgeht, der wird überleben« (Thiel 236). Der Verfasser von $^{8-10}$ hat diesen Rat mit verdeutlichenden Zusätzen erweitert und ihn als Willensäußerung des Herrn dargestellt. Er verweist auf den vielfältig drohenden Tod, die strenge Belagerung, die einzige Beute, die in diesem Kampf zu gewinnen ist: das persönliche Überleben durch Überlaufen zu den Feinden. Er bezeichnet die Weisung Jeremias ausdrücklich als Jahwewort und rahmt sie durch eine Gottesrede. In ihr sagt der Herr ^{8}, daß es bei dieser Anweisung wie bei seinen am Gottesberg verkündeten Geboten um Leben und Tod geht. Und er begründet das ^{10} mit seiner festen Entschlossenheit, Jerusalem preiszugeben, so daß es durch den König von Babel im Feuer vernichtet wird. Auch in dieser Verschärfung der prophetischen Weisung schwingt noch das Erleben bei der Zerstörung der Stadt nach. Wenn der Herr sich fest entschlossen hat, Unheil zu verhängen, gibt es kein Zurück mehr. Muß es soweit kommen?

21^{11-14} Der Abschnitt, der in M durch »und« an das Vorausgehende angeschlossen und mit der Situation von $^{1.2}$ verbunden ist, besteht aus zwei Jeremiaworten $^{11b.12}$ und $^{13.14}$. Das erste ist ein mit einer Drohung

13 Nun gehe ich gegen dich vor, du Stadt,
die du in der Mulde des Felsengebirges
über der Ebene wohnst – Spruch des Herrn.
Ihr freilich sagt: Wer kann über uns kommen
und eindringen in unsere Bauten?
14 Ich zahle euch heim, wie es eure Taten verdienen –
Spruch des Herrn.
50^{32} Ich lege Feuer an den Wald dieser Stadt,
das ringsum alles verzehrt.

Das Drohwort im Königspalast: 22^{1-9}

7^{1f} 17^{19f} 22^{1} So hat der Herr gesprochen: Geh hinab in den Palast des Königs
von Juda, und rede dort folgende Worte! 2 Du sollst sagen: König
von Juda, der du auf dem Thron Davids sitzt, höre das Wort des

21^{13} Wörtlich: »Bewohnerschaft [des Tals] des Felsens der Ebene«.

^{12b} versehener Befehl an die herrschende Dynastie und damit eine Antwort an Zidkija, das zweite ein Drohwort an die Bewohnerschaft der Stadt, vgl. $^{8-10}$. Jahwe nennt dem Haus Davids die Voraussetzung für ein helfendes Eingreifen, das es von ihm erwartet: den Armen, Bedrückten und Beraubten zu ihrem Recht zu verhelfen, wie das Volk es von dem neuen König bei seinem Amtsantritt verlangt Ps $72^{2.4}$, wie es aber gerade in Jeremias Tagen nicht geschah $22^{3.16}$. Das darf nicht nur hie und da einmal, vielleicht in Zeiten der Not erfolgen, sondern stets, täglich, jeden Morgen, dem Zeitpunkt der Gerichtssitzung. Der König muß dafür sorgen, daß es geschieht, vgl. 1 Sam 8^{20}. Er hat Raub und Unterdrückung der Schwachen durch die Mächtigen, vgl. Jes 5^{8} Mi 2^{2} 3^{2}, abzuwehren. Sonst antwortet der Herr mit dem verheerenden Feuer seines Zorns, das erfahrungsgemäß niemand löschen kann, vgl. Jes 1^{31} Am 5^{6}.

Vom Feuer des göttlichen Gerichts spricht auch ^{14} und bedroht damit die Einwohner einer nicht genannten und auf ihre besondere Lage hin angeredete Stadt. Nach dem Zusammenhang ist Jerusalem gemeint, das auf einem nach drei Seiten steil abfallenden Berg lag und sich deshalb für nahezu uneinnehmbar hielt ^{13}. Jahwe beeindruckt das nicht; er eröffnet mit der Herausforderungsformel (Anfang ^{13}) den Kampf, prüft bei solch stolzen und selbstsicheren Worten ^{13b} die Taten nach ^{14a} und vergilt entsprechend. Die Frucht böser Taten ist Strafe, Unheil, wie die Weisheit lehrt, vgl. 17^{10} Mi 7^{13}. Verheerend wie das Feuer, das einen Wald vernichtet und nicht an einer bestimmten Stelle haltmacht, wird das Strafgericht des Herrn die Stadt und das Umland (Judäa) zerstören.

22^{1-9} Der Abschnitt kommentiert $^{1-5}$ im Stil von 7^{1-15} 17^{19-27} das vorausgehende Jeremiawort unter sinngemäßer und wörtlicher Zitierung von 21^{12a}, nimmt $^{6.7}$ einen Ausspruch des Propheten auf und fügt wie in 21^{13f} ein mit Hilfe von Dtn 29^{23-25} 1 Kön 9^{8f} gestaltetes Gerichtswort über Jerusalem $^{8.9}$ an. Der Prophet, der sich anscheinend nach Meinung des Verfassers im Tempel befindet, erhält

Herrn, du selbst, deine Diener und deine Leute, die durch diese Tore
kommen. [3] So spricht der Herr: Sorgt für Recht und Gerechtigkeit,
und rettet den Ausgeplünderten aus der Hand des Gewalttäters! 21^{12}
Fremde, Waisen und Witwen bedrängt und mißhandelt nicht; ver-
gießt kein unschuldiges Blut an diesem Ort! [4] Wenn ihr wirklich die-
ses Wort erfüllt, dann werden durch die Tore dieses Palastes Könige 17^{25}
einziehen, die auf dem Thron Davids sitzen; mit Wagen und Rossen
werden sie fahren, sie selbst, ihre Beamten und ihre Leute. [5] Hört ihr
aber nicht auf diese Worte, so schwöre ich bei mir selbst – Spruch des 17^{27}
Herrn: Zum Trümmerhaufen wird dieser Palast. [6] Ja, so spricht der
Herr gegen den Palast des Königs von Juda: Giltst du mir auch so
viel wie Gilead, wie der Gipfel des Libanon, fürwahr, ich mache dich 7^{34} 27^{17}
zur Wüste, zur unbewohnten Stadt. [7] Ich biete Verwüster gegen dich
auf, die mit ihren Äxten kommen, deine auserlesenen Zedern um-
hauen und ins Feuer werfen. [8] Wenn dann Leute aus vielen Völkern Dtn 29^{23-25}
an dieser Stadt vorbeikommen und einander fragen: Warum hat der 1 Kön 9^{8f} 19^{8}

22^{4} Wörtlich: »er und seine Beamten und sein Volk«; Zusatz nach 2b.
22^{6} Stadt, M: »Städte«.
22^{7} Ich biete auf, wörtlich: »ich heilige«.

den Auftrag, zu dem tiefer gelegenen Königspalast hinunterzugehen, wo sich der König, seine Beamten und Volk versammelt haben, das nach Jerusalem gekommen ist. Zunächst und vor allem ist der regierende Herrscher (»der auf dem Thron Davids sitzt« 17^{25} $22^{2.4.30}$) angesprochen (s. 21^{12} 22^{15}); aber das Wort richtet sich auch an alle (s. $7^{5.6}$ 5^{1}).

»Recht und Gerechtigkeit tun« bezieht sich [3] insbesondere auf die Rechtsprechung, die der Ausbeutung wehrt, auch und gerade bei Personen minderen Rechts, wie es Fremde, Waise und Witwen waren (Ex 22^{20f}). Sie muß sicherstellen, daß niemand ungerecht verurteilt und zu Tode gebracht wird. [4f] stellt in der Alternative den Hörern, hier jedoch ausdrücklich dem Königshaus, Verheißung und Drohung entsprechend der Einstellung zu den Forderungen von [3] vor Augen: Vom »Tun dieses Wortes« hängt es ab, ob Davididen weiterhin in Jerusalem regieren. Verweigerung zieht die Vernichtung des Palastes und damit auch der Dynastie nach sich. Jahwe schwört, da es keine höhere Macht gibt als ihn, bei sich selbst. Die Drohung ist damit kräftig unterstrichen; sie hat sich für den Verfasser schon erfüllt.

[6.7] Darum wendet er ein Prophetenwort, das wohl (s. Ende [6]) Jerusalem meint, auf den Königspalast an. Das waldreiche ostjordanische Gilead und der durch seine mächtigen Zedern berühmte Libanon (Jes 37^{24} Ez 31^{16}) werden als Bild für die herrliche Stadt genommen, an der Jahwe selbst seine Freude hat. Ihr wird die Zerstörung angesagt. Der Herr hat bereits die Verwüster ausgewählt, sie »geheiligt«, d. h. für seine Zwecke reserviert. Diese werden sie und all ihre Pracht, auch den Palast des Königs zerstören.

[8.9] tragen aus dtn Sicht und Theologie in Frage und Antwort (vgl. 5^{19} 16^{10-13}) die Begründung nach. Es ist, anders als in [3] und ergänzend dazu der Bundesbruch, womit die Nicht-

Herr so an dieser großen Stadt gehandelt?, 9 wird man erwidern:
Weil sie den Bund mit dem Herrn, ihrem Gott, aufgegeben, andere
Götter angebetet und ihnen gedient haben.

Gegen Schallum: 22^{10-12}

10 Weint nicht um den Toten, und beklagt ihn nicht! Weint vielmehr
um den, der fortmußte; denn er kehrt nie wieder zurück, nie mehr
sieht er sein Heimatland. 11 Denn so spricht der Herr über Schallum,
den Sohn Joschijas, den König von Juda, der seinem Vater Joschija in
der Regierung gefolgt war und wegziehen mußte von diesem Ort:
Nie mehr kommt er hierher zurück. 12 An dem Ort, wohin man ihn
verschleppt hat, dort wird er sterben und dieses Land nie wiedersehen.

Gegen Jojakim: 22^{13-19}

Mi 3^{10} 13 Weh dem, der seinen Palast
mit Ungerechtigkeit baut,
seine Gemächer mit Unrecht,
Lev 19^{13} Dtn 24^{14f} der seinen Nächsten ohne Entgelt arbeiten läßt
und ihm seinen Lohn nicht gibt,
14 der sagt: Ich baue mir einen stattlichen Palast
und weite Gemächer.

22^{10} Den Toten, M: »einen Toten«, gemeint ist Joschija.

beachtung des (dtn) Gesetzes gemeint ist, und der Götzendienst, der dieses Unheil verursacht hat. Das war letztlich der Grund und die Ursache für die Zerstörung Jerusalems, auf die der Verfasser zurückblickt.

22^{10-12} Ein Ausspruch des Propheten ^{10} wird ^{11f} für spätere Leser interpretiert. Jeremia nennt keine Namen; aber wer gemeint war, konnte aus der Situation mit Sicherheit erschlossen werden. Der Tote, König Joschija (2 Kön 23^{30}), ist besser daran als sein Sohn Joahas, den der Pharao Necho nach seinem Sieg bei Megiddo (609 v. Chr.) nach Ribla am Orontes zitierte (2 Kön 23^{33f}), absetzte und nach Ägypten mitnahm, wo er starb. Denn in der Verbannung weilen und sterben zu müssen, ist das härtere Schicksal. Während Joahas, der vor seiner Thronbesteigung Schallum hieß, auf dem Weg zum Pharao war, sprach Jeremia die Aufforderung zur Klage um ihn aus; ihm, der nie wiederkehren wird, kann man schon das Leichenlied (vgl. 16^{5} 48^{17}) singen. An seiner Stelle wurde sein älterer Bruder (2 Kön $23^{31.36}$) Eljakim von Necho zum König gemacht und Jojakim genannt. Der Pharao wollte zeigen, wer der Herr im Lande ist, und eine Fortführung der Politik Joschijas unterbinden.

22^{13-19} folgen Aussprüche gegen Jojakim ^{18}: ein als Weheruf gestaltetes Scheltwort ^{13f}, eine Gegenüberstel-

Er setzt ihm hohe Fenster ein,
täfelt ihn mit Zedernholz
und bemalt ihn mit Mennigrot.
15 Bist du König geworden, um mit Zedern zu prunken?
Hat dein Vater nicht auch gegessen und getrunken,
dabei aber für Recht und Gerechtigkeit gesorgt?
Und es ging ihm gut.
16 Dem Schwachen und Armen verhalf er zum Recht.
Heißt nicht das, mich wirklich erkennen?
– Spruch des Herrn.

22^{16} M liest nach »verhalf er zum Recht«: »da war es gut«. Dieser Satz wird meist als Zusatz betrachtet, vgl. ^{15}.

lung des Königs mit seinem Vater ^{15f}, ein erneutes Scheltwort ^{17}, an das sich ein Drohwort ^{18f} anschließt. Weheruf und Drohwort reden über den König Jojakim; in $^{15a.17}$ ist er direkt angesprochen; $^{15b.16}$ handeln von seinem Vater Joschija. $^{18a\alpha}$ (»Darum ... Juda«) fungiert als Überleitung. Deshalb ist anzunehmen, daß der Weheruf ^{13f} in $^{18a\beta}$ weitergeführt wird. Die Schelte $^{15-17}$ wurde nachträglich eingefügt.

Der Weheruf über den Palastbauer $^{13f.18*.19}$. »Weh« ruft der Prophet (vgl. schon Am 5^{18} 6^{1} Jes 5^{8-24} Mi 2^{1}) und nimmt in diesem Wort den Klageruf (vgl. ^{18}) der Totenklage auf. Er tritt mit ihm einem Menschen entgegen, dessen Tun unheilvoll und todbringend für diesen selber ist. Nicht das Bauen als solches ist verwerflich und verderbenbringend, sondern das Unrecht (vgl. auch Hab 2^{9}), das im Fall Jojakims dabei geschieht. »Bauen« und »pflanzen« werden ja als Stichworte der Heilszusage im Jeremiabuch (1^{10} u. ö.) verwendet und entsprechen dem berechtigten Verlangen des jungen Israeliten, der eine Familie gründen will. Sünde, die den Menschen ins Unheil stürzt, ist das Unrecht, das dieser Bauherr verübt, indem er den Arbeitern den Lohn vorenthält und so seine Brüder im Volk des Herrn ausbeutet. Zudem ist der Aufwand angesichts der hohen Tributleistung, die an den Pharao entrichtet werden mußte (2 Kön 23^{35}), nicht zu rechtfertigen. Das Volk war schon bis zur Unerträglichkeit belastet. Dennoch wird ein weiteres Stockwerk auf den Palast aufgesetzt, anscheinend ein Audienzfenster (vgl. 2 Kön $9^{30.32}$) nach ägyptischem Vorbild ausgebrochen und der Palast vergrößert; alles soll stattlich und prachtvoll wie bei Salomo (vgl. 1 Kön 6^{9} 7^{7}) sein. Die Strafe ^{18f} wird den prunksüchtigen Ausbeuter treffen: Der so prächtig wohnen will, erhält nicht einmal ein rechtes Begräbnis. Die Totenklage, von der die Liedanfänge zitiert werden (vgl. 1 Kön 13^{30}), wird für ihn nicht gehalten; man wirft ihn wie ein verendetes Tier auf den Schindanger vor der Stadt. Für den Israeliten, der dadurch entehrt wurde, daß er kein Begräbnis erhielt, und fürchten mußte, in der Unterwelt keine Ruhe zu finden, war dies eine furchtbare Drohung. Ob sie sich an Jojakim erfüllt hat, ist nicht bekannt. 2 Kön 24^{6} meldet nur: »Jojakim entschlief zu seinen Vätern.«

Die Schelte $^{15-17}$ rügt den König wegen seines prunksüchtigen Gehabes ^{15a} und wegen seiner räuberischen

17 Doch deine Augen und dein Herz
sind nur auf deinen Vorteil gerichtet,
7^6 22^3 2 Kön 24^{1-4} auf das Blut des Unschuldigen, das du vergießt,
auf Bedrückung und Erpressung, die du verübst.
18 Darum – so spricht der Herr über Jojakim,
den Sohn Joschijas, den König von Juda:
Man wird für ihn nicht die Totenklage halten:
»Ach, mein Bruder! Ach, Schwester!«
Man wird für ihn nicht die Totenklage halten:
34^5 »Ach, der Herrscher! Ach, seine Majestät!«
19 Ein Eselsbegräbnis wird er bekommen.
36^{30} Man schleift ihn weg und wirft ihn hin,
draußen vor den Toren Jerusalems.

Jerusalems Sturz: 22^{20-23}

20 (Jerusalem,) steig auf den Libanon, und schrei,
im Baschan erheb deine Stimme,
schrei vom Abarimgebirge herab,
daß alle deine Freunde zerschmettert sind.
21 Ich habe dir zugeredet,
als du dich noch sicher fühltest;
du aber hast gesagt: Ich höre nicht.
So hast du es getrieben von Jugend an:
Du hast auf meine Stimme nicht gehört.
Hos 12^2 22 All deine Hirten wird der Wind weiden,
deine Freunde müssen fort in die Gefangenschaft.

Gewinnsucht (vgl. Spr 1^{19} 15^{27}), die bei dem Hausbau hervortreten (vgl. Hab 2^9). Sich so zu gebärden, ist nicht die Aufgabe des Königs. Was seine Pflicht ist, wird am Beispiel Joschijas, eines keineswegs darbenden und dem Lebensgenuß abgeneigten Herrschers (s. »essen und trinken«, vgl. ^{15}), der vom dtr Werk (2 Kön 22^3 und vgl. den Bericht über ihn 2 Kön 22^1–23^{30}) so positiv beurteilt wird, in dtr Sicht (vgl. auch Jer 22^{16}: »damals war es gut«) dargelegt: Recht und Gerechtigkeit tun (1 Kön 10^9), worauf die dtn Verheißung des Wohlergehens steht (»es ging ihm gut«: vgl. Dtn 10^{13} 19^{13}); den Schwachen und Armen zum Recht verhelfen, wie schon die Weisheit sagt (Spr 31^9, vgl. Ps $72^{2.12f}$); kein unschuldiges Blut vergießen (Dtn 21^{8f} 27^{25} 2 Kön 24^4); keine Unterdrückung und keine Erpressung (vgl. Dtn 28^{33}) ausüben. Das ist wahre Gotteserkenntnis ^{16b}, Erkenntnis und Ausführung des göttlichen Willens. In ihr muß der König, jeder, der eine Leitungsfunktion hat, vorbildlich sein. Der Herr erwartet und verlangt es, wie die »Spruch-Formel« (Ende ^{16}) bezeugt.

Die wahrscheinlich kurz vor 597 v. Chr. an Jerusalem gerichtete Aufforderung zur Klage $^{20-23}$ wird von Jahwe selbst ^{21} ausgesprochen. Sie setzt die unmittelbar bevorstehende

Dann wirst du Schmach und Schande ernten
wegen all deiner Untaten.
23 Die du auf dem Libanon thronst (Jerusalem),
in Zedern nistest,
wie wirst du stöhnen,
wenn Wehen über dich kommen,
Schmerzen wie die einer Gebärenden.

Gegen Jojachin: 22²⁴⁻³⁰

24 So wahr ich lebe – Spruch des Herrn –, selbst wenn Jojachin, der 2 Kön 24⁸⁻¹⁶
Sohn Jojakims und König von Juda, ein Siegelring an meiner Rechten
wäre, ich risse dich weg. 25 Ich gebe dich in die Hand derer, die dir 19⁷
nach dem Leben trachten, in die Hand derer, vor denen dir graut, in 39¹⁷

22²³ Wirst du stöhnen: *nae'aenahat* mit GSVg, M: »du wirst Erbarmen finden«.
22²⁴ Jojachin: in M Konjahu genannt, wohl eine Abkürzung von Jekonjahu (M: 24¹, vgl. 29²).

Eroberung voraus, die sie somit eindrucksvoll ankündigt. Jerusalem soll gleichsam auf den hohen Bergen im N (Libanon), NO (Baschan mit dem Hermon) und SO (Abarim mit dem Nebo), von denen man in das Land Kanaan schauen kann, klagend um Hilfe schreien. So groß wird die kommende Bedrängnis sein. Berge werden auch 3²¹ 7²⁹ als Ort der Klage genannt. Die Bundesgenossen (»Freunde«, vgl. 30¹⁴) sind bereits besiegt. Zusammen mit den führenden Männern ²², die der Sturm der feindlichen Strafaktion hinwegfegt, werden sie gefangen weggeführt. Das Gericht kommt nicht von ungefähr. Es ist von Jahwe verhängt wegen der bösen Taten, und weil Jerusalem im Wahn falscher Sicherheit nie auf Gottes Wort hören und gehorchen wollte ²¹. Tatsächlich ist Jerusalem eine fast uneinnehmbare Festung, unzugänglich wie der Libanon (vgl. 22⁶), wie ein Vogelnest auf einer hohen Zeder. Doch es wird die bittere Not der Belagerung und Zerstörung verspüren.

König Jojachin wird ²⁴⁻³⁰, obwohl er erst kurz im Amt ist – er regierte nur drei Monate – und für das Fehlverhalten Judas nicht verantwortlich ist, ebenfalls von dem Strafgericht Jahwes mitbetroffen. Drei jeremianische, nachträglich kommentierte Aussprüche beschreiben (1.3) und beklagen (2) sein Geschick.
Das erste Prophetenwort lautete ursprünglich wohl: »²⁴ So wahr ich lebe – Spruch des Herrn – selbst wenn du, Jojachin, ein Siegelring an meiner Rechten wärest, ich risse dich weg; ²⁶ ich schleuderte dich ²⁷ auf die Erde« (Hermisson). Das Siegel, mit dem der Besitzer wie mit einer Unterschrift persönlich signiert, wird sorgfältig gehütet, als Ring an der rechten Hand oder an einer Schnur um den Hals getragen. Selbst wenn Jojachin, dem von Israels Gott Vollmacht gegeben ist, für Jahwe so kostbar wäre, Jahwe wird sich von ihm trennen und ihn verwerfen. Hierin zeigt sich der bittere Ernst des beschlossenen Gerichtes. Das Wort des Propheten wurde ²⁵⁻²⁷ im

die Hand Nebukadnezzars, des Königs von Babel, und in die Hand
der Chaldäer. [26] Ich schleudere dich samt deiner Mutter, die dich ge-
bar, in ein anderes Land, in dem ihr nicht geboren seid, und dort wer-
V. 11f 42[16] det ihr sterben. [27] In das Land aber, nach dem ihr Herz sehnlich zu-
rückverlangt, werden sie nie wieder kommen. – [28] Ist denn dieser
Mann Jojachin ein verachtetes, zerschlagenes Gefäß oder ein Gerät,
16[13] das niemand mehr mag? Warum wird er fortgeschleudert und hinge-
worfen in ein Land, das er nicht kennt? [29] Land, Land, Land, höre das
Wort des Herrn! [30] So spricht der Herr: Schreibt diesen Mann als
kinderlos ein, als Mann, der in seinem Leben kein Glück hat. Denn
17[25] 22[4] 29[16] keinem seiner Nachkommen wird es glücken, sich auf den Thron Da-
vids zu setzen und wieder über Juda zu herrschen.

22[28] M liest nach »fortgeschleudert«: »er und seine Nachkommen (Same)«.

Nachhinein aufgrund der Ereignisse (2 Kön 24[12.15] 25[27–30]) kommentiert: So hatte sich die Drohung des Herrn erfüllt.

Das zweite Wort Jeremias steckt in [28]: »Ist denn Jojachin ein verachtetes Gefäß oder ein Gerät, das niemand mehr mag? Warum wurde er auf die Erde geschleudert?« (Duhm, Thiel). Jeremia beklagt – s. das vorwurfsvolle (vgl. 2[31] 8[5]), klagende (vgl. 14[19]) »Warum?« – mit der anscheinend sprichwörtlichen Wendung von »dem Gefäß, das niemand mehr mag« (48[38] Hos 8[8]), die Verwerfung Jojachins, dem er keine Schuld zur Last legt (s. auch 1 und 3). Die Interpretamente verbinden das Wort mit dem folgenden (»dieser Mann« [30]; »er und sein Same«, vgl. [30]) und dem vorausgehenden (*'aeraeṣ* »Erde« wie in [27] in »Land« umgedeutet) und weisen auf die Verschleppung hin (»hingeworfen in ein Land, das er nicht kennt«, vgl. 15[14] 16[13] 17[4]; auch »zerschlagen« [*nāfūṣ*] läßt die häufigere Bedeutung »verstreut« anklingen).

Der dritte Ausspruch findet sich in [30]: »Schreibt diesen Mann als kinderlos ein; denn keinem seiner Nachkommen wird es glücken, wieder über Juda zu herrschen«. Auch keiner von Jojachins Söhnen – sie werden 1 Chr 3[17f] aufgezählt – wird König von Juda sein. Es ist, wie wenn er kinderlos wäre und als solcher in die Bürgerliste Jerusalems eingetragen werden müßte. Die Nachinterpretation bezeichnet (»der in seinem Leben kein Glück hat«) Jojachins Leben als mißlungen, da ihm auch dieses Letzte versagt war, daß wenigstens seine Nachkommen, wenn er schon kein Glück hatte, Erfolg hätten. Sie nimmt das dtr Anliegen (vgl. 1 Kön 1[13–48] 2[12.24]) vom Herrscher auf dem Davidsthron auf. Sie steht vor der Erfahrung, daß kein Davidide mehr in Jerusalem herrscht. So gesehen, geht es in dem Wort eigentlich um das Geschick des Landes, das, wie in 1 Kön 13[2] der Altar von Bet-El, in dreifachem Anruf [29] eindringlich zum Hören aufgefordert wird: Das traurige Schicksal Jojachins ist Strafe für das Volk des Herrn. Jahwe hat seine große Zusage, die Davidsverheißung (2 Sam 7[16]) zurücknehmen müssen. War das wirklich notwendig, und kann er auf Dauer von seiner Verheißung Abstand nehmen?

Darauf antworten 23[1–8] als Abschluß der Königssprüche. Ein Wehespruch gegen die Hirten (= Könige, führende Männer) [1] wird mit einem

Der Davidsproß: 23[1-8]

23[1] Weh den Hirten, die die Schafe meiner Weide zugrunde richten 10[21] Ez 34
und zerstreuen – Spruch des Herrn. [2] Darum – so spricht der Herr,
der Gott Israels, über die Hirten, die mein Volk weiden: Ihr habt
meine Schafe zerstreut und versprengt und habt euch nicht um sie ge-
kümmert. Jetzt ziehe ich euch zur Rechenschaft wegen eurer bösen
Taten – Spruch des Herrn. [3] Ich selbst aber sammle den Rest meiner Ez 34[12f]
Schafe aus allen Ländern, wohin ich sie versprengt habe. Ich bringe
sie zurück auf ihre Weide; sie sollen fruchtbar sein und sich vermeh- 3[16]
ren. [4] Ich werde für sie Hirten bestellen, die sie weiden, und sie wer- 3[15]
den sich nicht mehr fürchten und ängstigen und nicht mehr verloren-
gehen – Spruch des Herrn.
[5] Seht, es kommen Tage – Spruch des Herrn –, da werde ich für Da- 33[15f]
vid einen gerechten Sproß erwecken. Er wird als König herrschen Jes 16[5] 32[1]
und weise handeln, für Recht und Gerechtigkeit wird er sorgen im Sach 3[8] 22[3.15]

Drohwort gegen sie fortgeführt [2], das in ein Heilswort für die verstreuten Israeliten [3.4] übergeht. Eine Verheißung des künftigen Heilskönigs [5.6] und der Heimführung Israels [7.8] wird jeweils mit der »eschatologischen« Formel »siehe Tage werden kommen« eingeleitet. Alle diese Einzelworte erweisen sich nach Thematik (Heimkehr der Diaspora, messianische Erwartung, »Hirten«-Thema, wie Ez 34) und Begrifflichkeit (z. B. »Sproß« als Bezeichnung für den erwarteten Heilsträger, vgl. Jes 11[1] 4[2] Sach 3[8] 6[12]; Volk Jahwes als »Herde«, bzw. »Schafe seiner Weide« Ps 100[3] 77[21] 78[52] 79[13]) als spät.

[1] Das Wehe (s. 22[13]) wirft den untreuen (2[8]) Hirten vor, daß sie am Untergang des Volkes Jahwes schuld sind. Das Gerichtswort [2a] spricht es noch einmal deutlich aus, um Jahwes Strafe [2b] (vgl. 21[14]) anzukündigen. Sie bleibt nicht der Auswirkung der fluchwürdigen Tat (so die ursprüngliche Intention des »Wehe«) überlassen. Jahwe, um dessen »Herde« es geht, ist herausgefordert und greift ein. In einem Wortspiel mit dem Verbum *pāqad* »(unter-, heim-)suchen« werden Vergehen und Strafe im M (»ihr habt sie«, die Schafe, »nicht gesucht«; »jetzt suche ich an euch« eure bösen Taten »heim«) im Sinn von Tat und von der durch Gott verhängten Folge verbunden: Hirte sein, auch im Auftrag Gottes, bedeutet Verantwortung tragen; wer unverantwortlich oder verantwortungslos gegenüber denen handelt, die ihm anvertraut sind, den zieht der Herr zur Verantwortung. Aber Jahwe läßt seine »Herde« nicht im Stich, sondern sammelt sie und führt sie heim in ihr Land. Er schenkt Fruchtbarkeit; hier wird das Anliegen von P (vgl. Gen 1[22.28] u. ö. Ez 36[11]) aufgegriffen. Sie können in Ruhe und ohne Angst im Land leben; denn der Herr setzt Hirten ein (hier ist das Stichwort der Davidsverheißung 2 Sam 7[12.25] *qūm* hi., vgl. auch Ez 34[23] aufgenommen), die sich um sie kümmern.

[5.6] Ein erneutes Heilswort nimmt das Stichwort *qūm* hi. noch einmal auf, um es eindeutig im messianischen Sinn zu verwenden: Es wird eine Zeit kommen, in der ein Davidide,

Land. [6] In seinen Tagen wird Juda gerettet werden, Israel kann in Si-
cherheit wohnen. Man wird ihm den Namen geben: Der Herr ist un-
16[14] sere Gerechtigkeit. [7] Darum seht, Tage werden kommen – Spruch des
Herrn –, da sagt man nicht mehr: So wahr der Herr lebt, der die
Söhne Israels aus Ägypten heraufgeführt hat!, [8] sondern: So wahr der
Herr lebt, der das Geschlecht des Hauses Israel aus dem Nordland
und aus allen Ländern, in die er sie verstoßen hatte, heraufgeführt
und zurückgebracht hat. Dann werden sie wieder in ihrem Heimat-
Ez 36[17] land wohnen.

Gegen die falschen Propheten: 23[9–32]

Ez 13 [9] Über die Propheten:
Mir bricht das Herz in der Brust,
alle meine Glieder zittern.

als erwarteter königlicher Heilsträger aus dem Davidsstamm nach Jes 11[1] »Sproß« genannt, die Königsherrschaft ausübt. Er ist gerecht, handelt so, wie es richtig ist und Gott es verlangt, und verhilft allen, besonders den Unterdrückten und Benachteiligten, zum Recht. Sein Name, den er deshalb zu Recht trägt, sagt aber noch mehr aus. Er bedeutet nicht, daß der kommende Messias hier als Gott vorgestellt und Jahwe gleichgestellt würde. Nach 33[16] wird Jerusalem ebenso genannt. Er trägt nicht den Jahwenamen »der Herr« mit dem Beinamen »unsere Gerechtigkeit«. Erst das NT kündet den göttlichen Ursprung und das Gottsein des messianischen Königs. Die Benennung, die ihm [6] zuteil wird, meint vielmehr, daß der Herr zu seiner aus reiner Gnade übernommenen Verpflichtung steht, das Heil seines Volkes zu bewirken. Das ist seine »Gerechtigkeit« uns gegenüber und für uns. Er wirkt sie durch den kommenden Davidssproß [5]. Deuterojesaja sagt: durch seinen Knecht (Jes 42[6]). Zidkija, an dessen Namen die Bezeichnung des kommenden Königs anklingt (*jhwh ṣidqenū*), ist in [5.6] nicht, auch nicht in Erwartung eines heilvollen Regiments, am Beginn seiner Herrschaft angesprochen. Eher diente der schwache König, der in entscheidender Stunde kläglich versagte, (38[14–28]) der späteren Hoffnung als negativ düsterer Hintergrund: Wenn nicht der Herr selbst durch seinen Erwählten handelt, wird kein Heil, bleibt ein solcher Name leer.

[7.8] Noch einmal wird in einem weiteren Heilswort die Heimkehr der Diaspora angesagt, ein Zeichen dafür, welches Gewicht diese Thematik für den Verfasser und seine Zeit hatte. Sie steht so sehr im Vordergrund, daß dahinter das große heilsgeschichtliche Thema von der Herausführung aus Ägypten zurücktritt, wie es auch bei Deuterojesaja der Fall ist (vgl. Jes 43[14–21]). Als Erweis der Macht Jahwes, der beim Schwur angerufen wird, gilt nun die Heimführung aus der weltweiten Zerstreuung. Der ungestörte Besitz des verheißenen, verlorenen und nun wiedergeschenkten Landes ist das Ziel der Hoffnung auf das Heilshandeln Gottes.

In 23[9–40] sind eine Reihe von Aussprüchen über die Propheten zusammengestellt: An der allgemeinen

Wie ein Betrunkener bin ich,
wie ein Mann, der vom Wein überwältigt ist,
wegen des Herrn und seiner heiligen Worte:
10 Voll von Ehebrechern ist das Land;
ja, wegen des Fluches vertrocknet das Land, 12⁴ Jes 24⁶
sind die Weideplätze der Steppe verdorrt.
Schlechtigkeit ist ihr Ziel, 8⁶
Unrecht ihre Stärke.
11 Sogar Prophet und Priester sind ruchlose Frevler,
selbst in meinem Haus
stoße ich auf ihre Schlechtigkeit
– Spruch des Herrn.

23 10 Wegen des Fluches, G: »ihretwegen« (d. h. wegen der Ehebrecher).

Verderbtheit [9–12] haben die Propheten besonderen Anteil und Schuld [13–15]; sie erweisen sich als falsche Propheten [16–22], denn Jahwes Wort wird ihnen nicht zuteil [23–32]. Den Abschluß bildet ein später Abschnitt über »die Last des Herrn« [33–40]. Auffallend häufig steht die »Spruch-Jahwes«-Formel, die zwar anscheinend wichtige Aussagen unterstreicht, eher aber Zusätze, die weitere Auslegungen und Konkretisierungen beisteuern, anbindet.

[9–12] Jeremia klagt erschüttert und bis ins Herz getroffen, vgl. 4[19] 8[8], über die völlige Verderbnis des Volkes [9.10.12a]. Er ist wie betäubt, seiner Stimme kaum mächtig. [10] Denn er stellt Ehebruch, womit wohl in erster Linie, doch nicht ausschließlich und damit zusammenhängend (vgl. 5[7]), der Fruchtbarkeitskult (3[8.9]) gemeint ist, fest, der im Land sehr häufig geschieht. Er beobachtet, daß man dem Bösen, das man sich vorgenommen hat, nachrennt, und Macht, die man hat, mißbraucht. Ein Zusatz nach 4[28] 12[4] mitten in [10] weist darauf hin, daß der Fluch, den das böse Treiben, vor allem des Fruchtbarkeitskultes, hervorruft, das Land verdorren läßt (vgl. 3[24f]). [12] Dieses üble Tun wird die Täter ins Unglück stürzen; mit einem Bild, das vom unwegsamen Bergland Palästinas genommen ist: Sie gehen im Dunkeln gefährliche Wege, auf denen man zu Fall kommen muß.

Ein Redaktor, der dieses Scheltwort über das Volk wegen des Themas »Ehebruch« [10.14] auf die Propheten bezog [9], bringt sie (und die Priester) in den Text [11] ein: Auch sie sind beteiligt, treiben ihre Bosheit (s. [10]) in Gegenwart Jahwes und entweihen (*ḥnp*, vgl. 3[1.2]) seinen Tempel. Darum wird Jahwe [12b] sie entsprechend bestrafen ([12b] = 11[23] mit geändertem Adressaten).

Einen zweiten Gedanken bringt der Redaktor [10b] im Blick auf das ab [16] verhandelte Thema »Wort Jahwes« herein: Jeremia als wahrer Prophet hängt nicht leeren Träumen nach und befindet sich nicht in selbstgemachter Ekstase, sondern ist getroffen und überwältigt von dem heiligen (vgl. Ps 105[42]), unverfügbaren Wort des Herrn. [10–12] wird dann als ein solches Gotteswort verstanden. [13–15] ist ein Wort, das sich nun direkt und ursprünglich mit den Propheten befaßt; es enthält Schelte [13f] und nachträglich Drohung [15]. Jeremia spricht [13.14a.15b] und berichtet, was er feststellen mußte; sein Wort wird zu

Ps 35^{6} 12 Deshalb wird ihr Weg für sie
wie ein schlüpfriger Pfad;
sie stürzen in die Finsternis,
sie kommen darin zu Fall.
Denn Unheil bringe ich über sie,
das Jahr ihrer Bestrafung – Spruch des Herrn.
13 Zwar habe ich auch bei Samarias Propheten
Häßliches gesehen:
Sie weissagten im Namen des Baal
und verführten mein Volk Israel.
14 Aber bei den Propheten Jerusalems
sah ich grauenhafte Dinge:
Sie brechen die Ehe, gehen mit Lügen um
und bestärken die Bösen,
18^{8} so daß keiner umkehrt von seinem bösen Treiben.
Für mich sind alle wie Sodom,
Jes 1^{10} Jerusalems Einwohner sind für mich wie Gomorra.
15 Darum – so spricht der Herr der Heere
gegen die Propheten:
9^{14} Ich gebe ihnen Wermut zu essen
und Giftwasser zu trinken;
denn von den Propheten Jerusalems
ist Frevel ausgegangen ins ganze Land.

23^{14} Wörtlich: »sie stärken die Hände der Bösen«.

einer scharfen Anklage, die sich gegen die Propheten in Jerusalem richtet. Es gehört sich nicht und erregt Anstoß bei Jahwe, wenn Propheten, wie sie es in Samaria taten, unter Berufung auf Baal weissagen (vgl. 2^{8}); sie führten das Volk in die Irre. Aber die Propheten Jerusalems treiben es viel schlimmer: Sie stehen im Dienst Jahwes, aber nur scheinbar. Und was das Gräßliche dabei ist: Sie tun Böses, handeln dem Willen des Herrn entgegen und erwecken so den Eindruck, als sei Jahwe mit diesen bösen Taten (Ehebruch, Betrug) einverstanden. So hindern sie die Übeltäter daran, umzukehren und ihr verwerfliches Treiben aufzugeben; ja sie bestärken sie darin, das Böse zu tun. Den gleichen Vorwurf macht Ez 13^{22}. Sie sind schuld, durch ihr schlechtes Beispiel schuld daran ^{15b}, daß Verruchtheit das ganze Land ergriffen hat.

Ein Ergänzer unterstreicht ^{14b} das Ergebnis mit dem Verweis auf die wegen ihrer Verkommenheit berüchtigten Städte Sodom und Gomorra (Gen 18^{20f} 19^{1-13}). Israel sollte für Jahwe »zum Volk werden« (7^{23} 11^{4} 13^{11} 24^{7}). Doch das Land (bzw. Jerusalem) ist für ihn zur sprichwörtlichen Schlechtigkeit geworden. Das Gericht wird von Jahwe ^{15a} den Schuldigen mit der Strafansage von 9^{14} verkündet. Dadurch wird das Ganze $^{13-15}$ zum Jahwewort und wird auf diese Weise verschärft. Der Herr distanziert sich von jenen und bestraft die, die sein Wort verkünden, seinen Willen aber nicht tun wollen und so andere zum Bösen verführen.

[16] So spricht der Herr der Heere:
Hört nicht auf die Worte der Propheten,
die euch weissagen.
Sie betören euch nur; sie verkünden Visionen, 14^{14}
die aus dem eigenen Herzen stammen,
nicht aus dem Mund des Herrn.
[17] Immerzu sagen sie denen,
die das Wort des Herrn verachten:
Das Heil ist euch sicher!;
und jedem, der dem Trieb seines Herzens folgt, 3^{17}
versprechen sie: Kein Unheil kommt über euch.

23^{16} Die euch weissagen: fehlt in G.
23^{17} *lim^{e}naʾ^{a}sē d^{e}bar* mit G; M: »zu meinen Verächtern. Jahwe hat geredet.«

[16–22] ist kein einheitlicher, vielmehr ein recht komplexer Text. [19.20] stehen beinahe gleichlautend 30^{23-24} und sind wohl ein selbständiger Spruch, der mit dem Prophetenthema nichts zu tun hat. [18] und [22] sind dem Inhalt und der Wortwahl nach anscheinend Dopplungen. [18] schließt sich mit *kī* »denn« sachlich und inhaltlich an [16] an. [16.18] sind, weil über Jahwe gesprochen wird, trotz der einführenden Botenspruchformel, die nur vor [21] paßt, ein Prophetenwort, [21f] ein Jahwewort.

[16.18] Die Warnung, auf die Propheten zu hören, die selbsterdachte Visionen verkünden, nimmt gegen jene Stellung, »die aus ihrem eigenen Herzen heraus prophetisch reden, ihrem eigenen Geist folgen und nichts geschaut haben« (Ez 13^{2f}). Ihre Schauungen sind erlogen, ihr Wort ist leere Wahrsagerei (Jer 14^{14}). Sie geben nichtige Sehersprüche, trügerische, weil falsche Orakel von sich (Ez 12^{24} 13^{6-8}), und machen ihre Hörer selbst »zunichte«. Angesichts der leeren Worte haben diese nichts, woran sie sich orientieren und worauf sie bauen könnten. Die Verkündigung solcher Propheten kommt nicht von Jahwe; er hat sie ihnen nicht mitgeteilt. Sie können nicht seine Sprecher sein, als sein Mund fungieren (15^{19}). Denn [18] niemand von ihnen – so ist die Frage nach dem Zusammenhang zu beantworten (vgl. [22]) – hat an der Ratsversammlung des Herrn teilgenommen, bzw. war zu einer vertraulichen Besprechung (*sōd*) von Jahwe herangezogen worden (vgl. Am 3^{7}), hat dort sein Wort gehört und den Verkündigungsauftrag empfangen. Sie sind weder informiert noch ermächtigt.

Was Jeremia [16.18] über die falschen Propheten gesagt hat, bekräftigt das Jahwewort [21f]: Sie haben weder Sendung noch Auftrag (»geh und sag« z.B. Jes 6^{9}, vgl. Jer $1^{7.17}$ 7^{1} u. ö.); dennoch tun sie so, als wären sie Gottes Boten (»sie laufen und verkünden«)[21]. Sie sind tatsächlich nicht von Jahwe unterrichtet [22] und geschickt. Sonst würden sie seine Ziele verfolgen und das Volk zur Umkehr bewegen (vgl. 18^{11}). Das ist das echte Kriterium für einen wahren Jahwe-Propheten.

[17] steuert nachträglich unter Verwendung von 4^{10} 5^{12} die grundlegenden Aussagen – so darf man wohl den inf. abs. (»sagend sagen sie«) deuten – dieser falschen Propheten bei. Es ist eine unbedingte Heilsbotschaft, eine Heilsverkündigung auch für

Jes 40[13] 1 Kön 22[19–23]

[18] Doch wer hat an der Ratsversammlung des Herrn teilgenommen,
hat ihn gesehen und sein Wort gehört?
Wer hat sein Wort vernommen
und kann es verkünden?

30[23f]

[19] Hört, der Sturm des Herrn [sein Grimm] bricht los.
Ein Wirbelsturm braust hinweg
über die Köpfe der Frevler.
[20] Der Zorn des Herrn hört nicht auf,
bis er die Pläne seines Herzens
ausgeführt und vollbracht hat.
Am Ende der Tage werdet ihr es klar erkennen.
[21] Ich habe diese Propheten nicht ausgesandt,
dennoch laufen sie;
ich habe nicht zu ihnen gesprochen,
dennoch weissagen sie.
[22] Hätten sie an meiner Ratsversammlung teilgenommen,
so könnten sie meinem Volk meine Worte verkünden,
damit es umkehrt von seinem schlechten Weg
und von seinen bösen Taten.
[23] Bin ich denn ein Gott aus der Nähe
– Spruch des Herrn –
und nicht vielmehr ein Gott aus der Ferne?

23[18] Hat ihn gesehen: *w^e jir'ehū*, vgl. S, M: »hat es (d. h. sein Wort) gesehen«. – Kann es verkünden: *w^e jašmi^ac*, M: »hat es gehört«.
23[19] Hinweg über die Köpfe: andere Übersetzungsmöglichkeit: »gegen die Köpfe«. – Der Grimm: Glosse, die den Gottessturm deutet.

die, die Jahwe nicht dienen wollen, sein Wort und damit ihn selber (Jes 1[4] 5[24]) durch ihre bösen Taten verachten (Ps 10[3.13]) und sich anderen Göttern zuwenden (Dtn 31[20]). So ermutigen sie die Übeltäter, die der Verbohrtheit ihres Herzens folgen (7[24] u. ö.), in ihrem Tun.
[19f] Diesen aber steht Gottes Strafgericht bevor, das wie ein Wirbelsturm alles mitfortreißt. Er wird durch den göttlichen Zorn hervorgerufen, der nicht nachläßt (Jes 5[25] 9[11] u. ö.), bis der unheilvolle Plan des Herrn (vgl. 51[11]) durchgeführt ist. Wie die fehlgeleiteten Hörer werden auch die falschen Heilspropheten erst im Nachhinein, am Ende der Unheilstage erkennen, was Gott wirklich vorhatte. Dann wird klar sein, daß sie keine Ahnung von den Plänen Gottes hatten.
[23–32] in diesem Abschnitt wird dargelegt, daß Jahwe das Verhalten und Verfahren der falschen Propheten durchschaut und die Folgerungen zieht. Er besteht aus drei Einzelsprüchen über Jahwes Nähe und Ferne [23.24a.b], einem längeren Wort, das diese Propheten beurteilt [25–28a], einem weisheitlichen Spruch [28b], der das Urteil zusammenfaßt, einem Ausspruch über die Gewalt des Jahwewortes [29], drei Gerichtsankündigungen [30–32a], die jeweils mit der Herausforderungsformel (»ich gehe

24 Kann sich einer in Schlupfwinkeln verstecken,
so daß ich ihn nicht sähe? – Spruch des Herrn.
Bin nicht ich es,
der Himmel und Erde erfüllt? – Spruch des Herrn.

25 Ich habe gehört, was die Propheten reden, die in meinem Namen
Lügen weissagen und sprechen: Einen Traum habe ich gehabt, einen
Traum. 26 Wie lange noch? Haben sie denn wirklich etwas in sich, die
Propheten, die Lügen weissagen und selbsterdachten Betrug?
27 Durch ihre Träume, die sie einander erzählen, möchten sie meinen
Namen in Vergessenheit bringen bei meinem Volk, wie ihre Väter
meinen Namen wegen des Baal vergessen haben. 28 Der Prophet, der
einen Traum hat, erzählt nur einen Traum; wer aber mein Wort hat,
der verkündet wahrhaftig mein Wort. Was hat das Stroh mit dem

gegen ... vor«) beginnen, und einer abschließenden Folgerung zum Gesamtthema ^{32b}.

23.24 Die drei Aussprüche sind wohl als Einleitung zu den folgenden Ausführungen über die Propheten gedacht. Der erste sagt, daß Jahwe sich nicht nur in der Nähe, die der Bedrängte wünscht und erbittet (Ps 34^{19} 119^{151} 145^{18}), als Gott erweist, sondern auch aus der Ferne, aus der er zur Hilfe erscheinen (Jer 31^{3}) und wirken kann (vgl. Dtn 28^{49}). Er ist so mächtig und gewaltig, daß der Mensch schon aus der Ferne ihn anbeten muß (Ex 24^{1}). Darum – so der zweite Ausspruch – kann sich niemand vor ihm verstecken (vgl. Ps 139^{7-11}); er durchschaut alles. Er ist überall zugegen, sagt der dritte Ausspruch. Nicht nur seine Herrlichkeit (Jes 6^{3}), die Ausstrahlung seiner Macht, sondern er selbst füllt Himmel und Erde. Es gibt keinen Raum, der von ihm frei wäre. Jahwe ist, wie sein Name sagt, der zum Heil und Gericht anwesende, aber auch der unendlich erhabene, doch zugleich allwissende und allgegenwärtige Gott. Seiner Kenntnis entgeht nichts und seiner Macht entzieht sich nichts von dem, was geschieht.

25–28a Der Herr durchschaut also auch die angeblichen Offenbarungen, die die Propheten gehabt haben wollen. Gott offenbart sich (Joel 3^{1} Sach 1^{7f}) in Träumen, die er schickt (Gen 37 41 Num 12^{6} 1 Sam 28^{6}). Aber die falschen Propheten erfinden ihre Traumoffenbarungen selbst und machen sich damit wichtig. Die Anmaßung, die in ihrem Treiben liegt, ist die Behauptung, im Namen Jahwes sprechen zu können. Darin liegt der Betrug, mit dem sie ihre Zuhörer täuschen (5^{31} 14^{14} 27^{15} 29^{9}). Ein Leser schrieb an den Rand: »Wie lange noch?«; die Bemerkung kam in den Text. In Wirklichkeit dienen diese Propheten Jahwe nicht, sondern bringen ihn in Vergessenheit; ihr Treiben ist so schlimm wie die Verehrung Baals, wie der Götzendienst (3^{21} 18^{15}). Sie kompromittieren den Namen Jahwes, weil er dadurch, daß ihre Träume sich nicht erfüllen, als machtlos, ja als Urheber von Trug und Täuschung erscheint. Einen solchen Namen, der nichts bedeutet, wird man folglich vergessen. So distanziert sich der Herr von den angeblichen Propheten und den selbstersonnenen Träumen; sein Wort, er selbst hat mit ihnen nichts zu tun.

28b.29 Die leeren Träume sind wert-

Korn zu tun? – Spruch des Herrn. 29 Ist nicht mein Wort wie Feuer –
Spruch des Herrn – und wie ein Hammer, der Felsen zerschmettert?
30 Darum gehe ich nun gegen die Propheten vor – Spruch des Herrn
–, die einander meine Worte stehlen. 31 Nun gehe ich gegen die Pro-
pheten vor – Spruch des Herrn –, die ihre Zunge gebrauchen, um
Sprüche zu machen. 32 Ja, nun gehe ich gegen die Propheten mit ih-
ren erlogenen Träumen vor – Spruch des Herrn; sie erzählen die
Träume und verführen mein Volk durch ihre Lügen und ihr freches
Geschwätz. Ich aber habe sie weder gesandt noch beauftragt, und sie
sind diesem Volk ganz unnütz – Spruch des Herrn.

Die »Last« des Herrn: 23$^{33-40}$

33 Fragt dich dieses Volk oder ein Prophet oder ein Priester: Was ist
der »Last-Spruch« des Herrn?, so antworte ihnen: Ihr selbst seid die

23^{33} Oder ein Prophet oder ein Priester: Zusatz aus 34. – Ihr selbst seid die Last: *'attaem hammaśśā'*, so G, Hieronymus, NVg. Mit der Form des Pers. Pron., die in 1 QIs^{a} bezeugt ist *'tmh,* könnte man auch korrigieren: »ihr seid eine Last« (*'attemāh maśśā'*), M: »in Bezug auf: was ist der Ausspruch (Last-Spruch)«; Vg: utquid vobis onus.

los; Gottes Wort aber ist gehaltvoll. Man muß sie, wie es bei Ernte und Drusch des Getreides geschieht, voneinander scheiden und sorgfältig auseinanderhalten. Das göttliche Wort ist voll zerstörerischer, unwiderstehlicher Kraft, seine Wirkung kann tödlich sein (Hos 6^{5}). Wie ein Feuer verzehrt es das Volk (5^{14}) und auch den Propheten, der es nicht verkünden will (vgl. 20^{9}). Sicherlich ist hier an das Gerichtswort gedacht.
$^{30-32}$ Der Herr kündigt in einem dreimaligen Anlauf an, daß er die falschen Propheten bestrafen will und bringt zum Teil neue Beschuldigungen vor: Sie verführen das Volk, anscheinend durch Weissagen im Name Baals (s. ^{13}). Sie reden, auch ohne innerlich inspiriert zu sein, ihre Sprüche daher. Sie bestehlen einander, wohl indem sie »einander aushorchen und das so Erlauschte als eigenen geistigen, durch Offenbarung gewonnenen Besitz« (Nötscher), als Gotteswort weitergeben, wie Jahwe voll Ironie sagt. Ihre Inspiration ist Menschenwort, das sie zudem noch mit List und Betrug gewonnen haben. Lügen und freches Geschwätz ist ihre Verkündigung. ^{32b} Mit ihnen hat der Herr nichts zu tun; sie schaden den Menschen, statt ihnen zu helfen.
$^{33-40}$ Ein Jahwewort, das an den Propheten gerichtet ist ^{33}, wird mit einem Kommentar $^{34-40}$ versehen, der mehrfach ansetzt $^{34.35f.37.38-40}$, um seine Interpretation vorzutragen. Beides ist schwierig zu verstehen und in der Auslegung umstritten. Alles dreht sich um das Wort *maśśā'*, das von *nś'* »aufheben« abgeleitet, »Last« oder auch (Jes 15^{1} u. o.) »Ausspruch« (wohl von der Wendung *nāśā' qōl* »die Stimme erheben«) bedeuten kann. Ursprünglich war ^{33} wohl eine Anweisung Jahwes an den Propheten, auf eine Anfrage, ob er einen Ausspruch (so die Bedeutung

Last, und ich werfe euch ab – Spruch des Herrn. 34 Den Propheten
aber, den Priester und das Volk, jeden, der sagt: »Last-Spruch des
Herrn«, den ziehe ich samt seinem Haus zur Rechenschaft – Spruch
des Herrn. 35 Vielmehr sollt ihr so zueinander und untereinander sa-
gen: Was hat der Herr geantwortet?, oder: Was hat der Herr ge-
sagt? 36 Aber den Ausdruck »Last-Spruch des Herrn« sollt ihr nicht
mehr gebrauchen. Denn »die Last« ist für jeden sein eigenes Wort,
weil ihr die Worte des lebendigen Gottes, des Herrn der Heere, unse-
res Gottes, verdreht habt. 37 So soll man zum Propheten sagen: Was
hat der Herr dir geantwortet?, oder: Was hat der Herr gesagt?
38 Wenn ihr aber »Last-Spruch des Herrn« sagt, so sagt der Herr dar-
auf: Weil ihr dieses Wort »Last-Spruch des Herrn« gebraucht, ob-
wohl ich euch verbieten ließ, »Last-Spruch des Herrn« zu sagen,
39 darum hebe ich euch empor und schleudere euch samt der Stadt,
die ich euch und euren Vätern gegeben habe, weg von meinem Ange-
sicht. 40 Ich verhänge über euch ewige Schande und ewige Schmach,
die nie vergessen werden soll.

23^{39} Hebe ich: *w^{e}nāśā'tī,* M: »ich vergesse«.

des Wortes noch bei Sach 9^{1} 12^{1}) des Herrn habe, zu antworten: Hinsichtlich »Was ist der Ausspruch?«: ich werde euch verstoßen (7^{29} 12^{7}) – eine Aussage, die im dtr Werk aufgenommen wurde (Ri 6^{13} 1 Kön 8^{57} 2 Kön 21^{14}). Der Inhalt ist ein belastendes Gerichtswort. In diesem Sinn wurde dann *maśśā'* »Last-Spruch« bei der Redaktion prophetischer Bücher (vgl. Jes 15^{1} 17^{1} 19^{1} u. ö.) verwendet. Möglicherweise schwang bei der Frage der Leute auch schon die zweite Wortbedeutung »Last« mit. Dann hätten sie Jeremia, der immer nur belastendes Unheil verkündete, spöttisch gefragt und ihn als abzulehnenden Pessimisten hingestellt. G scheint in diese Richtung zu denken; sie läßt Jahwe antworten: ihr seid die (eine) Last, und ich werde euch abwerfen.

34–40 Der Kommentar geht einen Schritt weiter. Er bringt nun die Priester und Propheten ins Spiel, anscheinend auch im Sinne der Auseinandersetzung zwischen Jeremia und den Heilspropheten (vgl. W. McKane 45–53). Er setzt sich für den Unheilspropheten Jeremia und seine Verkündigung ein. Wer ihm nachsagt, er habe seinen eigenen Pessimismus zum belastenden Wort Jahwes gemacht, soll von Gott selbst zur Rechenschaft gezogen werden ^{34}. Die richtige Haltung ist, nach dem Wort bzw. bei einer Anfrage nach der Antwort des Herrn zu fragen $^{35.37}$. Last-Spruch des Herrn ^{36} wird nun so verstanden, daß die Aussagen der falschen Propheten für jeden von ihnen zur Last, zur Belastung werden. Denn sie haben das Wort des unvermindert mächtigen Gottes Israels umgewendet, statt des Unheils, das es verhängen wollte, Heil verkündet. Abschließend wird das Verbot von ^{34} in $^{38-40}$ aufgegriffen und in seiner Strafandrohung $^{39.40}$ weiter entfaltet. Die Verstoßung, von der schon ^{33} gesprochen hatte, trifft alle, die vom Last-Spruch des Herrn reden ^{34} und die Stadt Jerusalem ^{39}. In $^{34-40}$ schaut die Gemeinde

Die beiden Feigenkörbe: 24^{1-10}

1^{11-16} Am 8^{1f} 24^{1} Der Herr ließ mich schauen: Da standen zwei Körbe mit Feigen
vor dem Tempel des Herrn. Dies geschah, nachdem Nebukadnezzar,
2 Kön 24^{14-16} der König von Babel, Jojachin, den Sohn Jojakims, den König von
Juda, sowie die Großen von Juda samt den Schmieden und Schlos-
sern aus Jerusalem weggeführt und nach Babel gebracht hatte. [2] In
dem einen Korb waren sehr gute Feigen, wie Frühfeigen, im andern
Korb sehr schlechte Feigen, so schlecht, daß sie ungenießbar waren.
[3] Der Herr fragte mich: Was siehst du, Jeremia? Feigen, antwortete
ich. Die guten Feigen sind sehr gut, die schlechten aber sehr schlecht,
so schlecht, daß sie ungenießbar sind. [4] Nun erging an mich das Wort
des Herrn: [5] So spricht der Herr, der Gott Israels: Wie auf diese gu-
ten Feigen, so schaue ich liebevoll auf die Verschleppten aus Juda, die

24^{1} Standen: *ᶜōmᵉdīm,* M: »waren bestimmt«.
24^{3} Fragte, wörtlich: »sagte« (s. u.).

auf die Katastrophe von 586 zurück, die sie nicht vergessen kann und bekennt, daß der Herr durch Jeremia gesprochen hat. Sein Wort ist und bleibt Anruf an jeden einzelnen, dessen Stellungnahme über Heil und Unheil für ihn entscheidet.

24^{1-10} bringen eine Vision $^{1-3}$ und ihre Deutung $^{4-10}$, die in zwei Redegängen verläuft $^{4-7.8-10}$. Der Text ist nicht einheitlich. Darauf weist schon die zweimalige Botenspruchformel $^{5.8}$ hin, die nicht am Platz ist, weil Jahwes Wort nur an Jeremia ergeht, der auch keinen Auftrag zum Verkündigen erhält. Die historische Angabe ^{1b} sprengt die Erzählung. Ferner müßten parallel zu den Verschleppten aus dem Haus Juda die Bewohner Jerusalems und Judas stehen. Wahrscheinlich liegt dem Text ein Bericht Jeremias zugrunde: »[1] Der Herr ließ mich schauen: Da standen zwei Körbe mit Feigen vor dem Tempel des Herrn. [2] In dem einen Korb waren gute Feigen, im anderen Korb schlechte Feigen. [3] Und der Herr sagte zu mir: [5] Wie auf diese guten Feigen, so schaue ich auf die Verschleppten aus Juda. [8] Aber wie mit den schlechten Feigen, so verfahre ich mit Zidkija und mit seinen Großen.«

In der kurzen, von Jahwe selbst gedeuteten Vision, handelt es sich wohl um zwei Körbe mit Feigen aus den Früchten des Landes, die dem Gott Israels gebracht wurden (vgl. Dtn 26^{1-4}). Die guten akzeptiert er, die schlechten muß er verwerfen. Das Bild wird auf die Verschleppten von 597 – dies trägt ^{1b} richtig nach – und auf Zidkija und seine Großen gedeutet. Letztere trifft das Gericht des Herrn, die Verwerfung. Die guten Feigen sind Jojachin und die mit ihm Weggeführten. Jeremia nimmt hier Stellung zu einer Auffassung, die nach 597 in Jerusalem herrschte, und von der auch Ezechiel berichtet: »Sie sagen: In nächster Zeit braucht man keine Häuser zu bauen. Die Stadt ist der Topf und wir sind das Fleisch ... die Einwohner Jerusalems sagen: Sie sind fern vom Herrn; das Land ist uns zum Besitz gegeben« (Ez $11^{3.15}$). Mit anderen Worten: Die von der Wegführung Verschonten, besonders Zidkija und seine Großen, sprechen die Verschleppten schuldig und

ich von diesem Ort vertrieben habe ins Land der Chaldäer. 6 Ich
richte meine Augen liebevoll auf sie und lasse sie in dieses Land heim- $29^{10.14}$
kehren. Ich will sie aufbauen, nicht niederreißen, einpflanzen, nicht 1^{10} 31^{28}
ausreißen. 7 Ich gebe ihnen ein Herz, damit sie erkennen, daß ich der 31^{33} Dtn 29^{3}
Herr bin. Sie werden mein Volk sein, und ich werde ihr Gott sein; 30^{22} Lev 26^{12}
denn sie werden mit ganzem Herzen zu mir umkehren. 8 Aber wie Dtn 26^{17f} $30^{2.10}$ 1
mit den schlechten Feigen, die so schlecht sind, daß sie ungenießbar Sam 7^{3}
sind, [ja, so spricht der Herr,] so verfahre ich mit Zidkija, dem König 29^{17f} 1 Kön 8^{48} 2
von Juda, mit seinen Großen und dem Rest Jerusalems, mit denen, Kön 23^{25}
die in diesem Land übriggeblieben sind, und denen, die sich in Ägyp-
ten niedergelassen haben. 9 Ich mache sie zu einem Bild des Schrek-
kens für alle Reiche der Erde, zum Schimpf und Gespött, zum Hohn 15^{4} 29^{18} Dtn
und zum Fluch an allen Orten, an die ich sie verstoße. 10 Ich sende $28^{25.37}$
unter sie Schwert, Hunger und Pest, bis sie ganz ausgerottet sind aus
dem Land, das ich ihnen und ihren Vätern gegeben habe.

Das drohende Exil: 25^{1-14}

25^{1} Das Wort über das ganze Volk von Juda, das an Jeremia erging 7^{1} 36^{1}
im vierten Jahr Jojakims, des Sohnes Joschijas, den Königs von Juda;
es war das erste Jahr Nebukadnezzars, des Königs von Babel. 2 Der

eignen sich ihren Besitz an. Dagegen wendet sich Jahwe.
Die Nachinterpretation baut die Vision im Blick auf Am 8^{1f} Jer 1^{11-14} aus ^{3*} und sagt damit, daß Jeremia ein echter Prophet war, das Urteil des Herrn richtig erkannt und verkündet (s. die Botenspruchformeln) hat. Sie verschärft den Gegensatz (»sehr gute – sehr schlechte Feigen«; »wie Frühfeigen«, die als besonders köstlich galten – »ungenießbar«) und wertet die 597 Verschleppten mit teils dtr Heilszusagen auf, so daß sie allein als das kommende wahre Israel erscheinen: Diese kehren heim, werden »eingepflanzt«, erhalten ein »neues Herz« (Ez 11^{19} 36^{26}), sind Jahwes Volk, vollziehen mit ganzem Herzen die Umkehr. In Wirklichkeit sind aber schon die Weggeführten von 586 eingeschlossen, wie sich aus der Nachinterpretation der »schlechten Feigen« ergibt. Das sind nämlich nun nicht mehr (nur) Zidkija und seine Großen, sondern die im Land Gebliebenen und die nach Ägypten Geflohenen (41^{17f} 42^{1}–43^{13}). Sie haben keine Zukunft, wie mit einer Häufung von Strafe androhenden, zum Teil ebenfalls dtr geprägten Wendungen betont wird. Jeremias Wort (s. o.), das sich gegen die Überheblichkeit der noch Verschonten und noch einmal Davongekommenen wendet, wird zu einer Botschaft ausgestaltet, die das künftige Volk Gottes durch göttliche Huld und Zuwendung aus dem Volk hervorgehen sieht, das durch das Gericht gegangen ist. Das letzte Wort und das Ziel des Herrn ist das Heil seines Volkes. Er erreicht es bei jenen, die sich ihm wieder zuwenden.
25^{1-14} Der Text besteht aus einer Scheltrede $^{1-7}$ mit ungewöhnlich langer Einleitung $^{1-2(3)}$, in der sich Prophetenwort $^{3-6a}$ und Gotteswort $^{6b.7}$ mischen, und einer Drohrede $^{8-14}$, in der formentsprechend nur Jahwe re-

Prophet Jeremia richtete es an das ganze Volk von Juda und an alle
Einwohner Jerusalems; er sagte: [3] Seit dem dreizehnten Jahr Joschi-
jas, des Sohnes Amons, des Königs von Juda, bis zum heutigen Tag,
also dreiundzwanzig Jahre lang, ist an mich das Wort des Herrn er-
7^{13} 11^{7} 32^{23} 35^{14} gangen, und ich habe es euch unermüdlich weitergegeben. [Ihr aber
7^{25f} 26^{5} 11^{7} 44^{4} habt nicht gehört. [4] Der Herr hat immer wieder alle seine Knechte,
die Propheten, zu euch gesandt. Ihr aber habt nicht gehört und euer
$7^{24.26}$ 11^{8} 35^{15} Ohr nicht geneigt, um zu hören.] [5] Ich sagte: Kehrt doch alle um von
eurem schlechten Weg und von euren bösen Taten; dann dürft ihr in
dem Land bleiben, das der Herr euch und euren Vätern gegeben hat
13^{10} 16^{11} Dtn 8^{19} seit jeher und für immer. [[6] Lauft nicht anderen Göttern nach, um ih-
Ri 2^{19} nen zu dienen und sie anzubeten, und erzürnt mich nicht durch das
7^{18} 11^{17} Dtn 9^{16} Werk eurer Hände, damit ich euch nicht Schlimmes antun muß.]
Ri 2^{12}

25^{3} Ich ... weitergegeben, wörtlich: »ich habe zu euch ... geredet«.
25^{5} Ich sagte, wörtlich: »sagend« *(le'mor).*

det. Der Abschnitt ist nicht aus einem Guß. Ursprünglich muß auch die Scheltrede Jahwewort sein (s. Thiel 263f); das »Ich« Jeremias kam nachträglich hinzu. Auch in der Drohrede finden sich eine Reihe von Aussagen, die über die Ankündigung der Bestrafung Judas hinausgehen. Viele Wendungen und auch ganze Sätze, die bei der Überarbeitung des Textes eingefügt wurden, sind aus anderen (teils auch deutlich mit dtr Terminologie durchsetzten) Stücken des Jeremiabuches genommen; dtr, auch liturgischer [4] Sprachgebrauch ist festzustellen.

Aus dem stark bearbeiteten und erweiterten Text läßt sich als Grundbestand folgende Jahwerede gewinnen, die im M rhythmisch (3 + 3 Akzente) zu lesen ist: »[3] Das Wort des Herrn erging an mich: Ich habe zu euch geredet [5] sagend: Kehrt doch um, jeder von seinem bösen Weg! [7] Aber ihr habt nicht auf mich gehört. [8] Darum: Weil ihr nicht auf meine Worte gehört habt, [9] siehe, ich hole herbei alle Stämme des Nordens. Ich lasse sie über dieses Land kommen und über seine Bewohner. Ich weihe sie dem Untergang. [10] Ich lasse bei ihnen aufhören das Geräusch der Handmühle und das Licht der Lampe. [11] Dieses ganze Land wird zum Trümmerfeld.«

In der Mitte der Scheltrede steht als Zitat die Forderung des Herrn, umzukehren. Mitten in der Drohrede und an ihrem Ende wird die Verheerung des Landes angekündigt; darauf liegt der Akzent.

Jeremia sieht, daß seine Predigt, mit der er das Volk zur Umkehr ruft, keinen Erfolg hat. Jahwe läßt ihn erkennen, daß die verweigerte Bekehrung die Verheerung des Landes zur Folge hat; der Herr selbst wird sie herbeiführen. Er wird die Bewohner dem Untergang weihen, wie es beim sog. »Bann« verlangt ist. Dann erstirbt jegliches Leben im Land: Die Handmühle, auf der man täglich das Getreide zum Backen des Brotes mahlen mußte, ist nicht mehr zu hören. Die Lampe, die anzeigt, daß in einem Haus Bewohner vorhanden sind, wird nicht mehr angezündet. Trümmer überall, vollständige Vernichtung! Natürlich ist auch diese Strafankündigung, die wie sicher die meisten anderen gerade deshalb grelle Farben nicht scheut, als drin-

7 Aber ihr habt nicht auf mich gehört [– Spruch des Herrn –, um mich
zu erzürnen durch das Werk eurer Hände, zu eurem eigenen Scha-
den]. 8 Darum – so spricht der Herr der Heere: Weil ihr auf meine
Worte nicht gehört habt, 9 darum hole ich alle Stämme des Nordens 1 15
herbei – Spruch des Herrn –, auch Nebukadnezzar, den König von 27 6
Babel, meinen Knecht. Ich lasse sie über dieses Land und seine Be-
wohner kommen und über alle diese Völker ringsum. Ich weihe sie
dem Untergang und mache sie zu einem Bild des Entsetzens, zum
Gespött und zur dauernden Schmach. 10 Ich lasse bei ihnen aufhören 7 34 16 9
den Jubelruf und den Freudenruf, den Ruf des Bräutigams und den
Ruf der Braut, das Geräusch der Handmühle und das Licht der
Lampe. 11 Dieses ganze Land wird zum Trümmerfeld und zu einem
Bild des Entsetzens, und diese Völker werden dem König von Babel 27 7.17
siebzig Jahre lang dienen. 12 Sind aber die siebzig Jahre vorüber, dann 29 10
ziehe ich den König von Babel und jenes Volk zur Rechenschaft für
ihre Schuld – Spruch des Herrn – und auch das Land der Chaldäer,
indem ich es für immer zur schaurigen Wüste mache. 13 Ich lasse über

25 9 Schmach: *ulᵉḥaerpat;* M: »Trümmer«.

gender Appell gedacht: Hört auf Jahwes Wort und befolgt, was es zu eurem Besten verlangt!

Eine erste Bearbeitung in [1–13] steuerte den Großteil des Textes bei, außer den Hinweisen auf Nebukadnezzar und die Völker ([1b.11b.13bβ.14] und in [9] die Worte: Auch Nebukadnezzar, meinen Knecht; und über alle Völker ringsum). Sie versetzt das Jeremiawort mit Bezug auf 36[1] und 1[1–3] in das vierte Jahr Jojakims und gibt den zeitlichen Rahmen der bisherigen Verkündigung Jeremias (ab dem dreizehnten Jahr Joschijas) sowie ihre Dauer (23 Jahre) an. Sie präzisiert also ihre (d. h. der Redaktion 1[2]) Auffassung, daß der Prophet schon vor der joschijanischen Reform (also ab ca. 627 v. Chr.) das Wort ergriffen habe. Sie gewinnt mit diesen Zeitangaben zugleich einen Abschluß der Sammlung (s. »alles, was in diesem Buch aufgezeichnet ist« [13]) jeremianischer Worte gegen Juda und Jerusalem (Duhm 200, vgl. Diehl 272f). Dabei betont sie, daß sowohl Jahwe [4] wie auch Jeremia [3] nichts versäumt haben (Unermüdlichkeitsformel), das Volk aber nicht gehört und gehorcht hat [3.4.7]. Sie weist in dtr Formulierung vor allem auf die Verletzung des ersten Gebots hin [6], die Jahwe erzürnt hat, der Heil erwiesen hatte durch die Verleihung des Landes [5]. Umkehr wäre die Voraussetzung für das Verbleiben im Lande [5]; sie wurde nicht geleistet. Deshalb kam das Strafgericht in seiner ganzen Furchtbarkeit [9.10] als Erfüllung aller jeremianischen Drohreden [13] über das Land und seine Bewohner. So schließt der erste Teil des Jeremiabuches mit einem Überblick über die prophetische Tätigkeit und ihr Ergebnis.

Die zweite Bearbeitung des Textes ([1b.9*.11b.12.13bβ.14]) öffnet ihn wieder für die kommenden Kapitel, besonders 46–51 (Reden gegen die anderen Völker), die sich, wie es heute noch in G der Fall ist, unmittelbar anschlossen. Mit Nebukadnezzar wird der feste Bezugspunkt für die Völkersprüche genannt, ebenso für das Exil, auf das die 70 Jahre [11f] hin-

jenes Land all das kommen, was ich ihm angedroht habe, alles, was in
diesem Buch aufgezeichnet ist [was Jeremia über alle Völker geweis-
27[7] sagt hat]. [14] Denn auch sie werden mächtigen Völkern und großen
Königen dienen müssen. So vergelte ich ihnen entsprechend ihren Ta-
ten und dem Tun ihrer Hände.

weisen. Der Babylonier hatte 605 bei Karkemisch den Pharao Necho II. besiegt und damit den Beginn der Herrschaft des Neubabylonischen Reiches (bis 539) begründet. Auch dieses wird, wie alle anderen Völker, von Jahwe, dem wahren und eigentlichen Herrn der Welt, gerichtet. Er ist der Gott der Geschichte. Nichts geschieht ohne oder gegen ihn. Sein Wort gilt, wirkt und bleibt. Jeder tut gut daran, zu hören und entsprechend zu handeln.